中国地质调查成果 CGS 2018-029
贵州省矿产资源潜力评价成果系列丛书
贵州省地质调查院

贵州省矿产资源潜力评价
重磁场特征及应用研究

GUIZHOUSHENG KUANGCHAN ZIYUAN QIANLI PINGJIA ZHONGCICHANG TEZHENG JI YINGYONG YANJIU

姚　炼　　屈念念　　李家斌
朱大友　　张西君　　刘　俊　　等著

图书在版编目(CIP)数据

贵州省矿产资源潜力评价重磁场特征及应用研究/姚炼等著. —武汉:中国地质大学出版社,2019.2
(贵州省矿产资源潜力评价成果系列丛书)
ISBN 978-7-5625-4495-1

Ⅰ.①贵…
Ⅱ.①姚…
Ⅲ.①重磁场-应用-矿产资源-资源评价-研究-贵州
Ⅳ.①F426.1

中国版本图书馆 CIP 数据核字(2019)第 037742 号

贵州省矿产资源潜力评价重磁场特征及应用研究	姚 炼　屈念念　李家斌		等著
	朱大友　张西君　刘 俊		

责任编辑:王　敏	选题策划:毕克成　唐然坤　马　严　刘桂涛	责任校对:李应争
出版发行:中国地质大学出版社(武汉市洪山区鲁磨路 388 号)		邮　编:430074
电　　话:(027)67883511　　　传　　真:(027)67883580		E-mail:cbb@cug.edu.cn
经　　销:全国新华书店		http://cugp.cug.edu.cn
开本:880 毫米×1 230 毫米　1/16		字数:265 千字　印张:8.5
版次:2019 年 2 月第 1 版		印次:2019 年 2 月第 1 次印刷
印刷:武汉市籍缘印刷厂		印数:1—800 册
ISBN 978-7-5625-4495-1		定价:198.00 元

如有印装质量问题请与印刷厂联系调换

《贵州省矿产资源潜力评价成果系列丛书》编委会

主　　任：戴传固　张　慧
副 主 任：陶　平　曾昭光
主　　编：陶　平
编　　委：(按姓氏笔画排列)
　　　　　王常微　朱大友　陈启飞　况　忠
　　　　　胡丛亮　张　慧　陶　平　曾昭光
　　　　　莫春虎

《贵州省矿产资源潜力评价重磁场特征及应用研究》

著　　者：姚　炼　屈念念　李家斌　朱大友
　　　　　张西君　刘　俊　蒙应华　张婷婷
　　　　　田　郁　范祥发　杨胜发　汪玉琼
　　　　　李朝晋　李雪莲

总 序

中国地质调查局组织开展的中国矿情调查项目"全国矿产资源潜力评价(2006—2013年)",是一次对全国25种重要矿产的成矿地质条件、地球物理、地球化学、遥感、自然重砂勘查成果全面系统的汇集和分析,并在我国自主创立的矿床成矿系列理论指导下,对25种重要矿产的地质与区域成矿规律进行了较系统、较深入的研究。在此基础上,应用我国自主研发的矿床模型综合信息矿产预测方法对25种矿产进行了潜力评价,达到定量及半定量预测的程度,并建立了潜力评价项目的数据库。研究成果为全国及各省(区、市)矿产资源规划、矿产勘查部署与实施提供了重要的科学依据,对促进地质矿产科学及成矿预测理论与方法的发展走出了重要的一步,同时培养了一大批矿产资源潜力评价相关领域的人才。全国及各省(区、市)地质勘查部门和工作团队均为完成此项任务做出了努力与贡献,工作成果已陆续以不同形式提供给社会使用。《贵州省矿产资源潜力评价成果系列丛书》即为出版成果之一。

贵州省矿产资源潜力评价项目,作为"全国矿产资源潜力评价"项目的子项目,由全国矿产资源潜力评价项目办公室、贵州省国土资源厅、贵州省地质调查院实施项目三级管理,由贵州省地质调查院承担,贵州省地质矿产勘查开发局、贵州省煤田地质局、贵州省有色金属和核工业地质勘查局、中化地质矿山总局等12个地勘单位参与,参加人数近200人,经过8年辛勤工作完成。该子项目全面总结了贵州省基础地质、矿产地质成果和资料,充分应用现代矿产资源预测评价理论技术,开展了全省煤、铁、铜、铝、铅、锌、银、锰、镍、钼、钨、锡、金、锑、钒、汞、稀土、磷、硫、萤石、重晶石、冶镁白云岩共22个矿种的资源潜力预测评价,研究和预测矿产资源及其空间分布,为研究制订国家矿产资源战略和国民经济与社会发展中长期规划提供科学依据。

贵州省矿产资源潜力评价的研究成果主要包括:贵州省各矿种(组)的潜力评价成果报告各1份,共计15份;贵州省成矿地质背景、区域重力、区域磁测、区域化探、区域遥感、自然重砂、综合信息集成、区域成矿规律、矿产预测等专题成果报告各1份,共计9份;项目汇总成果报告1份；编制各类图件2 627张，建立各类数据库2 009个，提交各类说明书1 905份。这些成果及时成功应用于全省5个国家级整装勘查项目、22个省级整装勘查项目、7个非整装勘查项目的论证和实施，并取得重大找矿突破。同时，已应用于国家宏观决策规划部署、具体矿产勘查部署、相关专业勘查及研究等方面，并取得较大成效。

《贵州省矿产资源潜力评价成果系列丛书》（共7册），是为全社会共享研究成果、更广泛发挥其应用价值、遵循资料保密制度、选择性修改缩编而成。具体包括《贵州省矿产资源潜力评价重要矿种区域成矿规律与矿产预测》《贵州省矿产资源潜力评价成矿地质背景研究》《贵州省矿产资源潜力评价重磁场特征及应用研究》《贵州省矿产资源潜力评价化探资料应用研究》《贵州省矿产资源潜力评价自然重砂资料应用研究》《贵州省矿产资源潜力评价遥感资料应用研究》《贵州省矿产资源潜力评价综合信息集成》7部专题研究成果。

相信本系列丛书的出版，对全国同仁具有一定的参考、应用价值。借此出版之际，向作者们致以祝贺。同时，期望在此基础上进一步研究总结全省矿产地质勘查及科研成果，圆满完成《中国矿产地质志·贵州卷》的研编任务，使贵州省在区域矿产总结、成矿规律研究、矿产预测，以及相关基础地质研究等方面再上一个新台阶。

2018年8月18日

前　言

"全国矿产资源潜力评价"项目由国土资源部部署、中国地质调查局组织实施,涵盖除台湾、香港、澳门外的全国所有省份。"贵州省矿产资源潜力评价"项目是其组成部分,由贵州省地质调查院组织实施完成。"贵州省矿产资源潜力评价"项目在收集了贵州省地质工作开展以来至 2007 年间已完成的地质、矿产、物探、化探、遥感、重砂等资料基础上,综合各专业在矿产方面的研究,完成了贵州省煤、铁、铜、铝、铅、锌、银、锰、镍、钼、钨、锡、金、锑、汞、稀土、磷、硫、萤石、重晶石、含镁白云岩共 21 个重要矿种矿产资源潜力评价,进行了各矿种资源量预测,分矿种编写专业报告,编制不同矿种相应图件及图件的说明书,建立图件数据库、元数据。在贵州省矿产资源潜力评价项目办的领导与具体指导下,通过课题组所有成员 6 年多的共同奋斗与努力,按要求保质保量圆满完成任务。

《贵州省矿产资源潜力评价重磁场特征及应用研究》是在系统收集与分析前人研究资料的基础上,对全省重力资料、磁测资料按照"全国矿产资源潜力评价技术要求"系列丛书中的方法、技术进行数据处理和推断解释,并结合近期相关研究成果,如《1∶5 万高精度重力测量在锰矿沉积盆地中的应用》《贵州省侵入岩体三维空间形态研究》等,对贵州省重磁场特征及在矿产勘查中的应用进行综合分析,全文主要内容包括:①对全省重力、磁测异常特征进行分区,并详细描述各分区重磁场特征,分析引起重磁异常的地质因素;②根据重磁资料综合推断断裂构造 91 条,其中一级断裂 3 条、二级断裂 8 条、三级断裂 80 条;共推断隐伏、半隐伏岩体 51 个,1 个火山口,其中酸性隐伏、半隐伏岩体 25 个,基性岩体 26 个,贵州省西部小海火山口 1 个,对 15 个酸性岩体、3 个基性岩体进行了三维反演,对 34 个岩体进行了定性解释;③总结了贵州省Ⅲ级成矿带及部分Ⅳ级成矿带重磁异常特征,并定性分析了贵州省铁矿、铝土矿、镍钼钒、金、锑、铜钨锡、磷(稀土)、重晶石、汞、萤石、铅锌银、锰等矿种组所在成矿带与重磁场的关系;④在重要矿种预测工作区,结合地质、矿产分布等信息,开展重磁异常解释,综合推断地质构造,分析预测区成矿环境与地质构造之间的关系;⑤对矿产与区域重磁异常的关系进行研究,重点对贵州省锰、锑、铜钨锡、铅锌、金、磷(稀土)、重晶石、汞、萤石 9 种重要矿种(组)进行分析研究,为应用物探方法寻找各种矿产资源提供参考,对利用现有重力、航磁资料间接寻找这 9 种矿种(组)确定找矿靶区进行探索。

本书由贵州省地质调查院、贵州省地质物探开发应用工程技术研究中心共同主持完成,主要编写人:姚炼、屈念念、李家斌、朱大友、张西君、刘俊、蒙应华、张婷婷、田郁、范祥发、杨胜发、汪玉琼、李朝晋、李雪莲。其中前言、第七章由姚炼完成;第一章由姚炼、屈念念、朱大友、范祥发完成;第二章、第三章、第四章、第五章由姚炼、屈念念、李家斌、朱大友、张西君、刘俊、张婷婷、范祥发、杨胜发、蒙应华、汪玉琼共同完成；第六章由姚炼、屈念念、李家斌、朱大友、张婷婷、杨胜发、李朝晋、李雪莲共同完成。由李雪莲、汪玉琼、杨胜发绘制图件，最后由屈念念统稿。

在成书的过程中，得到《贵州省矿产资源潜力评价成果系列丛书》编委和贵州省国土厅、贵州省地质调查院、中国地质调查局国土资源航空物探遥感中心、中国地质调查局发展研究中心等各级领导的关心与支持，在此表示感谢！在此特别对《贵州矿产资源潜力评价》项目负责人陶平的大力支持及帮助，范正国、黄旭钊、张洪瑞、张明华、黄金明、乔计花等专家的技术指导与帮助，表示衷心感谢！

本书在编写过程中引用的资料在参考文献中予以标注，如有遗漏，请有关单位与作者谅解。

本书可供从事物探、地质、矿产等相关专业的技术人员参考，由于作者水平有限，书中难免有不足之处，望给予批评指正。

著　者

2018 年 10 月

目 录

第一章 自然地理、区域地质及矿产概况 ……………………………………………………… (1)
  第一节 自然地理概况 ……………………………………………………………………… (1)
  第二节 地层区划 …………………………………………………………………………… (2)
  第三节 沉积岩 ……………………………………………………………………………… (4)
  第四节 岩浆岩 ……………………………………………………………………………… (5)
  第五节 变质岩 ……………………………………………………………………………… (5)
  第六节 区域构造 …………………………………………………………………………… (6)
  第七节 区域矿产 …………………………………………………………………………… (8)

第二章 重磁工作程度及重磁场特征 …………………………………………………………… (9)
  第一节 贵州省重磁工作程度 ……………………………………………………………… (9)
  第二节 贵州省地层、岩(矿)石物性特征 ………………………………………………… (11)
  第三节 贵州省重磁场特征 ………………………………………………………………… (18)

第三章 重磁推断地质构造 ………………………………………………………………………… (23)
  第一节 重磁推断断裂构造 ………………………………………………………………… (23)
  第二节 重磁推断侵入岩体 ………………………………………………………………… (30)

第四章 成矿带重磁场特征与矿产关系研究 …………………………………………………… (39)
  第一节 贵州省成矿带划分 ………………………………………………………………… (39)
  第二节 上扬子中东部成矿带重磁场特征与矿产关系研究 …………………………… (40)
  第三节 江南隆起西段成矿带重磁场特征与矿产关系研究 …………………………… (44)
  第四节 桂西-黔西南成矿带重磁场特征与矿产关系研究 …………………………… (47)
  第五节 贵州Ⅳ级成矿带重磁场特征与矿产关系研究 ………………………………… (50)
  第六节 成矿带主要矿种重磁异常标志 ………………………………………………… (57)

第五章 重磁资料在矿种预测工作区中的应用 ………………………………………………… (64)
  第一节 重磁资料在金矿预测工作区中的应用 ………………………………………… (67)
  第二节 重磁资料在铜钨锡矿预测工作区中的应用 …………………………………… (70)
  第三节 重磁资料在铅锌矿预测工作区中的应用 ……………………………………… (73)

第六章　典型矿床研究及区域找矿意义 ································· (81)

第一节　锰矿典型矿床研究及区域找矿意义 ································· (83)
第二节　锑矿典型矿床研究及区域找矿意义 ································· (89)
第三节　铜钨锡典型矿床研究及区域找矿意义 ······························· (96)
第四节　铅锌矿典型矿床研究及区域找矿意义 ······························· (100)
第五节　金矿典型矿床研究及区域找矿意义 ································· (107)
第六节　磷矿典型矿床研究及区域找矿意义 ································· (113)
第七节　重晶石矿典型矿床研究及区域找矿意义 ····························· (114)
第八节　汞矿典型矿床研究及区域找矿意义 ································· (116)
第九节　萤石矿典型矿床研究及区域找矿意义 ······························· (117)

第七章　结　语 ·· (119)
第一节　主要成果 ··· (119)
第二节　存在问题 ··· (119)

主要参考文献 ·· (121)

第六节 区域构造

本书构造单元分区采用《中国区域地质志·贵州志》划分方案,在区域上北以师宗-松桃-慈利-九江为界,其北侧为扬子地块;南以绍兴-萍乡-北海为界,其南东为华夏地块;其间则为江南造山带(图1-2)。反映出从早到晚江南造山带西南段具有向东南迁移的地质演化特点,且从西向东造山带逐渐变新。

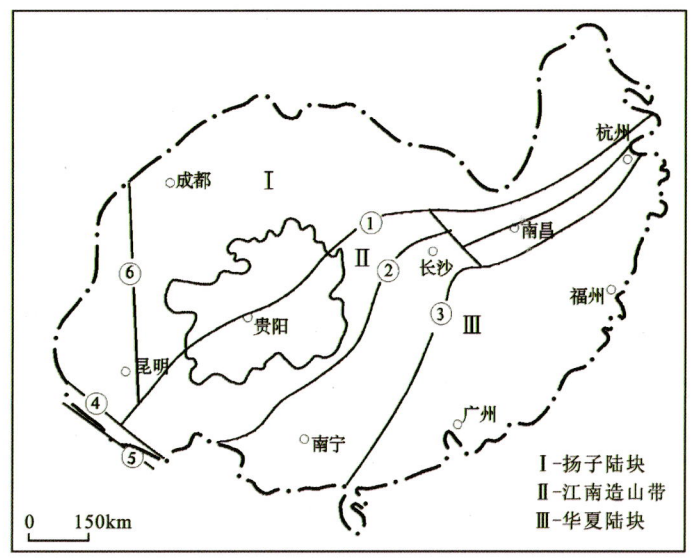

图1-2 贵州省构造分区图(据《中国区域地质志·贵州志》,2017)
1.师宗-松桃-慈利-九江断裂带;2.罗城-龙胜-桃江-景德镇断裂带
3.北海-萍乡-绍兴断裂带;4.红河断裂带;5.哀牢山断裂带;6.小江断裂带

贵州省的大地构造位置一级构造分区属羌塘-扬子-华南板块,二级构造分区属扬子陆块,根据贵州省在地史演化过程中明显边界及浅层地壳变形特点,划分出两个构造大区(三级构造分区),即上扬子地块和江南造山带(图1-3)。

威宁隆起区南东侧以普安-贵阳-梵净山北断裂带为界与江南造山带相邻,北东侧与六盘水裂陷槽相邻,西面跨入云南,构造形迹及界面主要有褶皱、断层、平行不整合、角度不整合等,线性构造优选方向有北东向及北西向,构造样式以穹隆构造、构造盆地或开阔平缓短轴背斜、向斜相间排列,其间发育北西向、北东向线性褶皱和断层为特征。

六盘水裂陷槽位于威宁兔街、水城、六枝等地,南东侧以盘县-贵阳-梵净山北断裂带为界与江南造山带相邻,北东侧与黔北隆起区相邻,南西侧与威宁穹盆构造变形区相邻,北西面跨入云南。构造形迹及构造界面主要有褶皱、断层、角度不整合等,线性构造优选方向为北西向,变形强烈,构造样式以紧闭背斜与开阔平缓向斜组成的隔档式褶皱为特征,同时后期存在平行走滑作用的叠加。

黔北隆起区位于赫章县德卓—垭都—六枝特区龙场一线北东侧,安顺—贵阳—松桃石梁一线北西侧的广大地区。南东侧以盘县-贵阳-梵净山北断裂带为界与江南造山带相邻,南西侧以垭都断裂带为界与六盘水裂陷槽相邻,北西面跨入四川、重庆,部分与赤水克拉通盆地区相邻,构造形迹及构造界面主要有褶皱、断层、平行不整合、角度不整合等,线性构造优选方向为北东向及近南北向,构造样式以隔槽式褶皱组合为主,部分为穹隆-构造盆地及短轴背向斜组合。

赤水克拉通盆地区位于习水县临江—吼滩一线的北西,南东侧与毕节北东向构造变形区相邻,北西面跨入四川省,北东侧跨入重庆市,范围仅涉及贵州省北西隅的赤水和习水两市(县)。构造形迹及构造界面主要有褶皱、平行不整合等,基本不发育断层,构造线方向以北东向为主,兼有东西向和北西向,构积岩(多为绿片岩相)组成,火成岩和深变质岩很少。各地质时期的沉积岩类型齐全,岩类众多,包括陆源碎屑岩、火山碎屑岩和非蒸发岩类的碳酸盐岩、铝质岩、锰质岩、铁质岩、硅质岩、蒸发岩及可燃有机岩等。在各类沉积岩中以碳酸盐岩发育最好,其沉积结构、构造发育,沉积序列完整,含有丰富的生物化石及生物碎片,所含的古生物门类种属齐全,品种丰富多彩。

第四节 岩浆岩

贵州省境内岩浆岩很少,主要分布于贵州省西北部及东部地区。境内岩浆活动的构造旋回分属为武陵、雪峰—加里东、海西—燕山、喜马拉雅(新)构造旋回,显示出在地质历史发展过程中,伴随构造运动呈现颇具章法的岩浆活动演化规律。

武陵构造-岩浆旋回:发育于以梵净山地区为代表的弧后盆地构造环境下的幔源拉斑玄武质系列超基性—基性火山岩(包含细碧岩-角斑岩-石英角斑岩)-侵入岩;后碰撞-大陆板块内部构造环境下的梵净山地区壳源超酸性过铝质 A_2 型花岗岩(白云母花岗岩)、酸性脉岩(花岗伟晶岩、石英钠长斑岩等),以及摩天岭地区超酸性过铝质 S 型花岗岩(二长花岗岩、正长花岗岩、碱长花岗岩)。

雪峰—加里东构造-岩浆旋回:发育于以从江地区为代表的陆内裂谷-陆间裂谷构造背景下从江刚边、归林地区壳源过铝质花岗岩系列花岗斑岩,洋边山地区幔源拉斑玄武质系列基性火山岩及超基性—基性侵入岩;发育于施秉—镇远一带及以麻江隆昌为代表的大陆板块内部构造背景下幔源钾镁煌斑岩系列超镁铁煌斑岩、钾镁煌斑岩。

海西—燕山构造-岩浆旋回:发育于镇宁巴窝及望谟—罗甸一带的陆内裂谷构造背景下幔源橄榄拉斑玄武质系列偏碱性玄武岩及席状辉绿岩;西部地区大陆板块内部构造背景下幔源石英拉斑玄武质系列大陆溢流玄武岩及以席状为主的辉绿岩。

喜马拉雅(新)构造-岩浆旋回:发育于镇宁、贞丰、望谟三县交界地区以及以雷山、台江等县境内为代表的大陆板块内部构造背景下的幔源钙碱性煌斑岩系列云煌岩、斜云煌岩。

第五节 变质岩

变质岩为地质演化的重要物质表现,贵州省的区域变质岩整体为低绿片岩相浅变质岩,与地质构造旋回表现出较好的配套与吻合性。在褶皱造山运动中心区域,变质变形较显著,远离则变质变形渐次减弱至未变质。在武陵构造旋回期,四堡群、梵净山群在强烈造山运动影响及后期地质作用叠加下,变质变形较强烈;雪峰—加里东构造旋回期,在造山运动中心区域变质变形强烈,时空变化趋势明显,由南东中心区域向北西外围边缘减弱至未变质;海西—燕山及喜马拉雅构造旋回期,因处于板内背景,区域变质作用表现不明显,以动力变质为主,表现为对先期构造及变质岩的叠加与改造。

贵州省的区域变质岩主要出露分布黔东—黔中地区,总体变质较低,原岩结构构造保留较好,主要为变质沉积岩,少量变质岩浆岩,属低绿片岩相。变质的地层主要为新元古代碎屑岩、火山碎屑岩、火山岩、碳酸盐岩,少量为产出于上述地层的岩浆岩。出露于黔东地区的早古生代、黔西南右江地区的三叠纪岩石亦显示出轻微的变质现象。新元古代岩石不仅遭受了复杂的构造变形,而且也经历了区域变质作用、热接触变质作用和动力变质作用,其中以区域变质作用为主。新元古代—早古生代的区域变质岩,属绿片岩相(新元古代梵净山/四堡时期)-低绿片岩相(新元古代下江—南华时期)-极低绿片岩相(黔东盆地相震旦纪—早古生代);热接触变质作用则沿着侵入岩体与围岩接触带发生,形成接触变质岩;动力变质作用主要发生在断裂带和脆性—韧性剪切带中,形成动力变质岩。此外,受岩浆及热液活动影响,发生接触及气-液变质作用,形成相应的变质岩或蚀变岩。

罗系主要为内陆盆地河湖相,上白垩统、古近系及新近系为山间盆地相。地层间有角度不整合或平行不整合,若干地层发育不全。细分为威宁-兴义小区(II_1)、都匀-望谟小区(II_2)。

1. 威宁-兴义小区(II_1)

出露最老地层为震旦系,分布最广的是上古生界及三叠系。上、下古生界平行不整合或角度不整合,上白垩统、古近系或新近系分别与下伏不同地层角度不整合,石炭系、二叠系、三叠系及侏罗系内部各自还有一些平行不整合,相关地层不同程度地缺失。震旦系及下古生界为滨浅海相及台地相,上古生界及三叠系有河湖相、滨浅海相、台地相不同相带,部分地区泥盆系—二叠系尚有斜坡-盆地相。多数地区二叠系有基性火山岩。

2. 都匀-望谟小区(II_2)

出露最老地层为南华系,分布最广的是上古生界及三叠系,缺古近系及新近系。上白垩统与下伏不同地层角度不整合,上、下古生界之间平行不整合或角度不整合。志留系与奥陶系之间,二叠系及三叠系内部尚有平行不整合。震旦系及下古生界有斜坡-盆地相。上古生界及三叠系有滨浅海相、台地相、斜坡-盆地相不同相带,尤其在西南部,台、盆相嵌,显示同沉积断块构造活动背景。局部地带二叠系有基性火山岩。

三、黔东分区(III)

出露最老地层青白口系梵净山群及四堡群,为弧后盆地相碎屑岩及中性—基性火山岩,下江群及丹洲群为裂陷槽盆滨浅海-盆地相,震旦系及下古生界为台缘斜坡-盆地相,上古生界及三叠系(仅存下统)主要为台地相,侏罗系(仅存中、下统)为内陆盆地河湖相,上白垩统及新近系为山间盆地相。因角度不整合及平行不整合,若干地层发育不全,缺泥盆系及古近系。细分为铜仁-镇远小区(III_1)、台江-从江小区(III_2)。

1. 铜仁-镇远小区(III_1)

出露最老地层为梵净山群,分布最广的是下古生界,缺泥盆系、石炭系、三叠系、侏罗系及古近系。下江群、板溪群与梵净山群,上白垩统或新近系与下伏地层之间为角度不整合。南华系与下江群、板溪群之间为平行不整合或角度不整合,上、下古生界之间平行不整合。下江群和板溪群主要为滨浅海-斜坡相,上部大量缺失。震旦系—奥陶系为台地(主)相及斜坡相。

2. 台江-从江小区(III_2)

出露最老地层为四堡群,分布最广的是下江群和丹洲群,缺志留系、泥盆系、古近系及新近系。丹洲群与四堡群,上、下古生界之间及上白垩统与下伏地层之间,均为角度不整合,南华系与下江群之间为平行不整合或角度不整合,还有若干地层间为平行不整合。下江群、丹洲群及南华系发育良好,下江群、丹洲群、震旦系及下古生界主要为斜坡-盆地相。石炭系、二叠系角度不整合于下江群—寒武系不同层位之上。

第三节 沉积岩

贵州省沉积岩分布广泛,分布面积约占全省总面积的85%以上,岩石类型主要由沉积岩、浅变质沉

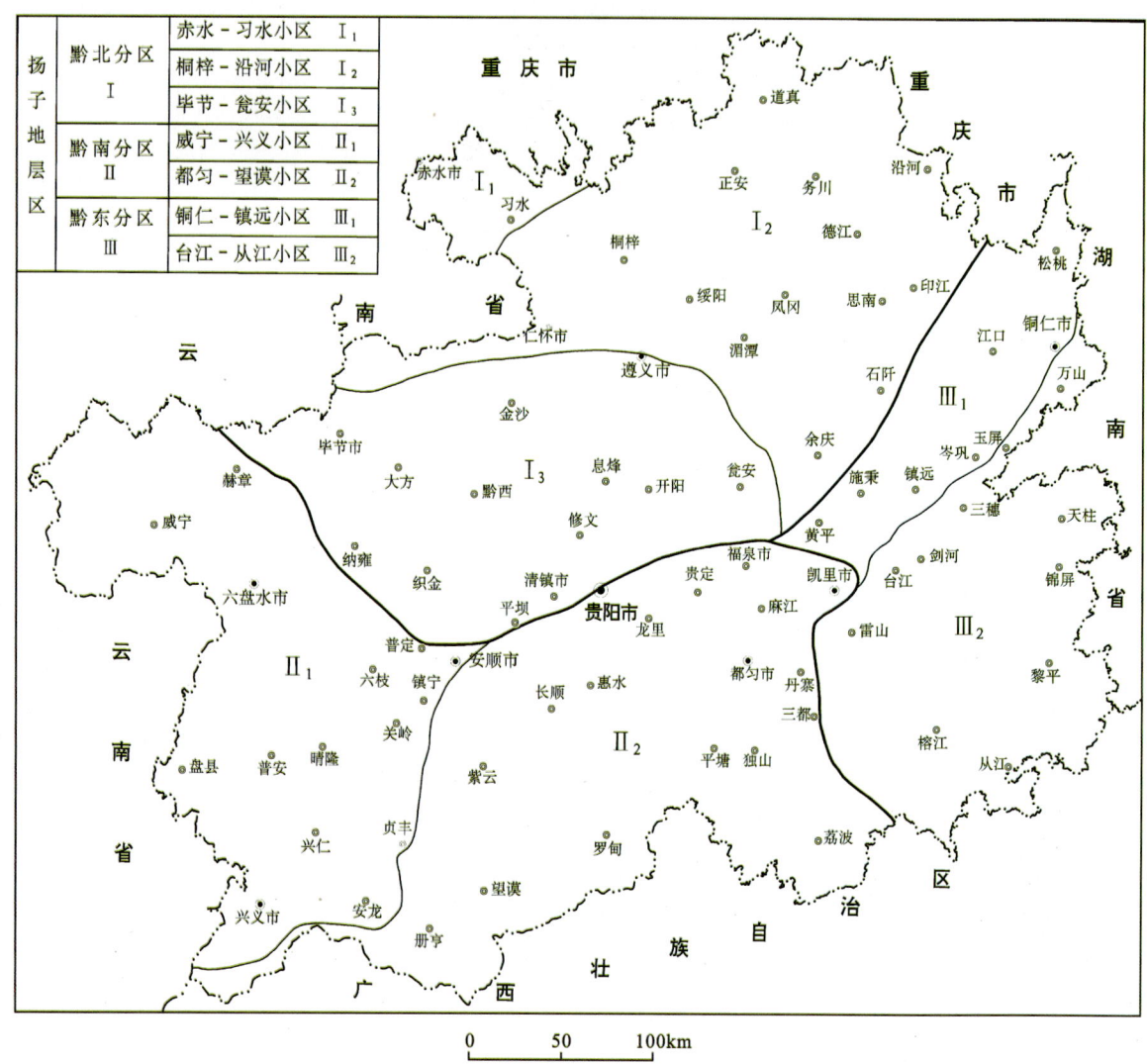

图 1-1　贵州省地层综合区划分(据《中国区域地质志·贵州志》,2017)

地层角度不整合。另有若干地层平行不整合。缺泥盆系、二叠系船山统、下白垩统、古近系及新近系,下江群、南华系、志留系、上三叠统及南部地区奥陶系发育不全。寒武系—志留系有海相连续沉积,古生物化石丰富。

3. 毕节-瓮安小区(I₃)

出露最老地层为下江群,分布最广的是下古生界。上白垩统为山间盆地相磨拉石建造,与下伏不同地层角度不整合,另有若干地层平行不整合。缺志留系、泥盆系及下白垩统、古近系及新近系,下江群、南华系、奥陶系、石炭系、二叠系及上三叠统发育不全。下古生界遭剥蚀缺失较多。南部地区二叠系有基性火山岩。

二、黔南分区(Ⅱ)

出露最老地层为南华系。南华系有河湖相及冰川滨浅海相,震旦系及古生界有滨浅海相、台地相、斜坡-盆地相,上古生界及三叠系具河湖相、滨浅海相、台地相、斜坡-盆地相,二叠系或有基性火山岩,侏江的支流打邦河上游,宽83m,落差67m,是我国著名的大瀑布,国家评定的"AAAAA"级旅游区。

贵州省气候属亚热带湿润季风气候,由于纬度较低,海拔较高,又多受东南季风的影响,气候地域差异较大,但总体温暖湿润,冬无严寒,夏无酷暑,雨热同季,降水丰富。一月平均气温5.2℃,七月平均气温24.3℃。全年无霜期7～10个月,年平均降雨量1 000mm左右,一半以上集中于夏季。

贵州省的植被资源丰富,主要属亚热带常绿阔叶林带。但由于贵州省的地形起伏较大,气候分异明显,生态环境复杂,植被分布因地而异。自东向西,植被类型由我国东部地区的湿性常绿林逐渐过渡为西部地区的偏干性常绿林。自南(或南东)向北西地带生长的植被由南亚热带的河谷季雨林、中亚热带常绿阔叶林,向北亚热带常绿落叶阔叶混合林演变。南部局部干热河谷则为干性稀树草。在高原区海拔较高的构造侵蚀山地,因生态环境的垂直变化,导致植被类型在基带上的垂直分异,并有不同的植被垂直组合。

贵州省是一个多民族的省份。全省总人口3 975.48万人,有少数民族49个,世居民族18个,人口超过10万人的有汉族、苗族、布依族、侗族、土家族、彝族、仡佬族、水族、回族、白族,少数民族人口占全省总人口的36.77%。在贵州省生长繁衍的布依族、水族和仡佬族占全国本民族人口的绝大多数,在贵州省聚居的苗族、侗族人口数量全国最多。贵州省少数民族成分居全国第五位,少数民族人口数量居全国第三位。

贵州省主要经济作物有水稻、油菜、玉米等。烤烟以质优著称。油桐、生漆、茶叶及药材天麻、五倍子等在全国居重要地位。一年四季均有新鲜蔬菜水果供应市场。水、电、煤等多种能源兼备,水能与煤炭优势并存,水火互济。贵州省素以"西南煤海"著称,煤炭资源储量达$527.98×10^8$t,居全国第五位。

贵州省是著名的汞省,产量长期居我国之首;铝土矿、锰矿、磷矿、重晶石矿、锑矿在我国都占有很重要的地位,至今在贵州省已发现矿种(含亚矿种)126种,包括汞、煤、磷、铝土矿、锑、金、锰、重晶石、罗甸玉、水泥原料、砖瓦原料以及各种用途的石灰岩、砂岩和白云岩等矿产资源。

第二节 地层区划

本书地层区划采用《中国区域地质志·贵州志》划分方案,即全省属"羌塘-扬子-华南地层大区之扬子地层区",大地构造区划背景属"羌塘-扬子-华南板块"之"扬子陆块"。低级区划分为3个地层分区、7个地层小区(图1-1)。

一、黔北分区(Ⅰ)

出露最老地层为青白口系下江群。下江群为裂陷槽盆碎屑沉积,南华系有河湖相及冰川滨浅海相,震旦纪、古生代及三叠纪地层主要为滨浅海相及台地相,侏罗系为内陆盆地河湖相,白垩系有内陆盆地相及山间盆地相。因角度不整合及平行不整合,下江群、南华系、石炭系、二叠系、三叠系及下古生界发育不全,普遍缺泥盆系,南部地区缺志留系,细分为赤水-习水小区($Ⅰ_1$)、桐梓-沿河小区($Ⅰ_2$)、毕节-瓮安小区($Ⅰ_3$)。

1. 赤水-习水小区($Ⅰ_1$)

出露最老地层为志留系,分布最广的侏罗系和白垩系均为内陆盆地河湖相砂泥岩建造。地层间多平行不整合,缺泥盆系、石炭系、二叠系船山统、古近系及新近系,志留系及中上三叠统不全。

2. 桐梓-沿河小区($Ⅰ_2$)

出露最老地层为下江群,分布最广的是下古生界。上白垩统为山间盆地相磨拉石建造,与下伏不同

第一章 自然地理、区域地质及矿产概况

贵州省位于中国西南腹地,气候宜人,矿产丰富,是个多民族聚居的省份。

从地质构造上看,贵州省横跨上扬子地块和江南造山带两个大地构造单元,在地质构造演化过程中,存在多期次构造运动,有洋陆转换阶段的造山运动,也有陆内活动阶段的造山运动,经历了4个构造旋回期:武陵构造旋回期(新元古代中期)、雪峰—加里东构造旋回期(新元古代晚期—早古生代)、海西—印支—燕山构造旋回期(晚古生代—早白垩世)、喜马拉雅构造旋回期(晚白垩世—第四纪)。受构造演化控制,贵州省地层发育齐全,自新元古界至第四系均有出露,形成于不同的沉积环境,具有不同的沉积岩石组合,产出于不同的盆地类型;发育多种类型的岩浆岩、变质岩,具有不同的岩浆岩组合和不同的变质相带,产出于不同的大地构造背景;构造复杂,发育有不同组合类型的构造形迹,产出有各类褶皱、断裂和过渡性剪切带,构造线方向主要为近南北向、北东向、北西向等;形成了受控于沉积盆地演化的沉积型、喷流沉积型矿产,受控于构造岩浆活动的内生矿产,同时尚存在沉积改造型和表生作用型矿产,造就了贵州省十分丰富的矿产资源。

贵州省在不同时期具有不同的地质构造特征,但均受到不同时期、不同类型、不同方位造山活动的制约,该制约有直接的、明显的和近程影响,也有间接的、不明显的和远程影响。燕山运动奠定了贵州省现今主要地质构造面貌。

第一节 自然地理概况

贵州省地处东经103°36′—109°35′、北纬24°37′—29°13′之间,位于我国西南腹地,简称贵或黔,省会城市为贵阳市,辖贵阳、六盘水、遵义、安顺4个地级市,黔东南、黔南、黔西南3个少数民族自治州,毕节、铜仁两个地区,下辖凯里、都匀、兴义、铜仁、毕节、赤水、清镇、仁怀、福泉9个县级市和79个县(区、特区),东与湖南,南与广西,西与云南,北与四川和重庆等省(区、市)相连,在西南地区处于承东启西、连接南北的重要地位。交通以省会贵阳市为中心,黔桂、湘黔、川黔、滇黔铁路和全省的公路干线汇集于此,在建高速公路有厦蓉高速、沪昆高速、汕昆高速等,预计至2030年形成贵州省6横7纵8联4环线高速公路网;航空可直达曼谷、香港、北京、上海、深圳等30多个城市。

贵州省属云贵高原的东斜坡,面积17.61余万 km^2,占全国国土总面积的1.8%,是我国沉积矿产丰富的省(区)之一,以地层发育齐全、生物化石丰富、碳酸盐岩分布广泛和岩溶景观奇特闻名于世。平均海拔1 100m,地势西部较高。地貌的显著特征是山地多,山地和丘陵占全省总面积的92.5%,其中喀斯特地貌面积达61.9%,是世界上岩溶地貌发育最典型的地区之一。自中部往北、东、南三面下降坡度陡峻,是我国地势第二阶梯东部边缘的一部分。西部除赫章、威宁一带相对较平坦外,一般高原面比较破碎。苗岭为高原中部山地的主体,岭谷起伏,但脉络不甚明显,山间小型盆地和宽谷较多,乃长江和珠江流域的分水岭;南部和中部是碳酸盐岩的主要分布区,洞穴发育;黔北的大娄山和黔东北的武陵山,均以陡急的北坡下降到四川盆地。本省河流多为典型的峡谷河流,中上游河床深切,岸壁陡峭,多瀑布、暗礁和险滩,水流湍急。通航主要在乌江、赤水河、清水江和都柳江的下游或中下游。黄果树瀑布位于北盘

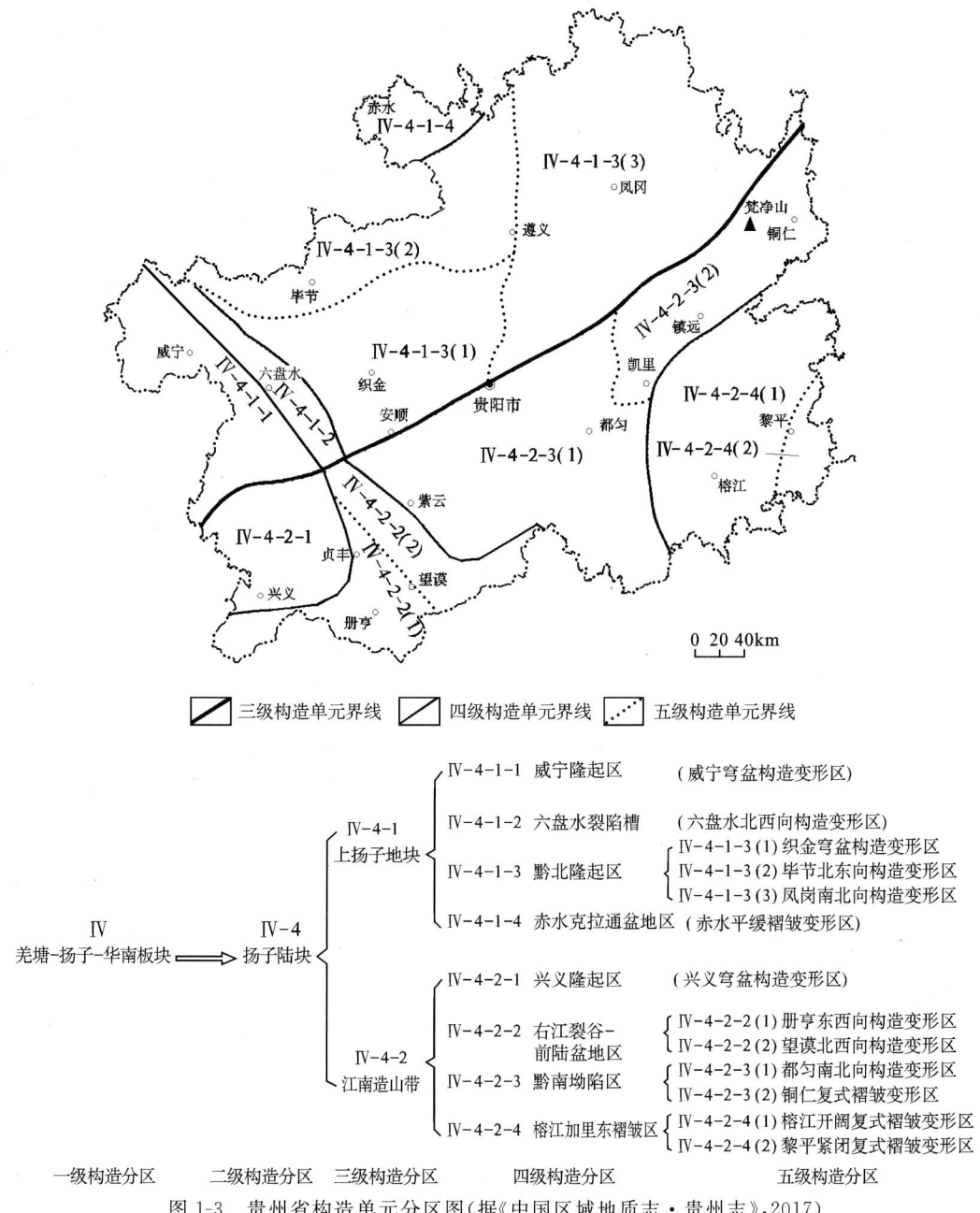

图 1-3 贵州省构造单元分区图（据《中国区域地质志·贵州志》，2017）

造样式以开阔平缓背向斜组合为特征，变形微弱，具有日尔曼式褶皱之特点，归属四川盆地弱变形区。

兴义隆起区位于兴义、兴仁、晴隆等地，北西侧以普安-贵阳-梵净山北断裂带为界与上扬子地块相邻，北东侧与右江裂谷-前陆盆地区的望谟北西向构造变形区相邻，南东侧与右江裂谷-前陆盆地区的册亨东西向构造变形区相邻，西面跨入云南。构造形迹及构造界面主要有褶皱、断层、角度不整合等，线性构造优选方向有北东向及北西向，构造样式以穹隆-构造盆地、短轴背向斜组合为特征，平面是以强应变带与弱应变区（弱变形块）相间排列呈菱格式展布为特征。

右江裂谷-前陆盆地区位于兴义市洛万、册亨一带，北西侧大致以打邦-坡坪-坡脚（即打邦-贞丰-德卧三叠系相变带）为界与兴义穹盆构造变形区相邻，北东侧以打邦—望谟一线与望谟北西构造变形区相邻，南侧跨入广西。构造形迹及构造界面主要有褶皱、断层、劈理、角度不整合等，线性构造优选方向为近东西向和北西向，构造样式以紧闭背向斜组合为特征，间有一些变形相对较弱的构造穹隆。

黔南坳陷区北西侧以盘县-贵阳-梵净山北断裂带为界与上扬子地块相邻，南西侧以紫云—罗甸县打井一线与望谟北西构造变形区相邻，东侧以福泉—都匀—荔波县佳荣一线与榕江加里东褶皱区相邻，南侧跨入广西。构造形迹及构造界面主要有褶皱、断层、劈理、平行不整合、角度不整合等，线性构造优选方向有近南北向、北东向、近东西向，构造样式以隔槽式褶皱组合为特征，间有一些变形相对较弱的穹盆构造。

榕江加里东褶皱区属江南早古生代褶皱带（江南造山带的西南段）的重要组成部分（杨巍然，1989），主要包括黎平、榕江、从江、剑河、锦屏和雷山等县，形成北东向的背斜和向斜构造。

第七节 区域矿产

构造活动是地壳或岩石圈演化动力，主要有武陵（新元古代中期）、雪峰—加里东（新元古代晚期—早古生代）、海西—燕山（晚古生代—早白垩世）、喜马拉雅（新）构造活动（晚白垩世—第四纪）4个构造旋回期，各构造旋回期的地质构造特征及地质演化与贵州省主要矿产的成矿过程及时空分布关系十分密切，是在各构造旋回期的不同动力学背景下所发生的成矿作用。

武陵构造旋回期成矿作用分布于梵净山地区和从江地区，主要为与超基性岩有关的镍矿化，与白云母花岗岩及酸性脉岩有关的钨锡、铌钽矿产和与从江酸性侵入岩相关的钨锡矿产。

雪峰—加里东构造旋回期成矿作用主要分布于贵州省东部地区，其中，沉积型、喷流沉积型及沉积改造型矿产（锰矿、重晶石矿、镍钼钒矿、磷矿、铅锌矿、汞矿、油气及页岩气）受控于南华裂谷海槽的发展演化，多金属矿化受控于裂陷期岩浆活动，而金、铜、铅、锌、锑、汞受控于变质核杂岩及伸展剥离断层系。造山期后的板内（超）基性岩浆活动控制了金刚石的形成。

海西—印支—燕山和喜马拉雅（新）构造旋回期成矿作用主要分布于贵州省中西部地区，其中，沉积型、喷流沉积型及沉积改造型矿产（金锑砷汞矿、锑矿、重晶石矿、铅锌矿、铝土矿、锰矿、煤矿及煤层气、硫铁矿、菱铁矿、砂岩型铜矿、炼镁白云岩、石油天然气及页岩气、红土型金矿等）受控于大陆裂谷、前陆盆地的发展演化和山间盆地。罗甸玉（透闪石岩）受控于裂谷背景下的偏碱性玄武岩的次火山岩（即辉绿岩）。陆内造山背景下前陆位置广泛发育的浅层滑脱构造产生各种等级的滑脱层，构成复杂的滑脱体系，伴生一系列褶皱和次级断裂，典型样式呈台阶式，由断坪和断坡组成。它们对黔北隆起区层控铅锌矿、汞矿和黔南坳陷区金锑砷汞矿控制作用明显，对沉积作用、喷流沉积作用和准同生沉积作用形成的矿源层进行构造热液改造，使其进一步富集成矿，形成了贵州省十分有特色的中低温成矿域。

在经历多旋回构造运动后，形成了贵州省优越的成矿地质条件，矿产资源十分丰富，分布广泛，门类齐全，矿种众多，是我国重要的矿产资源大省之一。至2010年，已发现的127种矿种中，已探明的大中型矿床有735处，包括能源、黑色金属、有色金属、贵金属、稀有稀土分散元素、冶金辅助原料非金属、化工原料非金属、建材及其他非金属、地下水资源及油气九大类矿产在内的74种，部分矿种探明了储量，其中汞矿长期居我国之首，铝土矿、锰矿、磷矿、重晶石矿、锑矿在全国占有重要地位，另具有镍钼钒等优势矿产。

第二章 重磁工作程度及重磁场特征

第一节 贵州省重磁工作程度

一、重力工作程度

贵州省重力工作始于20世纪50年代,按规范网度实测的1∶50万和1∶100万区域重力调查已覆盖贵州全省,于20世纪70年代末80年代初编制了贵州省1∶50万布格重力异常图及区域重力调查技术说明书。1∶20万、1∶25万区域重力测量始于20世纪80年代初,除习水北部外,至今已覆盖全省大部分区域,完成面积约173 140.37 km^2,其中对部分地区编制了重力图说明书、重力解释报告,具体见贵州省重力工作程度图(图2-1)及贵州省重力调查各项参数统计表(表2-1)。

本书采用的重力数据资料始于1980年,终于2013年,历时34年。解释所用区域重力数据由中国地质调查局发展研究中心下发,经维护后剔除1∶20万重力异常突变点50个,增加新完成的1∶25万区域重力数据,1∶20万、1∶25万重力资料空白区采用1∶50万重力资料,涉及4个图幅(H-48-D、H-49-B、G-48-A、G-49-A)进行接边。

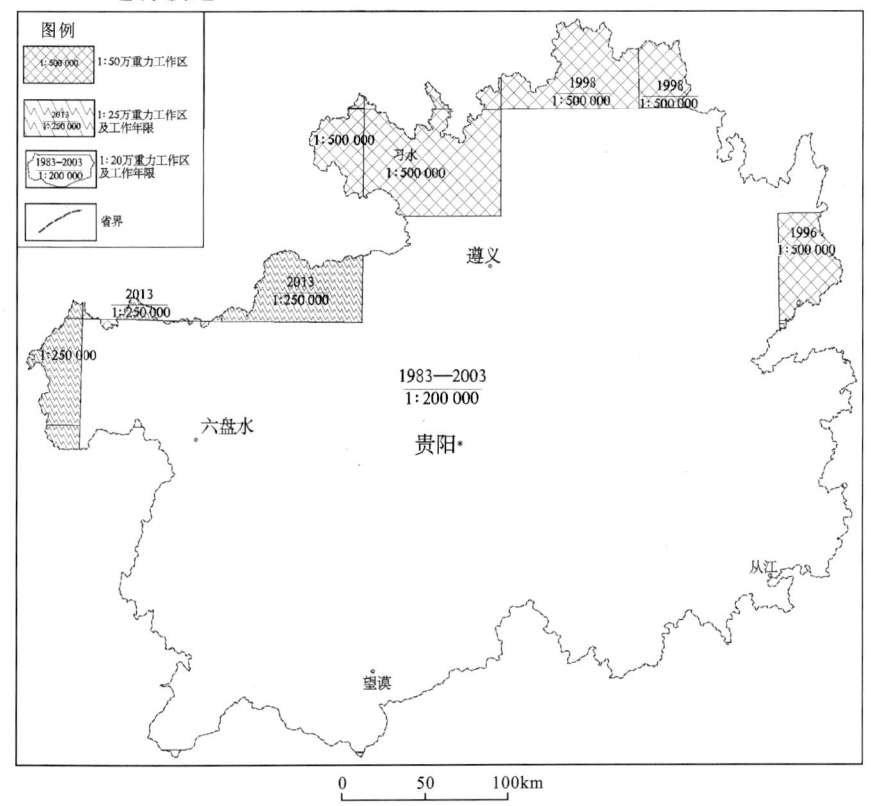

图2-1 贵州省重力测量工作程度图(据贵州省地质调查院,2014)

表 2-1　贵州省重力调查各项参数统计表

比例尺	布格异常总精度（×10⁻⁵ m/s²）	总点数（个）	网度（km²/点）
1∶100 万	±0.972	2 837	62
1∶50 万	±0.721	3 941	45
1∶25 万	±0.403	634	6
1∶20 万（2000 年以前）	±0.750～±0.850		＜6
1∶20 万（2000 年以后）	±0.280～±0.403		＜6

二、磁测工作程度

磁测包括航空磁测和地面磁测，地面磁测工作面积较小，大部分区域以航空磁测为主。贵州省航空磁测系统工作始于 20 世纪 50 年代，到 60 年代 1∶100 万航空磁测覆盖全省。1959 年开展利用 1∶10 万航磁寻找构造的测量，1963 年和 1967 年先后开展利用 1∶20 万航磁寻找金刚石矿的测量，1969 年开展利用 1∶2.5 万航磁寻找铁矿的测量，1971 年开展利用航磁及航空放射性寻找铁矿的测量；20 世纪 60—80 年代在黔东南和黔南地区进行小面积 1∶5 万航空磁测。2006 年起在黔西地区开展以铅、锌、铜等矿产远景调查工作中进行部分 1∶5 万地磁测量，结合电法勘探工作，在玄武岩地区开展磁测工作。航磁及地磁工作程度见图 2-2。

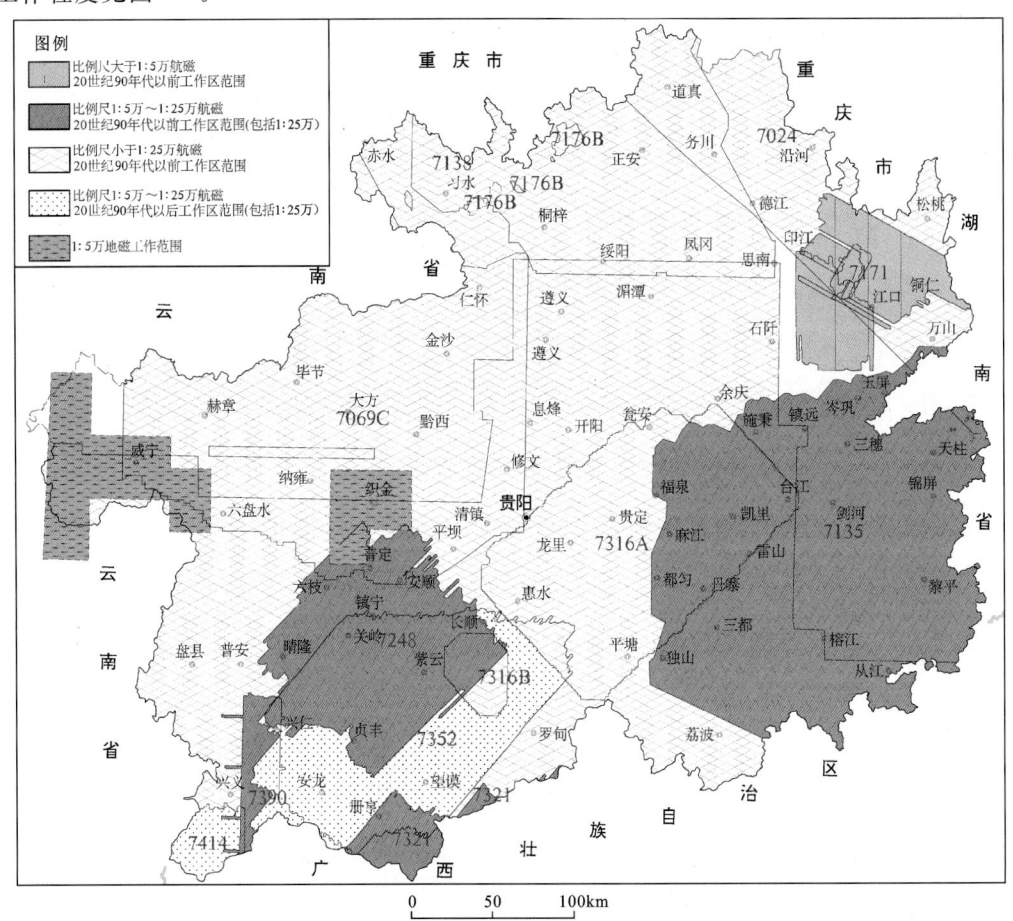

图 2-2　贵州省磁测工作程度图

7024. 长江中游平原；7069AC. 滇黔桂及周围 AC；7135. 湘黔桂地区；7138. 四川盆地；7171AC. 贵州梵净山 AC；7176AB. 四川盆地 AB；7248. 黔西南地区；7316AB. 贵州上扬子 AB；7321. 桂西北黔西南；7352. 贵州兴仁罗甸地区；7390. 云南广南广西隆林；7414. 云南罗平文山

使用的航空磁测资料源于贵州省航磁数据库,由中国国土资源部航空物探遥感中心建设,主要内容包括坐标数据参数、磁力值、航磁工区参数信息等,坐标数据为记录与磁力值对应的坐标值,磁力值为记录航空磁测 ΔT 数据,航磁工作区参数则记录磁测中工作区有关工作单位、时间、设备、飞行高度、测量精度等信息。共12个航磁工作区,1 339 142个有效飞行数据,覆盖全省范围的航磁数据以1∶100万比例尺为主,南部及东部地区有1∶50万、1∶20万及少量1∶10万航磁数据,仅在梵净山地区进行过少量1∶5万航磁飞行。

地面1∶5万磁测资料包括贵州艾家坪—水城地区、贵州织金—以那架、贵州唐房—舍居乐地区、贵州小赛—耿家屯地区、贵州兔街子—辅处地区、贵州普安—罐子窑地区以铅、锌、铜为主的矿产远景调查资料。

第二节 贵州省地层、岩(矿)石物性特征

根据岩石、地层的密度,磁性特征来分析推断产生异常的场源信息是重磁异常处理和解释的重要过程,因此综合分析和总结贵州省岩石、地层密度,磁性特征是进行重磁异常处理与解释的前提和重要依据。利用收集到的贵州省不同区域的物性工作以及研究成果,总结贵州省岩石、地层密度,磁性特征。

一、密度特征

将贵州全省范围内采测的岩(矿)石标本密度值进行比较,黔西北、黔西南、黔中、黔东地区同一地层相同相位岩(矿)石密度略有差异。据实际采测密度标本,将全省分为黔西南地区、黔西北地区、黔中地区、黔东地区4个片区进行统计归纳,统计结果见贵州省地层密度统计表(表2-2)、贵州省岩(矿)石密度统计表(表2-3)。

表2-2 贵州省地层密度统计表

地层单元			密度平均值(g/cm³)			
			黔西北地区	黔西南地区	中部地区	东部地区
新生界	Q	Q	2.04	2.01	1.97	1.87
	N	N	2.49			
中生界	K	K_1	2.55		2.52	2.48
		K_2-T_3lp		2.39		
	J	J_2	2.40	2.35	2.32	2.01
		J_1	2.41			
	T	T_3	2.51		2.58	
		T_3h		2.66		
		T_3b		2.45		
		T_1-T_3ls		2.68		
		T_2	2.67		2.66	
		T_1	2.62		2.71	2.48

续表 2-2

地层单元			密度平均值（g/cm³）			
			黔西北地区	黔西南地区	中部地区	东部地区
上古生界	P	P_2	2.62	2.54	2.56	2.65
			2.92	2.98	2.90	
		P_1	2.65		2.69	2.66
		P_1-D_3		2.67		
	C	C_3	2.68		2.70	
		C_2	2.71		2.70	2.72
		C_1	2.71		2.72	2.74
		$C_1 j - C_1 g$				2.54
	D	D_3	2.70		2.74	2.73
		D_2	2.71	2.44	2.67	2.64
		D_1	2.68		2.61	
		$D_1-\epsilon_3$		2.72		
下古生界	S	S_{2-3}			2.52	2.25
		S_2	2.68		2.64	
		S_2			2.59	
	O	O_{2-3}			2.70	
		O_2			2.74	
		O_1	2.64		2.71	2.71
	ϵ	ϵ_3			2.75	2.79
		ϵ_{2-3}			2.78	
		ϵ_2	2.69		2.80	2.81
		ϵ_1	2.71		2.82	2.45~2.74
元古宇	Z	Z_2	2.69		2.81	2.74
		Z_1			2.58	2.62
	Pt	Ptknb	2.72		2.83	
		Pt_3				2.61~2.68
		Pt_2				2.54

从地层密度统计结果分析，密度最高地层为晚二叠世峨眉山玄武岩组，密度最低地层为第四系，但贵州省地层密度总体上遵循由新至老、地层密度值呈逐渐增加的趋势。综合分析贵州省各个地区的地层密度规律，发现贵州省地层可大致划分为6个密度层：第四系—侏罗系为相对低密度层，地层密度主要在2.60g/cm³以下；三叠系—上二叠统为中等密度地层，地层密度主要在2.60~2.67g/cm³之间；晚二叠世峨眉山玄武岩组为高密度地层，密度在2.90g/cm³左右；下二叠统—泥盆系为相对高密度地层，密度在2.70g/cm³左右；志留系为低密度地层，地层密度主要在2.50~2.67g/cm³之间；奥陶系—新元古界为相对高密度地层，密度在2.70g/cm³以上。

表 2-3 贵州省岩(矿)石密度统计表

岩类	岩(矿)石名称	密度范围或密度平均值(g/cm³)
沉积岩	白云岩、灰岩	2.68～2.83
	砂岩	2.47～2.66
	泥岩	2.13～2.49
	页岩	2.42～2.48
	黏土岩	1.95～2.20
变质岩	变余各类成分砂岩	2.57
	变余各类成分板岩	2.63
	各类蚀变灰岩	2.64～2.74
	各类千枚岩	2.57
	各类片岩	2.62
	冰碛砾岩	2.58
	硅质蚀变岩	2.53
	混合岩类	2.70
岩浆岩	辉绿岩	2.82～3.01
	玄武岩	2.90～2.98
	钾镁煌斑岩	2.76
	黑云母辉石岩	2.88
	黑云母闪长岩	2.86
	黑云母正长岩	2.68
	凝灰岩	2.52
	中性岩	2.63
	酸性岩	2.64
	云煌岩	2.78
	云斜煌斑岩	2.74
	基性—超基性岩	2.80～3.20
	白云母花岗岩	2.30～2.50
	黑云母花岗岩	2.61
主要矿石	磷块岩	3.11
	无烟煤	1.35～1.55
	烟煤	1.33～1.56
	铝土矿	2.49～2.75
	黏土质铁矿、黄铁矿	3.29
	汞铀钼矿	2.48
	锑矿	2.77～3.13
	重晶石	4.26

续表 2-3

岩类	岩(矿)石名称	密度范围或密度平均值(g/cm³)
主要矿石	锰矿	2.97
	斑岩铜矿	2.65
	铅锌矿	2.93～3.80
	花桥金矿	2.71
	八克金矿	2.67
	花岗岩金矿	2.66
	方铅矿	5.53
	辉锑矿	3.23
	赤铁矿	3.08
	菱铁矿	3.66
	罗甸玉石矿	2.80
	原生金矿	2.60～2.73
	氧化金矿	1.78～2.59

贵州省内岩浆岩的密度最大，沉积岩密度最小，变质岩密度介于二者之间，即岩浆岩密度＞变质岩密度＞沉积岩密度，符合岩石密度变化的一般规律。在岩浆岩中，玄武岩密度最高，以下依次为黑云母辉石岩、辉绿岩、黑云母闪长岩、黑云母正长岩。在沉积岩中，碳酸盐岩密度最高，其次为碎屑岩密度，黏土岩密度最低。在变质岩中除硅质蚀变岩和变余砂岩密度较低外，千枚岩和变余砂质板岩密度均较高，研究区内的地层大多为沉积盖层，只在贵阳幅的百花湖出露新元古代的变质基底。

根据部分岩(矿)石密度统计结果(表2-3)，大致可以划分为高、中、低3类。属于高密度(大于3.0g/cm³)的有磷块岩、黏土质铁矿、黄铁矿、重晶石矿、铅锌矿方铅矿、锑矿、赤铁矿、菱铁矿；属于中密度(2.7～3.0g/cm³)的有铝土矿、金矿、锰矿、罗甸玉石矿；属于低密度(小于2.7g/cm³)的有煤矿、汞铀钼矿。

其中低密度的岩(矿)石具有一定规模，形成横向密度差时，会引起局部重力负值异常；正常密度岩(矿)石不会引起局部重力异常；高密度的岩(矿)石具有一定规模，而形成横向密度差时，会引起局部重力高值异常。

二、磁性特征

贵州省地面磁测工作较少，只能搜集邻区及贵州省物化探大队、贵州省地质调查院和航磁总队的有关资料加以整理汇集。

在磁法勘探中，根据磁导率(κ)的变化范围大致对岩(矿)石磁性类型作如下划分：①无磁性岩(矿)石 $\kappa < 4 \times 4\pi \times 10^{-6}$ SI；②弱磁性岩(矿)石 $4 \times 4\pi \times 10^{-6}$ SI $< \kappa < 80 \times 4\pi \times 10^{-6}$ SI；③中等磁性岩(矿)石 $80 \times 4\pi \times 10^{-6}$ SI $< \kappa < 398 \times 4\pi \times 10^{-6}$ SI；④强磁性岩(矿)石 $\kappa \geqslant 398 \times 4\pi \times 10^{-6}$ SI。

根据以上划分标准，综合分析贵州省磁测资料，共分为黔西北、黔西南及中东部3个片区进行统计归纳(范祥发，2006)，统计结果见贵州省黔西北、黔西南地区地层及岩(矿)石磁性参数统计表(表2-4)，贵州省中东部地区岩(矿)石密度统计表(表2-5)。

表 2-4 贵州省黔西北、黔西南地区地层及岩(矿)石磁性参数统计表

地层单元			岩性	磁化率平均值($\times 4\pi \times 10^{-6}$SI)	
				黔西北地区	黔西南地区
第四系	Q	Q	黏土、红土	254~900	
侏罗系	J	J_2S	砂岩	35	
		J_2	砂岩	23	
		J_1Z	砂岩	20	
		J_1	砂岩	94	
三叠系	T	T_3e	砂岩	12	
		T_3l	砂岩、黏土岩		8
		T_3h	砂岩、黏土岩、泥灰岩		4
		T_3b	砂岩、黏土岩、泥灰岩		7
		T_3ls	砂岩、黏土岩		7
		T_2z	灰岩	0	6
		T_2b	砂岩、粉砂岩、黏土岩		60
		T_2y	白云岩、灰岩		41
		T_2g	灰岩、黏土岩、白云岩	3	5
		T_1yn	灰岩、白云岩、页岩	5	41
		T_1a	白云岩、灰岩		2
		$T_{1-2}j$	灰岩	8	
		T_1f	砂岩、粉砂岩、黏土岩、灰岩	344	161
			钙质基性沉积凝灰岩		176~1 650
		T_1y	灰岩、页岩、黏土岩、砂质黏土岩、紫红色黏土岩、	1	197
			白云岩	2	
		T_1d	泥灰岩、黏土岩、灰岩	30	344
		T_1l	页岩、灰岩		21
		T_1Z	紫红色页岩、灰岩	30	226
二叠系	P	P_{3x+l}	砂岩	2 906	
		$P_3l - P_3c$	粉砂岩、灰岩		33
		$P_3d - P_3c$	硅质岩	59	
		P_3l	粉砂岩、黏土岩、紫红色黏土岩、泥岩	44	339
		P_2w	灰岩、硅质岩		2
		P_{2m+q}	灰岩	1	0
		P_2l	石英砂岩	3	0
石炭系	C	C_2m	灰岩	2	
		C_2h	灰岩	2	0
		C_1b	灰岩	0	

续表 2-4

地层单元			岩性	磁化率平均值($\times 4\pi \times 10^{-6}$ SI)	
				黔西北地区	黔西南地区
石炭系	C	$C_1 jj$	黏土岩	14	
		$C_1 d$	灰岩	2	
		$C_{1-2} d$	白云岩	2	
		$C_1 s$	灰岩	3	
		$C_1 s$	白云岩	0	
		$C_1 x$	灰岩	1	
		$C_1 x-s$	灰岩	1	
寒武系	$\in$	$\in_1 q$	白云岩	1	
		$\in_1 m$	粉砂岩	8	
		$\in_1 n$	白云质灰岩	2	
			石英粉砂岩	2	
			黏土岩	8	
		$\in_1 gz$	磷块岩	2	
震旦系	Z	$Z_2 dy$	白云岩	1	
岩浆岩		$\beta\mu P_{2-3}$	辉绿岩体	181～2 700	2 149～7 401
		χE	偏碱性超基性岩体		224
		$P_{2-3} em$	高钛玄武岩	1 435～4 732	637～10 345
		$P_{2-3} em$	玄武质火山砾熔岩	7 240	
		$P_{2-3} em$	凝灰岩	1 282	
矿石			铅锌矿	2	
			褐铁矿	12	
			铜矿	410	
			硅铁矿	1	
			赤铁矿	弱磁性	
			磁铁矿		16 234
			菱铁矿	弱磁性	
			丫他、板其、戈塘、烂泥沟金矿		2～20

资料来源:贵州省区域内航磁报告及原物化探队所做的磁异常查证,地面检查资料。

黔西地区地层中,除 Q、$T_1 f$、P_{3x+l} 为中等磁性地层外,其余均为无磁性或弱磁性地层。

黔西地区沉积岩中,碳酸盐岩风化红土(赫章采测)为中等磁性岩石;砂岩类、硅质岩为弱磁性岩石,其余沉积岩均为无磁性。火山岩中,高钛玄武岩、玄武质火山砾熔岩具中等磁性—强磁性,磁性变化较大,这可能与后期热液的退磁作用有关。据有关资料,在玄武岩底部由于后期热液的退磁作用,使其磁性降低,同时使铜矿富集而形成玄武岩型铜矿;凝灰岩、辉绿岩具中等磁性;菱铁矿、赤铁矿、褐铁矿、铜矿具弱磁性;金矿具无磁性—弱磁性,其余为无磁性。总体来看,各岩石磁化率具如下规律:白云岩、灰岩、石英砂岩、磷块岩<砂岩<泥灰岩、粉砂岩、硅质岩<辉绿岩<玄武岩。

表 2-5 贵州省中东部地区岩（矿）石磁性参数统计表

岩类	岩性	磁化率（×4π×10⁻⁶SI）	剩磁（×10⁻³A/m）
沉积岩	白云岩、灰岩、页岩	0	
	角砾岩	0	
	黄土	0~250	
	红土	0~2 080	
	硅质岩	1 063	267
	泥灰岩	354	89
	绢云母石英砂岩	0~50	0~29
	砂岩	0~100	0~350
	粉砂岩	143	99
	钙质砂岩、钙质粉砂岩	2 170	6 673
	板岩、粉砂质板岩、绢云母板岩、千枚状板岩、泥质板岩含碳质板岩	0~1 751	0~848
	含磁黄铁矿云母板岩	6 280	14 200
	含磁铁矿绢云母板岩	3 293	1 689
变质岩	变余砂岩、变余粉砂岩、变余石英砂岩	635	712
	含磁黄铁矿绢云母绿泥石石英片岩	12 296	71 068
	含铁石英片岩	47 388	176 926
	钙质绢云母石英片岩	1 202	1 690
	石英片岩	646	1 268
	绿泥石石英片岩	3 557	5 028
	大理岩及钙质大理岩	867	430
	含钙质千枚岩、粉砂质千枚岩、千枚岩	308	301
	底砾岩	0~5 995	0~7 800
	石英脉岩	0~36	0~10
	含磁性矿物石英脉	0~5 490	0~6 780
岩浆岩	辉石	1 370	1 110
	橄榄辉石岩	5 159	13 850
	橄榄岩	7 800	28 600
	角闪辉石岩	630	2 800
	混合岩	478	265
	辉石角闪石	0~3 430	0~2 600
	花岗岩	0~450	
	辉绿岩	4 836.5	1 341
	云煌岩	26.3~40	
	钾镁煌斑岩	35~126	
岩浆岩	黑云母花岗岩	1	
矿石	磁铁矿	31 024	166 750
	含磁黄铁矿	270	5 880

资料来源：贵州省区域内航磁报告及原物化探队所做的磁异常查证、地面检查资料。

通过综合研究可见,各类岩石磁性变化规律为超基性岩＞基性岩＞中性岩＞酸性岩,沉积岩一般不具磁性或磁性很弱,变质岩磁性普遍较弱,符合岩石磁性变化的一般规律。

第三节 贵州省重磁场特征

重力异常揭示地表至深部(可深至上地幔)之间的固体介质密度差异,贵州省1∶20万重力数据覆盖绝大部分地区,对1∶20万布格重力异常数据进行网格化处理,按"五统一"要求计算全省布格重力异常,采用滑动平均法求取不同半径窗口的区域重力异常,提取深部地质构造信息。

原始磁测数据是具有不同深度、不同形态、不同规模的磁性地质体的磁场信息在观测面上的综合叠加结果,由于各种磁性场源所产生的场的叠加,使得某些具有一定地质意义的异常变得复杂,为提高对磁异常的分辨能力,突出更多有用信息,根据测区磁异常特征和地质解释需要,对原始剖面测量数据按潜力评价磁测技术要求进行网格化,得到贵州省航磁 ΔT 平面等值线图,为消除斜磁化的影响,使异常接近于磁性体中心,对航磁 ΔT 进行化极处理,得到贵州省航磁 ΔT 化极平面等值线图。

一、重力场特征

贵州省地处中国西南部,全国重力场上贵州省东部在全国大型重力梯级带大兴安岭-太行山-武陵山重力梯级带南段,北边在成都-重庆重力高边缘,西边在青藏高原环形重力低的东南部。贵州东部重力梯级带在贵州境内经松桃-剑河-榕江延伸到广西境内,在地形上为东北平原、华北平原、长江中下游平原与山地的交界反映,地质上为深大断裂的反映,西边变化陡的梯级异常带为云贵高原与青藏高原过渡带的反映,为莫霍面陡变带或深大断裂带产生。中部变化较为平缓、异常走向多变的异常为成都重力高(四川盆地)与云贵高原过渡带的反映。

整体来看,东、西部布格重力异常表现为变化相对较陡的近南北向梯级带异常,中部布格重力异常变化相对较缓,呈向西开口的"V"字形,以织金—贵阳—江口一线为转折线,北部布格重力异常由北西走向逐渐转为北东、北西向的"S"形展布,南部布格重力异常在贵州省境内保持北东走向,其间分布近东西向、近南北向的圈闭重力高、低异常。布格重力值总体呈东高西低的特征,从东部铜仁一带的 $-40\times10^{-5}\,\mathrm{m/s^2}$ 左右变化到西部的威宁一带 $-240\times10^{-5}\,\mathrm{m/s^2}$ 左右,异常幅值变化近 $200\times10^{-5}\,\mathrm{m/s^2}$(图2-3),同时反映贵州省莫霍面深度东浅西深,东、西部两大梯级带为莫霍面陡变带,中部莫霍面变化较为平缓的特征,据重力资料推断的莫霍面深度由东部的铜仁—天柱一带的 $35\,\mathrm{km}$ 逐渐加深,至威宁一带深度在 $46\,\mathrm{km}$ 以上。

二、磁场特征

磁异常是由不同性质、不同等级、不同方向、不同深度、不同形态的磁性体组合而形成的叠加场。贵州省磁测资料以航磁为主,航磁异常的变化规律是深部地质构造变化的综合反映。

从贵州省航磁 ΔT 平面等值线图(图2-4)上看:航磁异常从南向北、从东向西磁异常变化各异,西北部、东北部磁异常变化剧烈,中南部磁异常变化相对平缓,以西南角的兴义—贵阳—松桃一线为界,磁异常南、北两边表现各异,北部磁异常变化复杂,以西北部火山跳跃场至中东部的均缓正、负异常及东北部的负磁异常表现,南边以均缓负磁异常为主,从西向东由平缓正磁异常区过渡到东部负磁异常区,场值变化在 $\pm50\,\mathrm{nT}$ 左右。在六枝、织金、贵阳、金沙—习水、湄潭出现圈闭的正磁异常,面积大;兴仁、贞丰

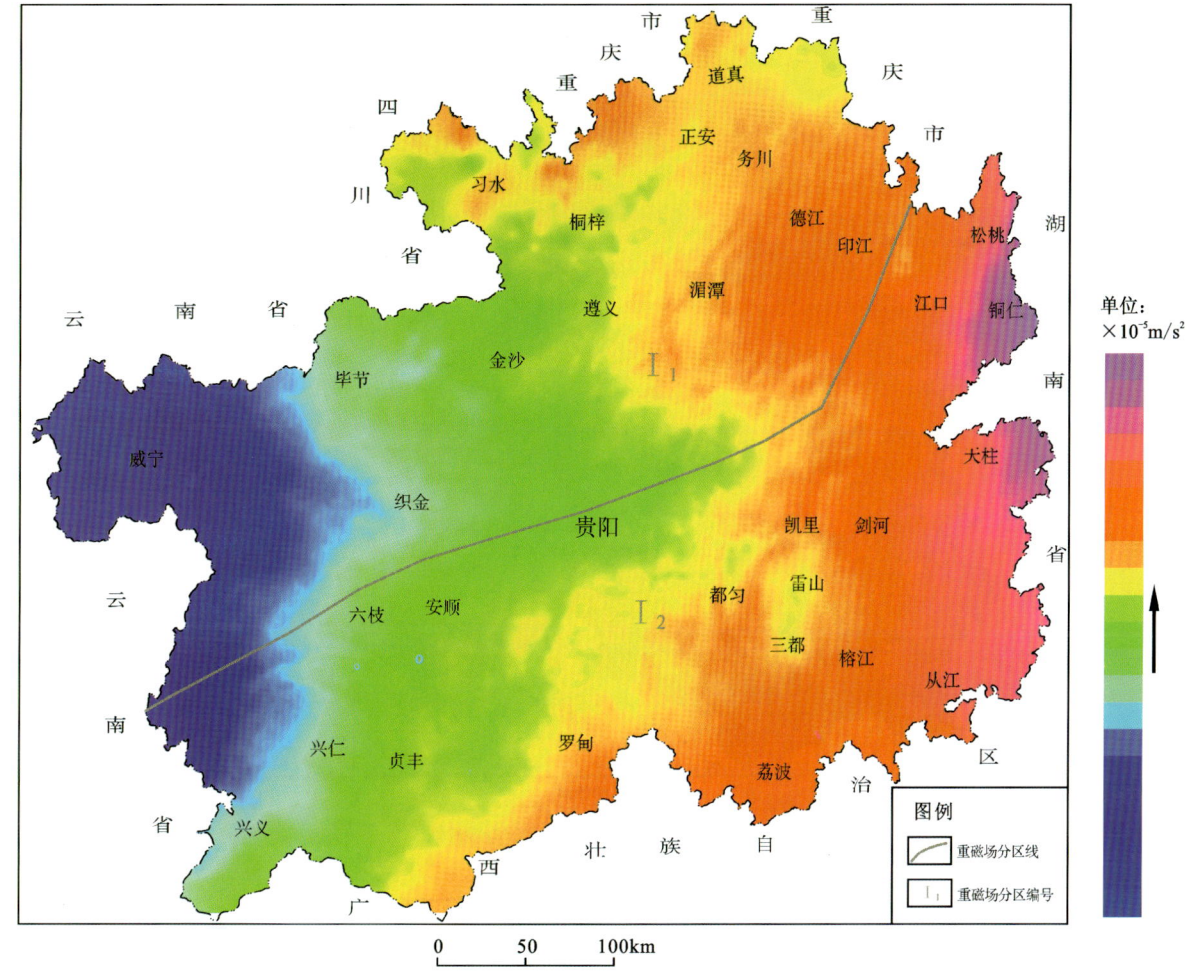

图 2-3 贵州省布格重力异常平面等值线图

及东北部的正安一带也存在面积较小的正磁异常区。织金、六枝磁异常变化复杂,两个正磁异常由几个圈闭磁异常组合而成,磁场变化最大达 80nT,西部与两个范围较大、变化在 $-40\sim0$nT 的圈闭负磁异常相连;贵阳一带磁异常变化平缓、金沙-习水呈近南北排列的几个正磁异常分布,与贵阳正磁异常区形成习水—贵阳的南北向分布条带状的正磁异常区;湄潭一带为一个独立的正磁异常,场值最大达 35nT。负磁异常以南部分布为主,在桐梓—道真—印江一带呈北西、东西向的负磁异常分布,场值变化最大达 -150nT,罗甸—三都—荔波一带也呈大片负磁异常区,场值变化最大达 -80nT。东南部沿江口—凯里—三都新元古界出露区域,正负相间磁异常环状分布在新元古界四周,中部呈平缓磁力高。

为消除斜磁化的影响,对航磁 ΔT 磁异常进行化极,从贵州省航磁 ΔT 化极平面等值线图(图 2-5)上看,贵州省西北部、东北部磁异常变化剧烈,中南部磁异常变化相对平缓。西部地区为玄武岩广泛分布区,中部以沉积岩为主,东南部以变质岩为主。中部相对平缓正磁异常区过渡到负磁异常区,该区均缓负磁异常主要由沉积岩产生,从地表出露地层岩性来看,其中局部相对高可能为局部磁性矿物富集或隐伏岩体产生,主要分布在遵义、贵阳、都匀等贵州中部地区,反映出贵州省广泛分布古生代、中生代以来的沉积盖层("沉积王国")。贵州省区航磁 ΔT 化极异常除具有以上地表表现的磁异常特征外,总体具南缓北陡的特征。

航磁 ΔT 化极异常的变化规律,反映出贵州省从西向东,由西部的火成岩-中部沉积岩地区-东南部的变质岩过渡的地层岩石的磁性特征:西部火成岩呈杂乱的跳跃场,磁异常等值线表现为正负相间变化强烈的大小不一圈闭磁异常,以变质岩地层呈弱磁力高及沉积岩地层呈均缓负磁异常为主。

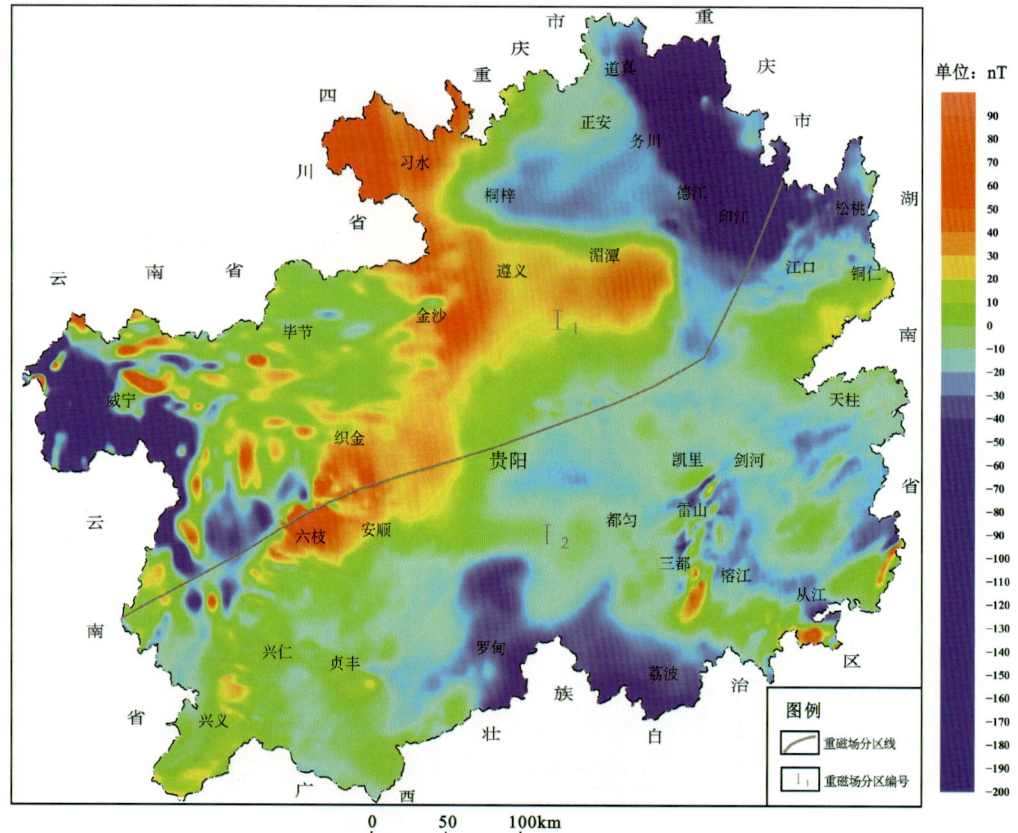

图 2-4 贵州省航磁 ΔT 平面等值线图

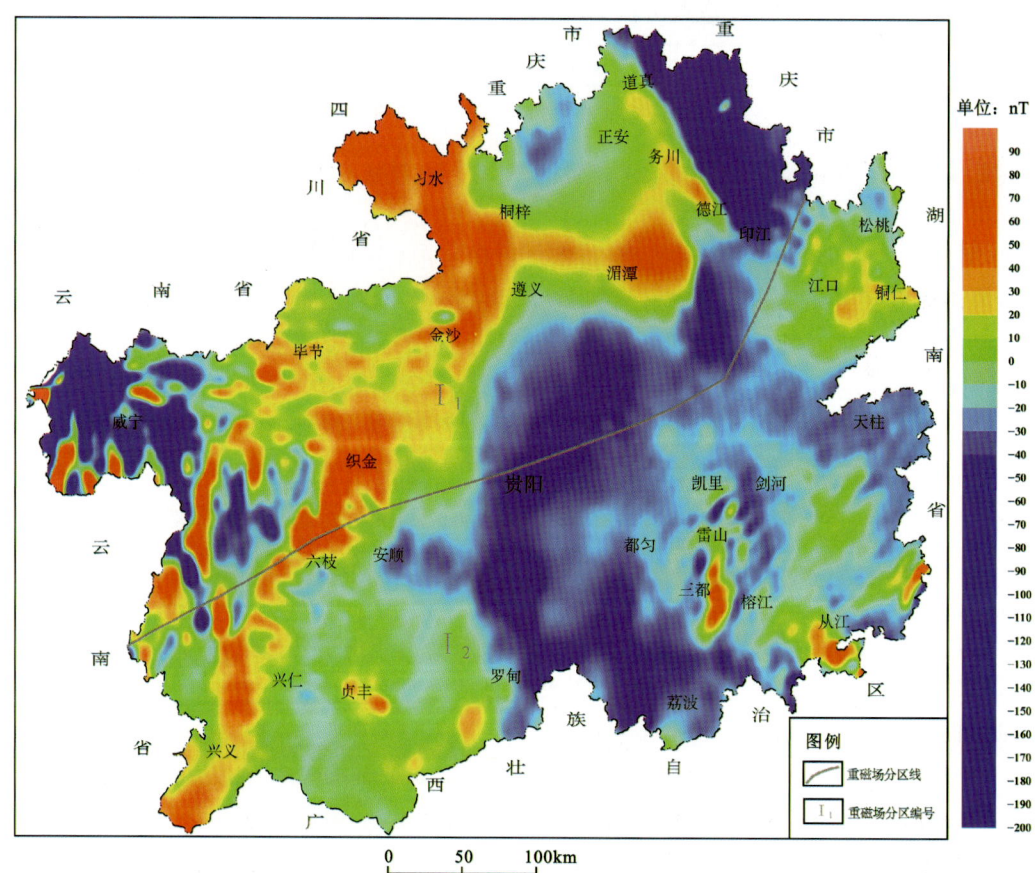

图 2-5 贵州省航磁 ΔT 化极平面等值线图

三、重磁场分区异常特征

从贵州省重力场、磁场特征来看，总体呈南北分带、东西分块的特征。综合构造、地层、矿产、遥感、地球物理及地球化学资料，盘县-贵阳-印江断裂带在遥感、大地电磁、地震资料解译中表现为深大断裂带或重要构造分界线，两侧地质背景不同，基底性质不同，地球化学背景亦有差异，因此以贵州省重磁场特征为主，将贵州省重磁异常场划分为黔北重磁异常区（I_1）、黔南重磁异常区（I_2）。

1. 黔北重磁异常区（I_1）

黔北重磁异常区总体对应于贵州省境内的上扬子地块，为相对隆起区。黔北重磁异常区布格重力异常等值线东、西部变化不同，以毕节—安顺一带为界，西部呈近南北向较为密集的重力梯级带，在威宁存在一个圈闭重力低异常，中部为宽缓弧形展布重力异常带，且分布近东西向和北东向圈闭重力高、低异常。布格重力异常总体呈东高西低，从东向西逐渐降低，由东部梵净山一带的 $-100\times10^{-5}\mathrm{m/s^2}$ 左右变化到西部威宁一带 $-240\times10^{-5}\mathrm{m/s^2}$ 左右，异常幅值变化近 $140\times10^{-5}\mathrm{m/s^2}$。从区域布格重力异常图上看，黔北重磁异常区由西部的密集重力梯级带逐渐变化至东部较为宽缓的向东北凸起的弧形异常带，异常值逐渐增大，反映该区莫霍面西部较为陡倾，至东部变化较为平缓，逐渐抬升。

黔北重磁异常区航磁 ΔT 异常以正磁异常为主，东部道真—印江一带呈北西向负磁异常区。磁场东、西两端变化复杂，中部相对平缓。西边毕节—六枝以西，磁异常值变化大，范围在 $-180\sim80\mathrm{nT}$，航磁 ΔT 等值线图上呈现大小不一圈闭的正、负磁异常密集排列，反映出该区广泛分布的火成岩的磁性变化大且杂乱无章的特征。向东磁异常变缓，在安顺、贵阳、习水—遵义、湄潭呈现几个圈闭正磁异常，场值变化在 $25\sim80\mathrm{nT}$，沿习水—遵义—贵阳一线呈近南北向正磁异常带展现，与地表遵义至贵阳断裂较吻合，向东道真—印江一带呈北西向负磁异常区、桐梓—德江呈宽缓的东西向负磁区。

黔北重磁异常区航磁 ΔT 化极异常表现为磁异常变化复杂区：贵州省西部，磁场特征为杂乱的火山岩跳跃场区，与地表玄武岩分布相吻合，是贵州省西部地区玄武岩分布特征的反映；毕节—贵阳—遵义一带，以正磁异常为主，部分地区存在隐伏或小面积出露玄武岩；道真一带，磁场变化较陡，磁场走向与地表构造截然不同，地表构造为北北东向，磁异常走向为北西向；道真—务川一带呈现两个圈闭北西向的负磁异常区。

2. 黔南重磁异常区（I_2）

黔北重磁异常区总体对应于贵州省境内的江南造山带，为相对坳陷区。黔南重磁异常区布格重力异常等值线东西部为近南北向展布的较为密集的重力梯级带，中部为北东向展布的较为宽缓的重力异常带，其间分布近南北向和北东向圈闭重力高、低异常。布格重力异常总体呈东高西低，从东向西逐渐降低，由东部铜仁一带的 $-40\times10^{-5}\mathrm{m/s^2}$ 左右变化到西边的兴义以北一带 $-200\times10^{-5}\mathrm{m/s^2}$ 左右，异常幅值变化近 $150\times10^{-5}\mathrm{m/s^2}$。从区域布格重力异常图上看，西部近南北向重力异常梯级带是北部重力异常梯级带的南延部分，东部重力异常梯级带为全国大型重力梯级带大兴安岭-太行山-武陵山重力梯级带南段，中部重力异常梯级带宽缓不一，异常形态变化较大，在贞丰、雷山两处分别存在一个面积较大的重力低异常。

黔南重磁异常区航磁 ΔT 异常以负磁异常为主，磁力高分布在兴仁、贞丰、雷山—三都、从江、江口—铜仁一带，罗甸—三都—荔波一带有个圈闭较大的磁力低异常区，延伸出省外，其余地段磁场相对较缓。磁力高在兴仁、贞丰、铜仁一带变化不大，幅值在 $15\sim25\mathrm{nT}$，呈宽缓、椭圆状或不规则形状，多数与地表出露断裂构造线方向及地质构造展布方向密切相关，从江、雷山—三都、江口磁场变化相对强烈，从江一带幅值可达 $65\mathrm{nT}$，雷山—三都呈正负伴生磁异常表现，江口一带呈串珠状北东向磁异常延伸出省外,地表无出露岩浆岩体,推断有隐伏岩浆岩体存在。大面积平缓负磁异常与沉积岩地层无磁性相关。

黔南重磁异常区航磁 ΔT 化极异常,西部以正磁异常为主,地表部分地区出露玄武岩,由西向东,磁异常由正负磁异常伴生转变为以负磁异常为主,反映东边火山岩、磁性地层、岩体逐渐向东转变成沉积岩地层、变质岩地层的磁性特征。黔西南小部及黔东南在新元古代与早古生代的接触带具环形正、负相间磁异常,磁异常变化范围在 $-60\sim80\text{nT}$,推断可能为隐伏侵入岩体所致。

第三章　重磁推断地质构造

第一节　重磁推断断裂构造

一、断裂构造的重磁判别标志

基于地质体的地球物理特性,当断裂产生后,会使地质体在三度空间发生位移和错断时,断裂两侧地层的物性产生变化,断裂的规模越大,两种物性界面的突变带规模也越大,进而物性差异也越大,地球物理异常梯级带形态也越明显。

利用重力异常场划分断裂构造原则如下。

（1）在布格重力异常平面图及布格重力剩余异常平面图上的标志：走向明显的重力梯级带,狭长的带状异常,异常带的水平错位或平移,异常等值线的同向扭曲,重力场发生明显变化的分界线,重力高与重力低之间的线性过渡带。

（2）不同方向的水平导数可以突出与之垂直的异常展布特征,从而较准确地推测断裂构造在地面的投影位置。在布格重力水平方向导数异常平面图上的标志：线性排列的同号异常的极值连线,走向明显的线性异常轴连线,线性异常的平移或错位。

（3）水平总梯度重力异常计算是将重力梯级带转换为梯度值,其极值带更好地对应断裂位置,从而提高对断裂的平面分辨能力。重力水平总梯度异常极大值位置标示着断裂的位置,其幅值大小反映了断裂的规模,极大值走向突变和错断代表断裂被切割和错断。在重力水平总梯度模异常平面图上的标志：线性排列的极大值连线,极大值走向的突变和错断。

利用磁场特征划分断裂构造原则如下。

（1）不同磁场区的分界线往往是构造分区的界线,通常也为规模较大的断裂或断裂带的划分标志。

（2）磁异常沿走向延伸较长的磁异常梯度带可作为断裂的识别标志,这时断裂端点大致位于磁异常梯度带中部异常拐点处或异常水平导数的极值处。

（3）线状的、拉长的串珠状磁异常带往往反映断裂带内断续有充填物的情况。如沿断裂带的岩浆活动不均匀,因而其磁性物质的分布也不均匀,这就会引起呈串珠状的、断断续续分布的线性磁异常,磁异常轴线反映的断裂便是岩浆岩的通道。

（4）具有明显方向的、宽度不大、走向长度大的正异常和负异常或正负交替出现的线性异常带。

（5）并行的多条带状磁异常同时在某一界线处异常强度集体突然降低甚至终止、异常形态同向扭曲等磁异常突变带。磁异常突变带为断裂或断裂带之所在,平面上的总体延伸方向为其走向。

（6）一条或几条比较容易对比的、线性排列的磁异常带发生明显错动,磁异常错动的位置作为断裂构造的位置,平面上的总体延伸方向为此断裂的走向。

（7）雁行状异常带反映范围较大,构造应力比较复杂,既有垂直变位又有水平变位和扭转的断裂破碎带。

（8）放射状的异常带组反映块断活动或火山活动比较复杂,其中每一个线性异常都标志一条断裂岩浆活动线。

二、重磁推断断裂结果

根据前一节所述原则,综合地质及其他资料,利用贵州省布格重力异常、区域重力异常、剩余重力异常、不同方向水平方向导数、水平总梯度模及航磁 ΔT 化极异常、垂向一阶导数等数据进行断裂信息提取,其中贵州省重力数据比例尺较磁法数据比例尺大,只有少部分地区磁法数据比例尺较大,因此综合重力、磁法数据推断断裂过程中,主要以重力资料为主、磁法资料为辅,并结合地质资料,来划分贵州省断裂构造格架(图 3-1),共推断断裂 91 条,其中一级断裂 3 条、二级断裂 8 条、三级断裂 80 条。

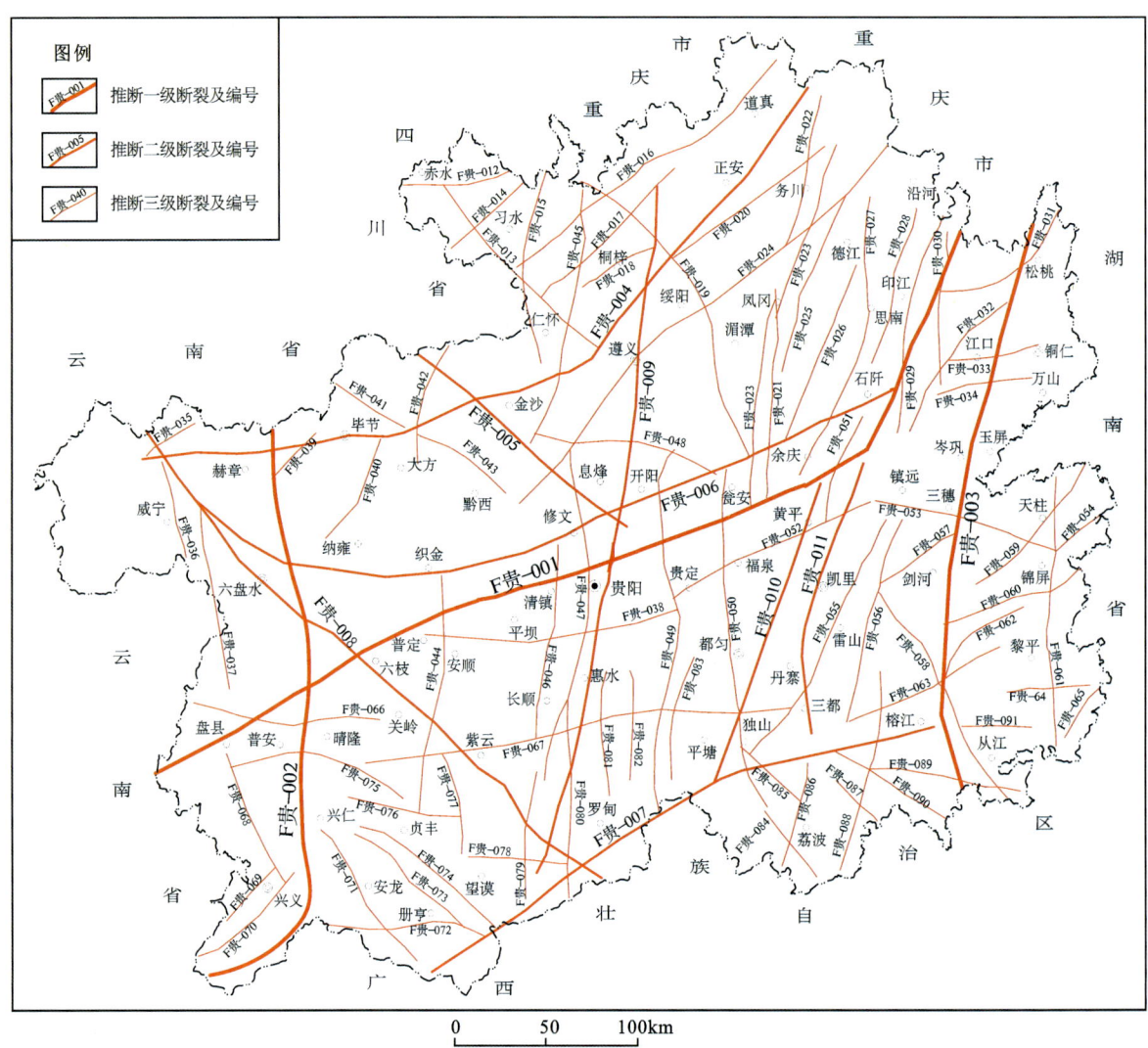

图 3-1 贵州省重磁综合推断断裂构造分布图

从贵州省重磁综合推断断裂构造分布图来看,断裂构造走向主要以北东向为主,其次为近南北向、东西向及北西向。贵州省一级断裂构造格架呈"H"形展布,反映出贵州省东、西部及南、北部不同的深部构造特征;从二级断裂构造展布特征来看,中部二级断裂构造,除 F 贵-009 以外,走向以北东向为主,基本平行于一级断裂 F 贵-001 走向,西部二级断裂构造为北西走向,与一级断裂构造 F 贵-002 走向具较小角度差异,东部二级断裂构造走向为北东向,基本平行于一级断裂 F 贵-003 走向,一级断裂构造展布特征主体上控制了二级断裂构造的展布;从三级断裂构造展布特征来看,中部以北东向为主,西部以北西向为主,东部以北东向为主,与所在区域二级断裂构造走向基本一致,二级断裂构造控制三级断裂构造展布,反映出贵州省深部构造控制浅部构造,南北分带、东西分块的断裂构造特征(表3-1)。

表3-1 贵州省重磁综合推断断裂构造表

断裂编号	断裂走向	断裂分级	出露情况	重磁异常标志
F贵-001	NE	一级	隐伏	布格重力异常等值线规则东西向凸起带;不同磁场区分界线
F贵-002	SN	一级	隐伏	布格重力异常梯度带、异常特征有明显差异的分界线;磁异常突变带
F贵-003	NE	一级	隐伏	布格重力异常梯度带、异常特征有明显差异的分界线;磁异常突变带
F贵-004	NE	二级	半隐伏	布格重力异常等值线规则北东向凸起;磁异常突变带,0°方向导数极值线
F贵-005	NW	二级	隐伏	布格重力异常不同重力场区分界线
F贵-006	NE	二级	隐伏	布格重力异常扭曲带,剩余重力正负异常的分界及错动带
F贵-007	NE	二级	隐伏	布格重力异常梯度带宽缓带,剩余重力异常的错动带,135°方向导数极值线;磁异常突变带
F贵-008	NW	二级	隐伏	布格重力异常规则向南东凸起带,串珠状剩余重力异常带,45°方向导数极值线;磁异常突变带
F贵-009	NE	二级	隐伏	布格重力异常等值线扭变带;磁异常突变带
F贵-010	NE	二级	半隐伏	布格重力异常相对重力高、重力低分界线;磁异常突变带
F贵-011	NE	二级	半隐伏	布格重力异常相对重力高、重力低分界线,串珠状剩余重力异常带;磁异常突变带
F贵-012	EW	三级	隐伏	布格重力异常相对重力高、重力低分界线,线状剩余重力异常带,90°方向导数极值线
F贵-013	NW	三级	隐伏	布格重力异常相对高、相对低分界线,45°方向导数极值线
F贵-014	NE	三级	隐伏	布格重力异常相对高、相对低分界线,135°方向导数极值线
F贵-015	SN	三级	隐伏	布格重力异常等值线扭变带,剩余重力异常错动带,90°方向导数极值线;磁异常突变带,90°方向导数极值线
F贵-016	NE	三级	半隐伏	布格重力异常相对高、相对低分界线,剩余重力异常突变带,135°方向导数极值线
F贵-017	NE	三级	半隐伏	布格重力异常相对高、相对低分界线,剩余重力异常突变带
F贵-018	NE	三级	隐伏	剩余重力异常错动带、扭曲带,135°方向导数极值线
F贵-019	NW	三级	隐伏	布格重力异常相对高、相对低分界线,剩余重力异常错动带、扭曲带,45°方向导数极值线
F贵-020	NE	三级	隐伏	串珠状剩余重力异常带,135°方向导数极值线
F贵-021	SN	三级	隐伏	线性重力异常带,90°方向导数极值线
F贵-022	NE	三级	隐伏	布格重力异常等值线扭变带,串珠状异常带,135°方向导数极值线
F贵-023	NE	三级	半隐伏	串珠状剩余重力异常带、剩余重力异常错动带,135°方向导数极值线;磁异常90°方向导数极值线
F贵-024	NE	三级	隐伏	布格重力异常等值线扭变带,剩余重力异常错动带,135°方向导数极值线
F贵-025	NE	三级	隐伏	线性重力异常带,135°方向导数极值线
F贵-026	NE	三级	隐伏	串珠状重力异常带,135°方向导数极值线;磁异常突变带,135°方向导数极值线

续表 3-1

断裂编号	断裂走向	断裂分级	出露情况	重磁异常标志
F贵-027	SN	三级	半隐伏	剩余重力异常错动带、扭曲带,90°方向导数极值线
F贵-028	SN	三级	半隐伏	布格重力异常等值线扭变带,串珠状重力异常带,90°方向导数极值线;磁异常分界带,90°方向导数极值线
F贵-029	SN	三级	半隐伏	布格重力异常等值线扭变带,90°方向导数极值线
F贵-030	SN	三级	隐伏	布格重力异常突变带,剩余重力异常突变带、错动带,90°方向导数极值线
F贵-031	NE	三级	半隐伏	布格重力异常等值线规则南西向凸起,剩余重力异常突变带,135°方向导数极值线;磁异常突变带
F贵-032	NE	三级	半隐伏	布格重力异常等值线规则北东向凸起带,剩余重力异常错动带,135°方向导数极值线;磁异常突变带
F贵-033	EW	三级	隐伏	布格重力异常等值线扭变带,剩余重力异常错动带,0°方向导数极值线
F贵-034	EW	三级	隐伏	布格重力异常等值线扭变带,剩余重力异常错动带,0°方向导数极值线
F贵-035	NE	三级	半隐伏	布格重力异常等值线扭变带,剩余重力异常错动带,135°方向导数极值线
F贵-036	NW	三级	隐伏	布格重力异常等值线扭变带,90°方向导数极值线;磁异常突变带
F贵-037	NW	三级	半隐伏	布格重力异常等值线扭变带,剩余重力异常错动带,90°方向导数极值线;串珠状磁异常带
F贵-038	EW	三级	隐伏	布格重力异常等值线扭变带,剩余重力异常错动带,0°方向导数极值线;磁异常突变带
F贵-039	NE	三级	半隐伏	布格重力异常等值线扭变带,剩余重力异常突变带,135°方向导数极值线
F贵-040	NE	三级	半隐伏	布格重力异常等值线扭变带,剩余重力异常错动带,135°方向导数极值线
F贵-041	NW	三级	隐伏	剩余重力异常错动带,45°方向导数极值线
F贵-042	NE	三级	隐伏	布格重力异常等值线扭变带,剩余重力异常错动带,90°方向导数极值线;磁异常突变带
F贵-043	NW	三级	隐伏	布格重力异常等值线扭变带,45°方向导数极值线
F贵-044	SN	三级	隐伏	布格重力异常等值线扭变带,剩余重力异常错动带,90°方向导数极值线;磁异常突变带
F贵-045	SN	三级	隐伏	布格重力异常等值线扭变带,剩余重力异常错动带,90°方向导数极值线;磁异常突变带,90°方向导数极值线
F贵-046	SN	三级	半隐伏	布格重力异常等值线扭变带,剩余重力异常错动带,90°方向导数极值线;磁异常突变带,90方向导数极值线
F贵-047	SN	三级	半隐伏	布格重力异常等值线扭变带,剩余重力异常错动带,90°方向导数极值线;磁异常突变带,90°方向导数极值线
F贵-048	NW	三级	隐伏	布格重力异常等值线扭变带,剩余重力异常错动带,45°方向导数极值线
F贵-049	SN	三级	半隐伏	布格重力异常等值线扭变带,串珠状重力异常带及异常错动带,90°方向导数极值线
F贵-050	SN	三级	隐伏	布格重力异常等值线扭变带,剩余重力异常错动带,90°方向导数极值线
F贵-051	NE	三级	半隐伏	布格重力异常等值线扭变带,线状重力异常带,135°方向导数极值线
F贵-052	NE	三级	隐伏	布格重力异常等值线扭变带,剩余重力异常错动带,135°方向导数极值线
F贵-053	NW	三级	隐伏	布格重力异常等值线扭变带,剩余重力异常错动带,45°方向导数极值线
F贵-054	NE	三级	半隐伏	布格重力异常等值线扭变带,剩余重力异常错动带,135°方向导数极值线
F贵-055	NE	三级	半隐伏	布格重力异常等值线扭变带,剩余重力异常错动带,135°方向导数极值线;串珠状磁异常带,90°方向导数极值线

续表 3-1

断裂编号	断裂走向	断裂分级	出露情况	重磁异常标志
F贵-056	NE	三级	隐伏	布格重力异常等值线扭变带,串珠状重力异常带,90°方向导数极值线;磁异常突变带
F贵-057	NE	三级	半隐伏	布格重力异常等值线扭变带,135°方向导数极值线
F贵-058	NW	三级	隐伏	布格重力异常等值线扭变带,剩余重力异常错动带,45°方向导数极值线;磁异常突变带
F贵-059	NE	三级	隐伏	布格重力异常等值线扭变带,线状重力异常带,135°方向导数极值线;磁异常突变带,135方向导数极值线
F贵-060	NE	三级	隐伏	布格重力异常等值线扭变带,线状重力异常带,0°方向导数极值线
F贵-061	SN	三级	隐伏	布格重力异常等值线扭变带,剩余重力异常错动带,90°方向导数极值线;串珠状磁异常带
F贵-062	NE	三级	半隐伏	布格重力异常等值线扭变带,串珠状重力异常带,135°方向导数极值线带;串珠状磁异常带,135方向导数极值线
F贵-063	NE	三级	半隐伏	布格重力异常等值线扭变带,剩余重力异常错动带,135°方向导数极值线
F贵-064	EW	三级	隐伏	布格重力异常等值线扭变带,0°方向导数极值线
F贵-065	NE	三级	半隐伏	布格重力异常等值线扭变带,剩余重力异常错动带,135°方向导数极值线
F贵-066	EW	三级	隐伏	布格重力异常等值线扭变带,串珠状剩余重力异常带,0°方向导数极值线
F贵-067	EW	三级	隐伏	布格重力异常等值线扭变带,剩余重力异常错动带,0°方向导数极值线
F贵-068	NW	三级	隐伏	布格重力异常等值线扭变带,剩余重力异常突变带,45°方向导数极值线;串珠状磁异常带,45方向导数极值线
F贵-069	NE	三级	半隐伏	布格重力异常等值线扭变带,串珠状重力异常带,135°方向导数极值线
F贵-070	NE	三级	半隐伏	布格重力梯度带异常,串珠状重力异常带,135°方向导数极值线;磁异常突变带,135°方向导数极值线
F贵-071	NW	三级	半隐伏	布格重力异常等值线扭变带,剩余重力异常错动带,45°方向导数极值线;磁异常突变带
F贵-072	EW	三级	隐伏	布格重力异常等值线扭变带,串珠状重力异常带,0°方向导数极值线
F贵-073	NW	三级	隐伏	布格重力异常等值线扭变带,线状重力异常带,45°方向导数极值线
F贵-074	NW	三级	隐伏	布格重力异常等值线扭变带,线状重力异常带,45°方向导数极值线
F贵-075	EW	三级	半隐伏	布格重力异常等值线扭变带,串珠状剩余重力异常带,0°方向导数极值线;磁异常突变带
F贵-076	EW	三级	隐伏	布格重力异常等值线扭变带,0°方向导数极值线;磁异常突变带
F贵-077	NW	三级	隐伏	布格重力异常等值线扭变带,线状重力异常带,90°方向导数极值线;磁异常突变带,45°方向导数极值线
F贵-078	EW	三级	隐伏	布格重力异常等值线扭变带,剩余重力异常突变带,0°方向导数极值线
F贵-079	SN	三级	隐伏	布格重力异常等值线扭变带,剩余重力异常错动带,90°方向导数极值线
F贵-080	SN	三级	半隐伏	布格重力异常等值线扭变带,线状重力异常带,90°方向导数极值线
F贵-081	SN	三级	隐伏	布格重力异常等值线扭变带,线状重力异常带,90°方向导数极值线
F贵-082	SN	三级	隐伏	布格重力异常等值线扭变带,串珠状剩余重力异常带,90°方向导数极值线
F贵-083	SN	三级	半隐伏	布格重力异常等值线扭变带,串珠状重力异常带,90°方向导数极值线
F贵-084	NW	三级	半隐伏	布格重力异常等值线扭变带,剩余重力异常错动带,45°方向导数极值线
F贵-085	NW	三级	隐伏	布格重力异常等值线扭变带,剩余重力异常错动带,45°方向导数极值线

续表 3-1

断裂编号	断裂走向	断裂分级	出露情况	重磁异常标志
F贵-086	NE	三级	半隐伏	布格重力异常等值线扭变带,线状重力异常带,90°方向导数极值线
F贵-087	NW	三级	半隐伏	布格重力场不同区分界线,线状重力异常带,45°方向导数极值线
F贵-088	NE	三级	半隐伏	布格重力异常等值线扭变带,剩余重力异常错动带,90°方向导数极值线
F贵-089	NW	三级	隐伏	布格重力异常等值线扭变带,剩余重力异常错动带,0°方向导数极值线;串珠状磁异常带,0°方向导数极值线
F贵-090	NW	三级	隐伏	布格重力异常等值线扭变带,剩余重力异常错动带,45°方向导数极值线
F贵-091	EW	三级	隐伏	布格重力异常等值线扭变带,线状重力异常带,0°方向导数极值线

三、主要断裂构造特征分析

1. F贵-001（盘县-贵阳-印江断裂）

F贵-001为重磁综合推断贵州省一级断裂构造,北东走向,经盘县—普定—贵阳—瓮安—印江横贯贵州省中部,东、西两端分别进入湖南省、云南省境内,贵州省内长度为520km左右。

该一级断裂在布格重力异常图中表现为布格重力异常等值线整体向东凸出,北侧等值线以北西向、北东向及东西向的大小不同梯级带、串珠状异常带展布为主,东、西两个方向凸凹相间。南侧则为北东向及近南北向梯级带、串珠状重力异常带展布,均存在圈闭异常,雷山一带明显、规模较大,呈近南北向展布,结合航磁异常,推断可能为隐伏花岗岩体。

从航磁异常来看,西部广布的峨眉山玄武岩导致磁异常变化强烈,航磁 ΔT 平面等值线图上断裂带对应轴向近东西的串珠状异常带;中东部磁异常变化相对变缓,断裂带两侧磁异常相对强烈,断裂带所在区域无磁性,反映出两侧基底磁性差异,以此为界划分两个不同磁异常区。

在电法MT剖面上该断裂带所在位置反映一条电性差异分界线,对地震波成像图解译,为一条弹性界面分界线,反映该断裂两侧不同岩性存在明显电性、弹性差异。

该断裂在区域上是云南省师宗-弥勒北东向断裂带在贵州省的延伸,两侧的构造形迹差异较大,北西侧构造线为北东向,南东侧构造线以南北向为主,平坝—贵阳一带阻挡了南北向构造形迹的沟通,南北向褶皱在该地段枢扭倾没或昂起,在安顺附近与中三叠世相变线平行。

对应重力、磁测、电法、地震在该区域均反映出不同的异常特征外,地表地质构造沿该断裂带北段两侧构造差异明显不同:北西侧发育古生代、晚中生代南北向紧闭型长条状褶皱,南东侧发育北东向新元古代、早古生代宽缓复式褶皱,地表观测南北向褶皱于此发生转折;中段为三叠纪沉积岩相急变带;西段两侧构造特征亦存在显著差异,北侧以北西向构造线为主,南侧以南北向、北西向构造线为主。该断裂带亦为地球化学元素急变分界区,北侧主要为Pb、Zn、Cu元素异常,南侧主要为Hg、Sb、As、Au元素异常;北侧二叠纪玄武岩主要为偏碱性,南侧二叠纪玄武岩及辉绿岩主要为钙碱性。该断裂带是划分沉积型矿产分布的重要分界线,贵州省的主要沉积型矿产铝土矿、磷矿、锰矿、镍钼钒矿等分布在该线以北地区,该线以南,除黔东南雷山、三都一带,基本无这些沉积型矿产分布。

断裂带南东盘梵净山地区有武陵期的地层出露,与武陵运动同造山或造山期后的壳源超酸性过铝白云母花岗岩及酸性岩脉侵入,与此相伴的矿产有钨锡矿和铌钽矿的矿点和矿化点多处,查明中型和小型钨锡矿床各1处。

2. F贵-002（赫章-六盘水-兴仁断裂）

F贵-002为重磁综合推断贵州省一级断裂构造,经赫章—六盘水—普安—兴仁—兴义贯穿贵州省西部,兴义以北断裂为南北走向,兴义以南断裂转为南西走向,区内长度为320km左右。

该断裂以普安为界,表现为布格重力异常等值线密集排列的重力梯级带,为横跨西藏、四川、云南、贵州的龙门山重力梯度带南延部分,是龙门山断裂带的重力场反映。该断裂带两侧布格重力异常特征显著不同,西北部重力异常为南北向梯级带及威宁环形重力低,西南部为南北向重力梯级带;东北部以向南东凸出的重力异常弯曲带为主,东南部以近南北向宽缓重力异常带为主,且重力异常呈小幅度的同相扭曲。

从贵州省航磁 ΔT 平面等值线图上看,该断裂带为不同磁场分界线、正负磁异常分界线。断裂以西,航磁 ΔT 异常以幅值较大圈闭负磁异常为主,异常走向以南北向为主;断裂以东,以幅值相对较小的正磁异常为主,异常走向为北西向、近东西向。

从地质图上看,沿该断裂带两侧,地质构造线方向发生转折,以该断裂构造为界,中北部区域,西边构造线方向以北西向、北东向为主,主要发育中常—紧闭褶皱,东边则转向东西向、北东向,主要发育中常—宽缓褶皱;南部区域,西边构造线方向以北东为主,东部则转向北西,同一褶皱构造经该断裂带发生转折。从矿产分布来看,矿产主要沿该断裂带西侧分布,东侧沿断裂带分布矿产较少。

已知沿断裂带分布的矿产有硫矿、铅锌矿、萤石矿等矿产,尤其是铅锌矿。

3. F贵-003(松桃-剑河-榕江断裂)

F贵-003为重磁综合推断贵州省一级断裂构造,北东走向,经松桃—江口—三穗—剑河—榕江贯穿贵州省东部,区内长度为300km左右。

该一级断裂在布格重力异常图中表现为北北东向密集重力梯级带,该重力梯级带是北东向大兴安岭-太行山-武陵山重力梯级带南延部分,穿过贵州省延伸至越南。以三穗为界,北西侧异常等值线呈宽缓状弓形向西凸出,特别是在石阡—沿河一带呈极宽缓状向西缓慢增高明显,北东侧异常等值线呈突变陡窄状向东急骤升高;南段整体表现为与北段相反的特征,其南东侧等值线较为宽缓,而南西侧较密集,该一级断裂为不同重力场特征分界线。

从贵州省航磁 ΔT 平面等值线图上看,该断裂带两侧异常存在明显的梯度变化,在岑巩—万山一带航磁正异常向西弧状凸出,在黎平—榕江一带呈现圈闭的宽缓高异常,在从江以东亦存在北东向的圈闭正异常。整体在该带两侧存在明显的串珠状不规则圈闭异常带,反映两侧深部岩石建造存在较大的差异。

已知沿断裂带分布的矿产有铅、锌、铜、汞、金、银及锑等矿产,其分布规律明显。断裂带北东段,玉屏—凯里区间与断裂带及次生构造关系密切的矿产有铅、锌、铜等矿种;断裂带中南段向西凸出地段,丹寨—三都地区,是我国著名的汞矿产出地区,其次有锑矿、锑金矿及汞金矿,少量的铅矿、锌矿。虽然它们的成矿时期是多期性的,但是在加里东期,断裂带处于一个活动的被动陆缘向稳定的陆块转换阶段的过渡带,构造活动频繁,造山作用所形成的断层、节理及层间剥离裂隙等,为后期成矿热液提供了运移通道和储存场所。

4. F贵-008(六盘水-紫云断裂)

F贵-008为重磁综合推断贵州省二级断裂构造,位于贵州省四级构造分区六盘水裂陷槽内,北西走向,经威宁—六盘水—六枝—紫云—罗甸等地,切割泥盆系、石炭系、二叠系、三叠系及侏罗系等地层,区内长度为370km左右。

该二级断裂带在布格重力异常图中表现为规则向南东凸起异常带,在剩余重力异常中表现为北西向串珠状剩余重力负异常带,在水平一阶导数图中表现为45°方向导数极值线;在航磁异常图中表现为正负磁异常突变带。据其他物探资料反映,沿北西向断裂带尚分布有隐伏岩体,同时该构造区地震剖面(中石化勘探南方分公司内部资料,2009)反映其深部发育一系列隐伏断裂。

该断裂带两侧构造特征存在显著差异,南东侧以北西向构造线为主,北西侧以北东向构造线为主,望谟、罗甸及威宁等地有二叠纪辉绿岩侵入体大致沿其成带分布,贞丰附近的煌斑岩侵入或许也与之有关,沿该断裂带分布铅锌矿床(点)。

水城-紫云褶断带北西段即水城—赫章地区为贵州省西部重要的铁矿、铅锌矿成矿区(带)。著名的水城观音山菱铁矿(大型),赫章铁矿山菱铁矿(中型)、赫章蟒硐铅锌矿(中型)、赫章猫猫厂铅锌矿(中型)等产于该构造带北西段。

第二节 重磁推断侵入岩体

一、重磁推断岩体判别标志

贵州省岩浆岩除峨眉山玄武岩在本省西部广泛分布外,其余地区出露的岩浆岩较少,酸性岩只在黔东南与广西交界的吉羊花岗岩和黔东北的梵净山花岗岩体,基性—超基性岩体在黔东南、黔西南、黔西北零星出露。

贵州省侵入岩往往呈现以下特点:酸性侵入岩体一般表现为重力低,无磁性或弱磁性,基性—超基性岩为重力高、磁力高。侵入岩一般成群成带分布,因此形成重、磁异常群或重、磁异常带。

在布格重力异常图上,对应地表无侵入岩体出露之处有等值线密集、梯度陡、有一定幅值的局部重力异常,或出现等值线弯曲的重力异常。这类重力异常在窗口滑动平均和向上延拓的剩余重力异常图上会有等值线密集、梯度陡的剩余圈闭重力异常,在重力垂向二阶导数图上也会有等值线密集、梯度陡的明显异常带。如果多个相邻出露的岩体之间表现为一个完整的布格重力圈闭异常,各种剩余重力异常图上仍然显示为一个完整的剩余重力圈闭异常,表明岩体在地表虽然相邻而不相连,但岩体的隐伏部分却在深部相连。在具有较大规模的重力低异常附近出现较小的局部重力低异常,可能是由隐伏在大花岗岩体附近的小花岗岩体(株)引起。

单个岩体,特别是中酸性岩体的顶部,往往呈近似等轴状,其接触带蚀变后磁性往往变强,因此平面上常出现等轴状的异常区和环形异常带,这也可作为识别岩体的标志。不同类型的岩体,因其磁性矿物含量的不同,由酸性岩到超基性岩,磁性由弱到强;同一种类的岩石,因其产出时代和条件的不同,岩石中的分相、分带以及蚀变风化等原因,磁性可能变化很大。一般来讲,由酸性岩到超基性岩,各类岩石具有以下独特的磁场特征。

1. 超基性岩类

一般来说,超基性岩体的磁性最强,磁场常达到上千纳特。但由于超基性岩磁性不均匀,因而岩体上的磁异常多表现为起伏变化的强异常。不同岩相、不同蚀变情况的超基性岩,其磁性特点因地区不同,规律各异。一般来说,蛇纹石化常使超基性岩磁性增强,而碳酸岩化使其磁性减弱。

2. 基性岩类

在基性岩体上常可观测到几百纳特的磁异常。辉长岩磁性变化较大,有的磁性较强,有的地区辉长岩磁性很弱。辉绿岩的磁性一般也很显著,它常呈脉状穿插在其他岩石中,在其上可观测到明显的磁异常。

3. 基性—超基性岩类

基性与超基性岩有时在磁场上无法区分,这种情况归为基性—超基性岩类,不再细分。

4. 中性岩类

中性岩类主要为闪长岩类，一般均有磁性，在其上可观测到数百纳特甚至更强的磁异常。

5. 中酸性岩类

中酸性岩类主要包括花岗岩、花岗闪长岩等，从磁异常角度不易区分，因此通常统称为中酸性岩类。

就花岗岩来说，其磁性差别较大，这种差别是由其岩浆源物质磁性决定的，深源物质越多，磁性越强，反之则磁性越弱。一般来说，A 型和 I 型花岗岩的磁性较强，S 型花岗岩的磁性较弱。另外，不同地区、不同期次的花岗岩磁性变化也很大，我国南方分布的加里东期花岗岩基本上无磁性。我国东北分布的海西期花岗岩大多数磁性较弱，还有一部分是无磁性的；分布较广的燕山期花岗岩磁性比较明显，可观测到 300～500nT 的磁异常，但南岭和两广的燕山期花岗岩磁异常的幅度较低，异常不明显。

不论是基性岩体还是酸性岩体，其边界的圈定方法基本相同，具体为：①通常以化极磁异常的梯度陡变带为岩体的边界；②对规模较小的磁性体，可按化极磁异常一阶导数零值线圈定；③对规模较大的磁性体，可采用化极磁异常二阶导数零值线圈定；④对岩体本身无磁性但因接触带蚀变后磁性增强而引起磁异常时，通常使用环状化极磁异常内侧的梯度陡变带来圈定。

对有明显走向特征的磁异常，以磁异常的走向作为侵入岩体的走向。

二、重磁推断岩体分布

根据以上圈定原则，共推断隐伏、半隐伏岩体 51 个，1 个火山口（图 3-2），其中酸性隐伏、半隐伏岩体 25 个，基性岩体 26 个，贵州省西部小海火山口 1 个。对于以上圈定岩体，推断酸性岩体均显示重力低异常、弱磁异常或正负伴生磁异常，基性岩体均显示重力高异常，因贵州省航磁比例尺较大，且西部分布强磁性玄武岩，基性岩体圈定主要以重力异常为主，结合地质地表及部分地区高精度磁测资料分析，西部圈定基性岩体主要以正负伴生磁异常、正磁异常为主，东部主要以弱磁异常为主。

从贵州省重磁综合推断岩体分布图来看，中东部沿贵阳—瓮安—铜仁一带的侵入岩体走向以北东向为主，东南部沿镇远—丹寨—荔波一带的侵入岩体走向以北北东向为主，西部六盘水—六枝—望谟一带的侵入岩体走向以北西向为主，侵入岩体分布主要沿贵州省大型断裂分布（表 3-2）。

表 3-2 贵州省重磁综合推断岩体分布表

推断岩体编号	岩体性质	出露情况	是否定量计算（三维）	计算深度（m）	
				上顶	下底
S01（梵净山岩体）	酸性岩体	出露	是	0	7 300
S02（松桃岩体）	酸性岩体	隐伏	是	1 100	6 300
S03（小顶山岩体）	酸性岩体	隐伏	是	1 100	7 000
S04（白果岩体）	酸性岩体	隐伏	否	—	—
S05（草塘岩体）	酸性岩体	隐伏	是	1 000	7 000
S06（六盘水岩体）	酸性岩体	隐伏	否	600	5 200
S07（羊昌岩体）	酸性岩体	隐伏	否	—	—
S08（牛场-旧州岩体）	酸性岩体	隐伏	是	1 000	8 500
S09（邦洞岩体）	酸性岩体	隐伏	是	1 200	5 400

续表 3-2

推断岩体编号	岩体性质	出露情况	是否定量计算（三维）	计算深度（m）	
				上顶	下底
S10（下司岩体）	酸性岩体	隐伏	是	960	7 900
S11（黄果树岩体）	酸性岩体	隐伏	否	—	—
S12（雷山岩体）	酸性岩体	隐伏	是	900	7 300
S13（郎洞-榕江岩体）	酸性岩体	隐伏	是	2 600	8 000
S14（大厂岩体）	酸性岩体	隐伏	否	—	—
S15（百德岩体）	酸性岩体	隐伏	否	—	—
S16（白层岩体）	酸性岩体	隐伏	否	—	—
S17（平塘岩体）	酸性岩体	隐伏	是	2 800	6 700
S18（高家山岩体）	酸性岩体	隐伏	是	600	2 900
S19（宰便岩体）	酸性岩体	隐伏	是	300	3 000
S20（布弄岩体）	酸性岩体	出露	是	0	2 000
S21（高武老山）	酸性岩体	出露	是	0	4 800
S22（七舍岩体）	酸性岩体	隐伏	否	—	—
S23（洒雨岩体）	酸性岩体	隐伏	否	—	—
S24（桠权岩体）	酸性岩体	隐伏	否	—	—
S25（沙黎岩体）	酸性岩体	隐伏	否	—	—
J01（大竹坪岩体）	基性岩体	出露	是	0	2 900
J02（猫场岩体）	基性岩体	隐伏	否	—	—
J03（大方岩体）	基性岩体	隐伏	否	—	—
J04（石纳岩体）	基性岩体	隐伏	否	—	—
J05（天文岩体）	基性岩体	隐伏	否	—	—
J06（水尾岩体）	基性岩体	隐伏	否	—	—
J07（么站岩体）	基性岩体	隐伏	是	—	—
J08（树舍岩体）	基性岩体	隐伏	否	—	—
J09（韭菜坪岩体）	基性岩体	隐伏	否	—	—
J10（鬃岭岩体）	基性岩体	隐伏	否	—	—
J11（旁海岩体）	基性岩体	隐伏	否	—	—
J12（台江岩体）	基性岩体	隐伏	是	1 700	4 500
J13（洒基岩体）	基性岩体	隐伏	否	—	—
J14（关关大山岩体）	基性岩体	隐伏	否	—	—
J15（龙吟岩体）	基性岩体	隐伏	否	—	—
J16（大坪岩体）	基性岩体	隐伏	否	—	—
J17（丹寨岩体）	基性岩体	隐伏	否	—	—
J18（西冲岩体）	基性岩体	隐伏	否	—	—

续表 3-2

推断岩体编号	岩体性质	出露情况	是否定量计算(三维)	计算深度(m)	
				上顶	下底
J19(晴隆岩体)	基性岩体	隐伏	否	—	—
J20(关岭岩体)	基性岩体	隐伏	否	—	—
J21(猫云岩体)	基性岩体	隐伏	否	—	—
J22(青山岩体)	基性岩体	隐伏	否	—	—
J23(梁山上岩体)	基性岩体	隐伏	否	—	—
J24(荔波岩体)	基性岩体	隐伏	否	—	—
J25(翁根坡岩体)	基性岩体	隐伏	否	—	—
J26(敬南岩体)	基性岩体	隐伏	是	2 400	5 800
H01(小海火山口)	火山口	隐伏	是	4 000	10 000

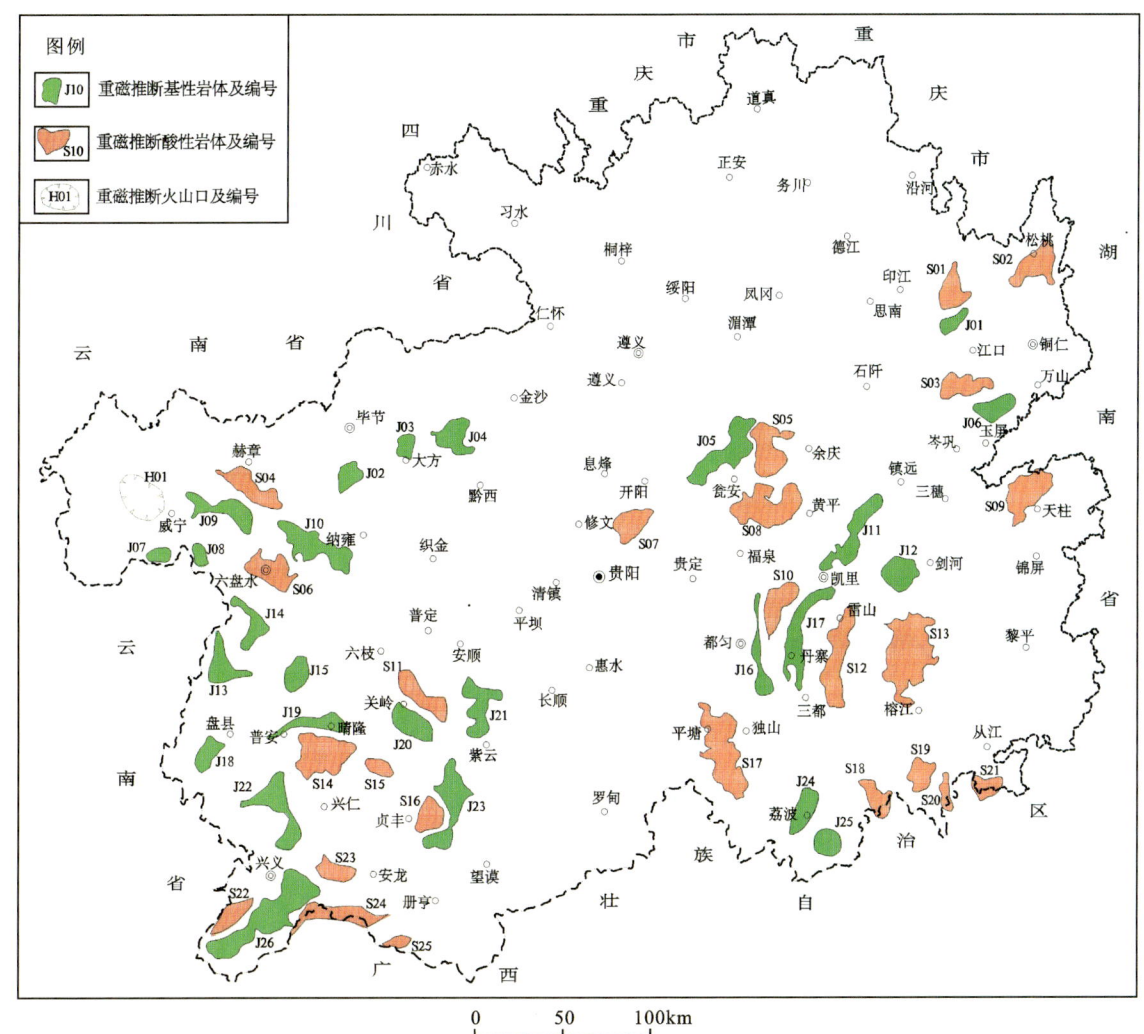

图 3-2 贵州省重磁综合推断岩体分布图

三、岩体定量解释

在圈定岩体范围的基础上,以重力异常为主,结合其他资料,对岩体进行定性、定量解释,定量解释主要以 2.5D 反演、3D 成像反演为主,分析岩体空间赋存形态。

以岩体 S10(下司岩体)作为重点研究岩体,截取不同方向垂直剖面进行 2.5D 反演,对贵州省重点工作区的深部隐伏岩体进行研究(图 3-3~图 3-5)。

岩体 S10(下司岩体)位于重力低值异常,重力异常中心位置位于背斜核部,具两个峰值异常,异常面积 450km², 以 48km² 窗口大小计算剩余重力异常,东北部剩余重力异常峰值为 -8×10^{-5} m/s², 等值线呈"I"形分布,西南部剩余重力异常峰值为 -7×10^{-5} m/s², 等值线呈南北向椭圆状分布。异常周边有 W、Sn、Mo、Bi 化探综合元素异常显示,位于航磁 ΔT 异常等值线弱磁场区,反映该区花岗岩体无磁性、弱磁性特征。该区出露地层异常中心区大面积分布寒武系杷榔组,地层岩性主要为灰色泥页岩夹灰岩及粉砂岩,厚 112~660m,地层密度为 2.45~2.74g/cm³;局部分布新元古界隆里组(面积较小),下段变余砂岩,粉砂岩夹板岩,厚 250~2 200m,上段灰绿色板岩夹变余砂岩,厚 450~900m,地层密度 2.61~2.68g/cm³;新元古界南沱组,灰紫色块状砾岩,厚 0~100 余米;新元古界陡山沱组、灯影组并层,地层密度 2.45~2.74g/cm³;周边大面积分布寒武系娄山关组,岩石为白云岩,中部夹泥质白云岩,上部局部含燧石团块,厚 1 000 余米,地层密度为 2.70g/cm³,由于该重力低值异常值大,面积广,仅低密度地层不足以引起该重力低,推断该异常由隐伏酸性岩体与深部隐伏巨厚新元古界四堡群地层 2.72g/cm³ 密度差引起。经 2.5D 反演及 3D 反演,该异常为上顶埋深在 1 000~2 000m 范围变化,岩体东部底深 7 000m 左右,西部底深较东部浅,在 4 000m 左右。该异常周边矿产分布较多,从热液型矿产至沉积型矿产均有分布。在岩体及周围具有铅锌矿、汞矿、金矿、硫铁矿、铁矿、铝土矿和磷矿,钻孔见铅锌矿、金矿。

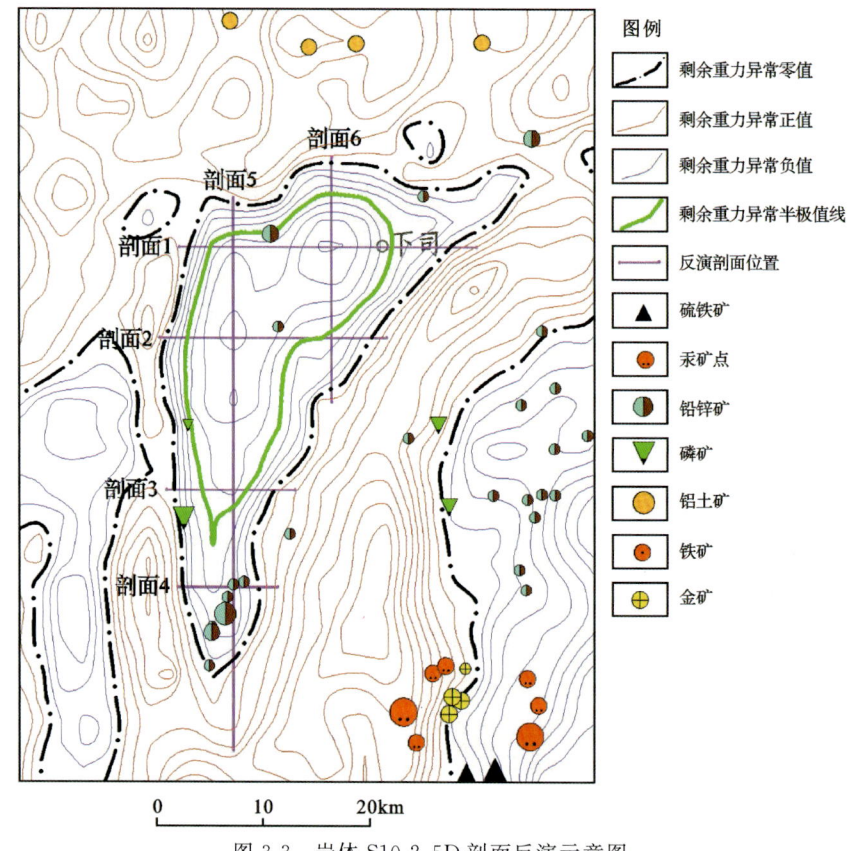

图 3-3 岩体 S10 2.5D 剖面反演示意图

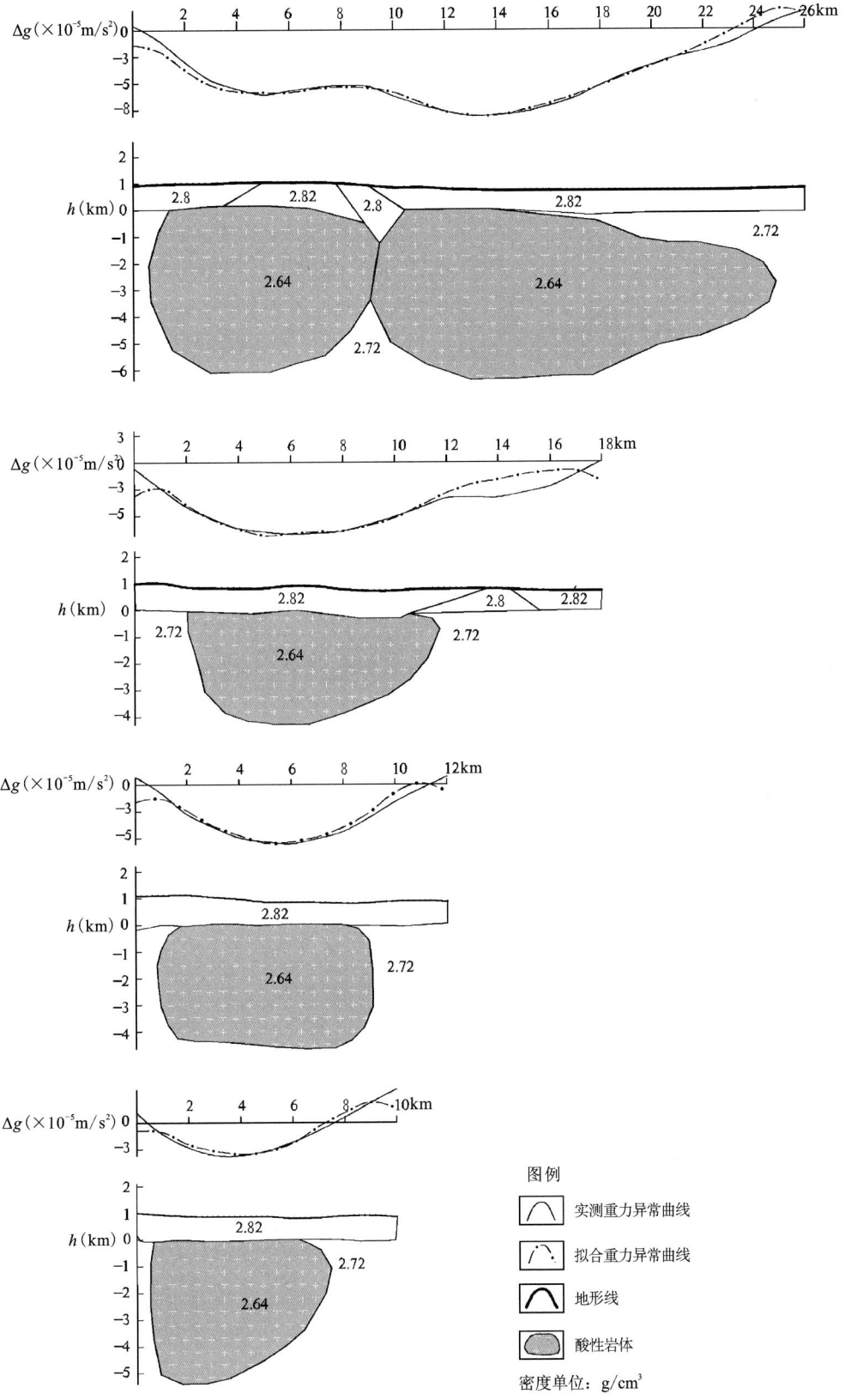

图 3-4 岩体 S10 2.5D 反演推断解释结果(剖面 1~4)

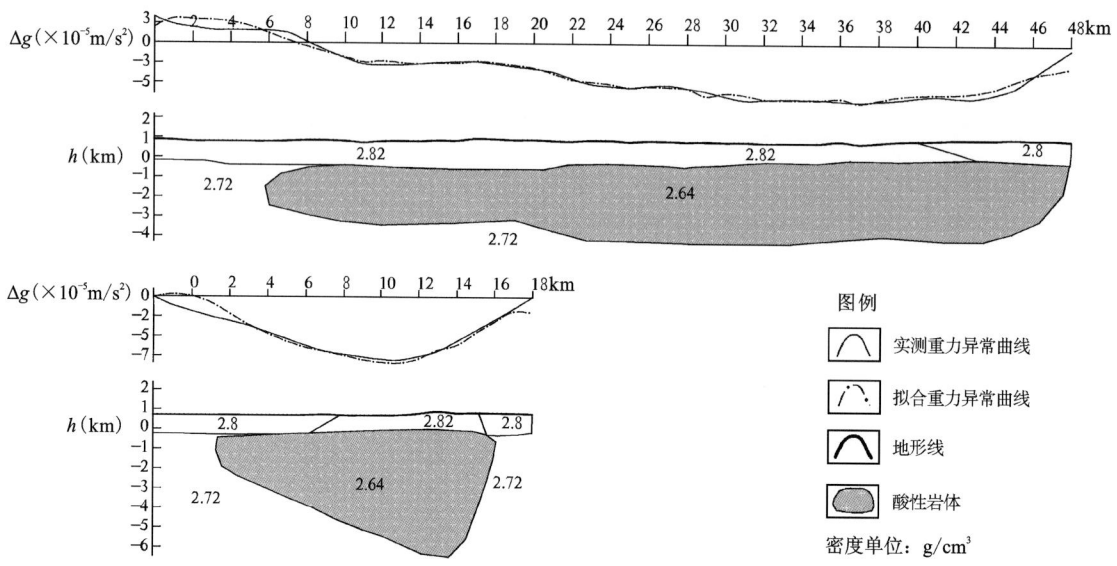

图 3-5 岩体 S10 2.5 D 反演推断解释结果(剖面 5~6)

此外,本书对贵州省东部圈定的部分侵入岩体进行三维定量反演研究,在利用区域重力、航磁、化探和地质资料对研究区的中酸性侵入岩体进行平面圈定及定性分析的基础上,将代表岩体的剩余重力异常信息作为反演的数据,进行三维成像反演,得到地下半空间密度分布的三维数据体,最后根据岩体与围岩的密度差,结合航磁、化探和地质信息,对三维数据体进行三维人工交互反演,研究岩体的三维空间赋存形态,对岩体与矿产关系进行初步分析。

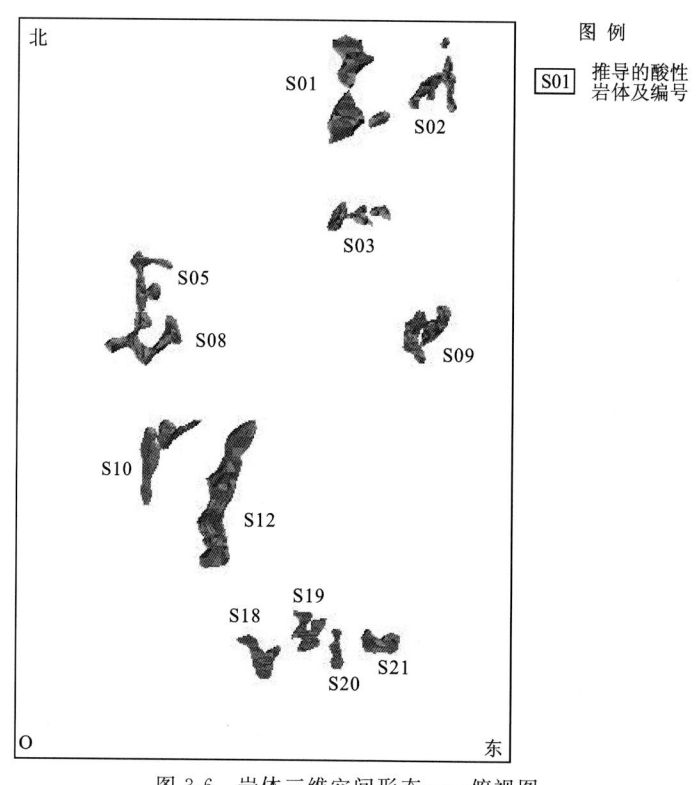

图 3-6 岩体三维空间形态——俯视图

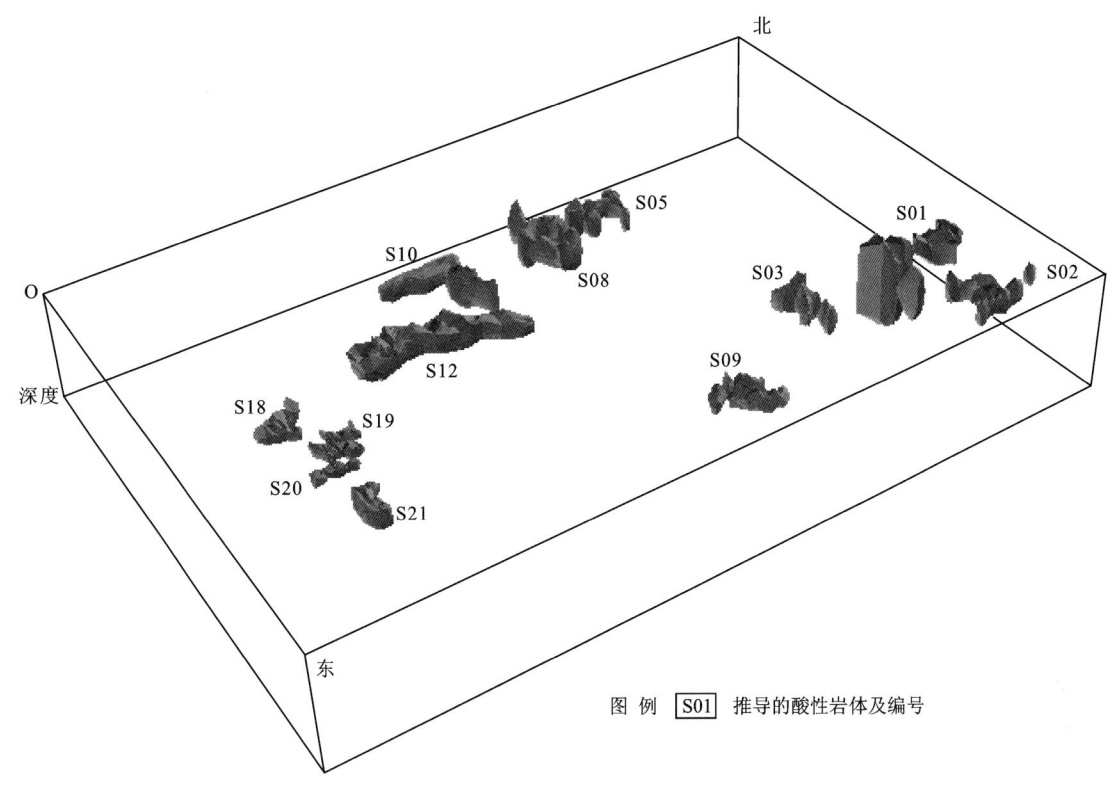

图 3-7 岩体三维空间形态——侧视图

在反演的贵州省东部 12 个中酸性侵入岩体中，S01、S20 和 S21 为半隐伏岩体，在地表小面积出露，其余岩体为隐伏岩体。图 3-6 和图 3-7 为岩体三维空间形态的俯视图和侧视图。

S01 岩体在地表出露，地表呈小的岩株、岩枝等，三维反演结果显示底深约为 7.3km，整体呈"8"字状，岩体走向为南北向。浅部表现为不同的两个岩体，北侧岩体呈反"S"状，顶深在 1～4.5km 之间变化，顶界面变化较陡，底深变化较平缓，宽约 10km，长约 25km；南侧岩体上部较窄，中部逐渐变宽，尾部收窄，在底边小面积出露，顶界面变化较北侧岩体平缓，底界面深度较北侧岩体深，宽在 5.3～15km 之间变化，长约 21km。两个岩体的下段和上段在 2.7km 深度处相连，实为一个岩体。出露于梵净山地区的 S01 岩体周围亦出露有基性—超基性岩体，岩体侵入于新元古代地层构成的背斜核部，背斜构造的核部亦是深部找矿的有利部位。岩体位于贵州省推断重要隐伏断裂的东部，且周围次级断裂构造发育，为成岩、成矿提供了通道和储矿空间。岩体北部及东部外围具汞矿床，东北边缘具多个大型锰矿、镍钼钒矿，岩体上具铜矿、铁矿等。S01 岩体位于布格重力异常梯级带上，剩余重力负异常内，W-Sn-Bi-Mo 地球化学元素异常强度高，岩体顶界面变化较陡，岩体边部有岩枝和岩株，因此，综合分析在 S01 岩体外围及深部成矿条件优越，为有利找矿远景区。

S02 岩体顶深约为 1.1km，底深约为 6.3km，整体呈叉子状，在北部存在一小岩株，南部岩体为北东向岩枝和南北向岩枝相交。北东向岩枝顶面变化较陡，最深约为 2.8km，南北向岩枝顶面变化亦较陡，变化趋势呈波浪起伏状，两岩枝底界面变化较缓。S03 岩体顶深约为 1.1km，底深约为 7.0km，分为两个岩体。西侧岩体呈"∞"状，宽约 18km，南北向长度变化剧烈，在岩体中部较窄，约 2km，向两边逐渐变大约 10km，西部顶界面变化较陡，在西部中心存在一凹陷，东部顶界面变化较缓，底界面变化均较缓；东侧岩体规模较西侧岩体小，亦是呈"∞"状，宽约 10km，长度变化在 3～5km 之间，顶界面变化趋势亦是呈波浪起伏状。S09 岩体顶深约为 1.2km，底深约为 5.4km，岩体整体呈不规则状，西侧岩体呈"C"状，顶界面变化很陡，在北部与东侧岩体相连，东侧岩体顶界面变化亦较陡，两岩体顶界面均呈波浪状起伏，底界面变化平缓。S02、S03、S09 岩体均侵入于新元古代地层中，位于贵州省推断的重要隐伏断裂带附近,岩体及周围具汞矿、铅锌矿、锰矿、磷矿、金、重晶石、镍钼钒、铁矿。3个岩体均位于布格重力异常梯级带附近,剩余重力负异常内,S02岩体W-Sn-Bi-Mo地球化学元素异常强度较高,W-Sn-Bi-Mo地球化学元素异常强度相对较弱,因此综合分析S02、S03、S09岩体外围及深部成矿条件较好,为较有利找矿远景区。

S05岩体顶深约为1.0km,底深约为7.0km,岩体整体呈"F"状,总体走向为南北向,在顶部和中部延伸出东西向的岩枝和岩株,长约28km,宽约4.5km,顶界面呈波浪状起伏,但不剧烈,底界面变化较缓。北部岩枝宽约14km,长约3km,顶、底界面变化均较缓。南部岩株为规则圆体状,顶、底界面变化较缓。S08岩体顶深约为1.0km,底深约为8.5km,整体呈不规则状,整个岩体延伸出不同走向的岩枝和岩株,岩体顶界面变化较陡,呈波浪起伏状,底界面变化较缓。从反演结果来分析,S05岩体和S08岩体在2.0km左右深度连为一体,形成一个规模较大的南北走向的隐伏岩体。S05、S08岩体位于瓮安一带,岩体侵入于新元古代地层构成的背斜核部,且有两条重要隐伏断裂通过,次级断裂构造发育,岩体及周围具有镍钼钒矿、铅锌矿、汞矿、硫铁矿、铁矿、铝土矿和磷矿。S05、S08岩体位于布格重力异常等值线弯曲带,剩余重力负异常内,W-Sn-Bi-Mo地球化学元素异常强度较高,岩体顶界面变化较陡,岩体边部有岩枝,因此,综合分析在S05、S08岩体外围及深部成矿条件较好,为较有利找矿远景区。

S10岩体顶深约为0.9km,底深约为7.9km,整体呈倒"L"状,岩体为南北走向,在岩体东北端呈岩枝向北东方向延伸。浅部表现为不同的两个岩体,西侧岩体呈长条板状,顶深在1.6km左右,底深在4.8km左右,长约37km,宽度在4~9km之间变化,顶、底界面变化较缓;东侧岩体规模较西侧岩体小,呈烟斗状,顶深也在1.6km左右,底深较东侧岩体深,在7.9km左右,顶、底界面变化亦较缓,岩枝沿北东向延伸约15.5km,两岩体在3km左右深度相连。3D岩体反演结果与2.5D反演结果一致。S12岩体顶深约为0.9km,底深约为7.3km,岩体呈不规则条状,走向为北北东向,侧视为板状,顶、底界面变化均较缓。S10岩体和S12岩体地表均未出露岩体,岩体分布在贵州省重要隐伏断裂带中,在岩体周围及外围,重晶石、汞、金、铅锌、锑、铁、萤石等矿产均有分布,该区尤其是金、铅锌、锑矿床均达中型以上,锑、汞矿床和矿点呈带状分布发育,这些矿床的形成是与花岗岩的岩浆期后热液活动有成因联系。S10、S12岩体位于布格重力异常梯级带附近,剩余重力负异常内,且异常幅值较大,在岩体周围亦有钨锡矿化、异常带,W-Sn-Bi-Mo地球化学元素异常强度高,岩体顶界面变化较陡,因此,综合分析在S10、S12岩体外围及深部成矿条件有利,为有利找矿远景区。

从江地区4个岩体中,S20和S21岩体在地表出露,S18和S19岩体顶深约为0.5km,4个岩体底深在3.0km左右变化。岩体均为不规则状。4个岩体属于黔桂边界摩天岭花岗岩体的一部分,摩天岭花岗岩体大部分位于广西境内,岩体均侵入于新元古界构成的背斜核部,亦位于贵州省重要隐伏断裂带上,岩体西边外围具铅锌矿床、铁矿,岩体上具铜矿、钨锡矿等。4个岩体位于布格重力异常梯级带上,剩余重力负异常内,且异常幅值较大,W-Sn-Bi-Mo地球化学元素异常强度高,因此,综合分析在这4个岩体外围及深部成矿条件有利,为有利找矿远景区。

综合以上分析,贵州省中东部推断的中酸性侵入岩体均侵入于新元古界中,多位于背斜构造核部、区域断裂旁,侵入酸性岩体上均具有较高的W-Sn-Bi-Mo地球化学元素异常。岩体三维空间形态揭示,岩体的产状大部分都复杂多样,而且往往为不同类型产状的岩体连为一体,除梵净山S01岩体和从江地区S20、S21岩体在地表出露,其余均为隐伏岩体,从江地区隐伏岩体顶埋深较浅,其余隐伏岩体顶埋深在1km左右,且顶界面的变化趋势较陡,利于矿产形成,为深部找矿的有利部位。

第四章 成矿带重磁场特征与矿产关系研究

第一节 贵州省成矿带划分

依据全国成矿区带划分方案,平面等值线图采用《贵州省矿产资源潜力评价》成矿单元划分方案,Ⅰ级成矿单元隶属于滨西太平洋成矿域,Ⅱ级成矿单元分属上扬子成矿省、华南成矿省,共划分 4 个Ⅲ级成矿区(带)、14 个Ⅳ级成矿区(带),见图 4-1 和表 4-1。

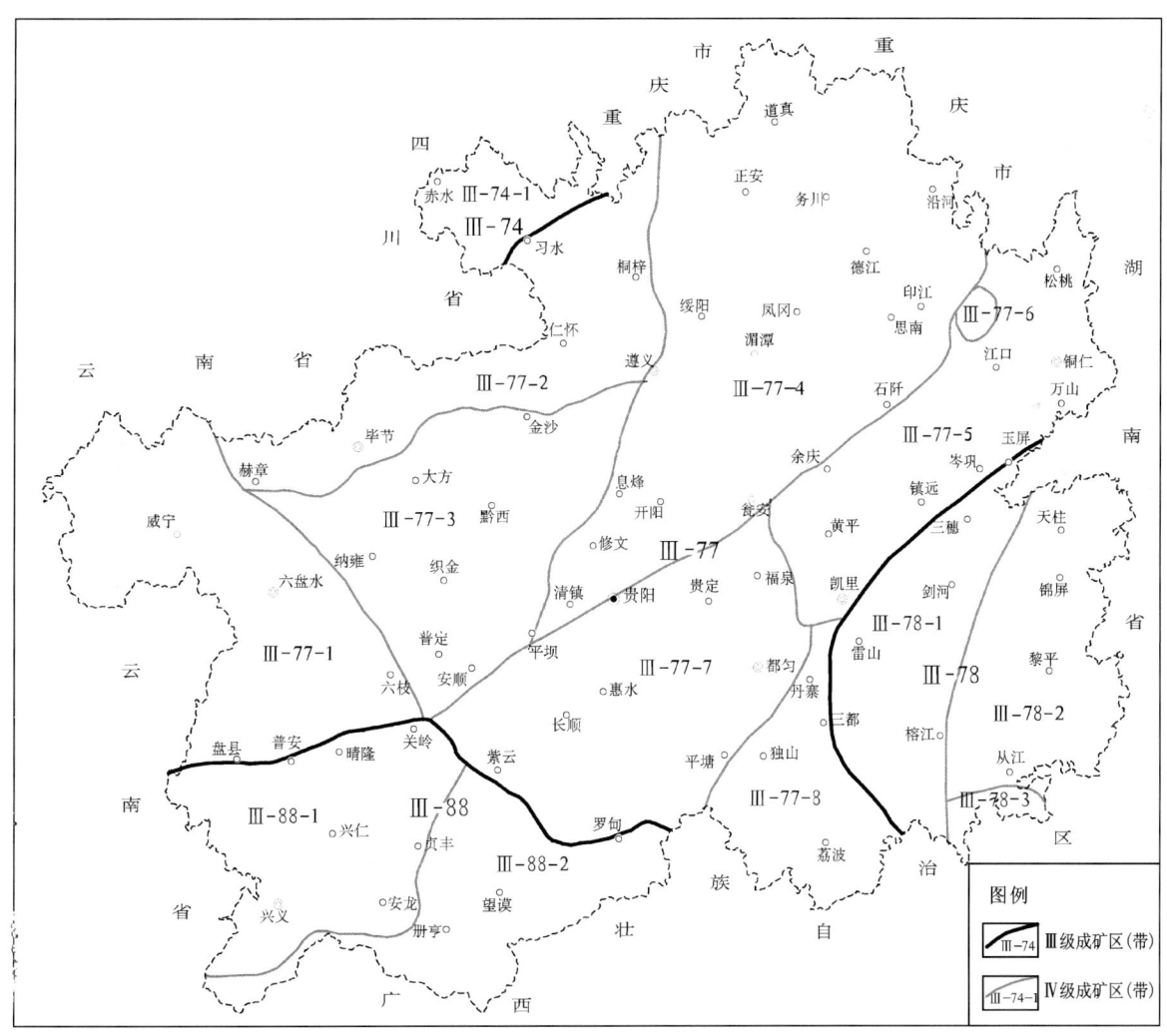

图 4-1 贵州省成矿区(带)划分图

表 4-1　贵州省成矿区(带)划分表

Ⅱ级	Ⅲ级	Ⅳ级
Ⅱ-15 扬子成矿省	Ⅲ-74 四川盆地铁、铜、金、油气、石膏钙、芒硝、石盐、煤和煤层气成矿区	Ⅲ-74-1 赤水-习水铁、铜、金、油气、石膏钙、芒硝、石盐、煤和煤层气成矿带
	Ⅲ-77 上扬子中东部(台褶带)铅、锌、铜、银、铁、锰、汞、锑、磷、铝土矿、硫铁矿成矿带	Ⅲ-77-1 威宁-六盘水铅、锌、银、铜、铁、锰成矿带
		Ⅲ-77-2 毕节-习水镍、钼、铅、锌、铜、磷块岩成矿带
		Ⅲ-77-3 织金-纳雍铅、锌、磷块岩、铝土矿成矿带
		Ⅲ-77-4 渝南-黔北铝土矿、磷块岩 稀土、锰、汞成矿带
		Ⅲ-77-5 铜仁-凯里汞、铅、锌、锰、铝土矿成矿带
		Ⅲ-77-6 梵净山钨、锡、铜、金、镍、硼、钽成矿带
		Ⅲ-77-7 贵定-长顺铅、锌成矿带
		Ⅲ-77-8 丹寨-荔波汞、金、锑、铅、锌、硫成矿带
Ⅱ-16 华南成矿省	Ⅲ-78 江南隆起西段锡、钨、金、锑、铜重晶石、滑石成矿带	Ⅲ-78-1 雷公山锑、铅、锌、铜成矿带
		Ⅲ-78-2 天锦黎金、水晶、重晶石、钒成矿带
		Ⅲ-78-3 九万大山钨、锡、铜、金、银成矿带
	Ⅲ-88 桂西-黔西南(右江地槽)金、锑、汞、钛、银、水晶、石膏成矿区	Ⅲ-88-1 兴晴贞金、汞、锑、钛、铀、萤石成矿带
		Ⅲ-88-2 册亨-望谟金、砷、锑、重晶石成矿带

四川盆地成矿亚带(Ⅲ-74)在贵州省内仅有小面积分布,目前该成矿区内只零星见有砂岩铜矿及油气苗等。该区重力资料比例尺为1∶100万和1∶50万资料,重力工作时间为20世纪50年代、60年代;磁测资料为20世纪60年代的1∶100万航磁数据。重磁资料比例尺小,工作时间早,工作程度低,且成矿区(带)主体在四川省,在贵州省面积较小,重磁工作在该成矿带矿产研究的应用受限制,因此对该区不作研究分析。

第二节　上扬子中东部成矿带重磁场特征与矿产关系研究

上扬子中东部成矿带(Ⅲ-77)包括除黔东南、黔西南以外的贵州省大部分地区,地质构造单元属于上扬子地块中的黔北隆起区与江南造山带中的黔南坳陷区,包括贵州省大部分的地质构造单元,地质构造复杂多变,矿产资源丰富,主要矿产有黔东北的锰矿、黔中的铝土矿、磷矿,黔北、黔中的汞矿及黔西北的铅锌矿等,矿产类型包括沉积型、复合内生型、层控内生型,沉积型矿床(点)在黔中、黔北一带相对集中,铅锌、铜、汞、金、锑等矿产集中在西部赫章-镇宁地区、中西部的丹寨-独山-平塘-荔波地区及中东部的凯里-余庆-万山-松桃3个地区。

一、上扬子中东部成矿带重力场特征

上扬子中东部成矿带(Ⅲ-77)包括贵州省中部及北部大部分地区,全区布格重力异常值从东到西逐渐减小,从东部江口一带的$-44×10^{-5}$m/s^{2}到西北部威宁的$-242×10^{-5}$m/s^2,变化达$198×10^{-5}$m/s^2,幅值变化较大;在布格重力异常平面等值线图上,东部重力异常以零星圈闭异常为主,丹寨北部存在一个范围较大的圈闭重力低异常,异常轴向为南北向转东西向,惠水、荔波等分别有一定规模的重力高出

现,其余地区为零星圈闭布格重力异常。西部重力异常显示为梯级带,布格重力异常等值线走向变化较大,南部以北东向为主,北部以北西走向为主,等值线规则凸起,最大为中部近东西向凸起带,在威宁一带有一个面积较大的重力低出现(图4-2)。

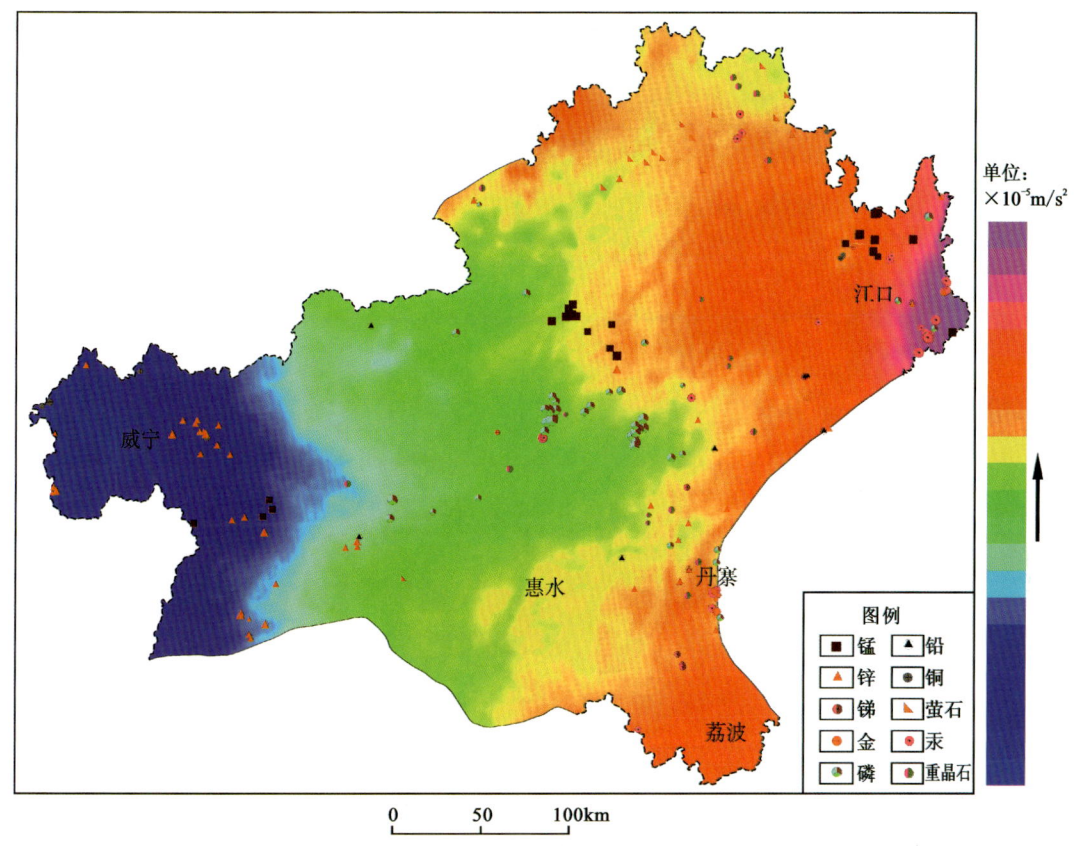

图4-2　上扬子中东部成矿带(Ⅲ-77)布格重力异常平面图与矿产分布图

二、上扬子中东部成矿带磁场特征

从航磁 ΔT 平面等值线图中来看,上扬子中东部成矿带(Ⅲ-77)航磁异常从西向东差异较大。西部毕节—织金—紫云以西,磁异常变化强烈,以正负相间圈闭磁异常展现,变化范围一般在正、负几十纳特至300nT左右,以东磁异常变化相对较缓。中部平坝—贵阳—瓮安—余庆—石阡一线磁异常相对平缓,沿该线以北,以正磁异常为主,中北部遵义—凤冈一带磁异常呈东西向以正磁异常梯级带相隔,南、北两边以大小不一的圈闭磁异常展布,金沙一带,有一较大圈闭正负相伴磁异常,变化范围在30nT左右,在湄潭附近,有一个轴向东西的20nT左右的圈闭正磁异常,桐梓—遵义—清镇—贵阳一线磁异常呈南北向梯级带排列,东北部呈负磁异常;平坝—贵阳—瓮安—余庆—石阡一线以南,呈平缓负磁异常,北东部道真—务川—思南一带呈北西向负磁异常(图4-3)。对航磁 ΔT 异常进行化极后,磁异常北移,异常形状变化不大,异常范围有一定变化。对化极后航磁 ΔT 异常求取垂向一阶导数,除西部、东北部磁异常呈大小不一的圈闭磁异常展布外,中东部广大地区磁异常相对平缓。

赫章—六盘水—普安一带,主要分布矿产有铁矿、铜矿、铅锌矿、锰矿,该区广泛分布峨眉山玄武岩,航磁 ΔT 异常强烈,变化较大,圈闭正负磁异常相间,异常走向以北西向、南北向为主,北部有近东西向磁异常分布。矿点分布于圈闭正负磁异常区,一般位于磁异常边部,多围绕正磁异常及正负磁异常交界区、等值线密集区分布,如赫章北部地区,铁矿、铅锌矿多数矿点围绕正磁异常边界分布,对航磁 ΔT 化

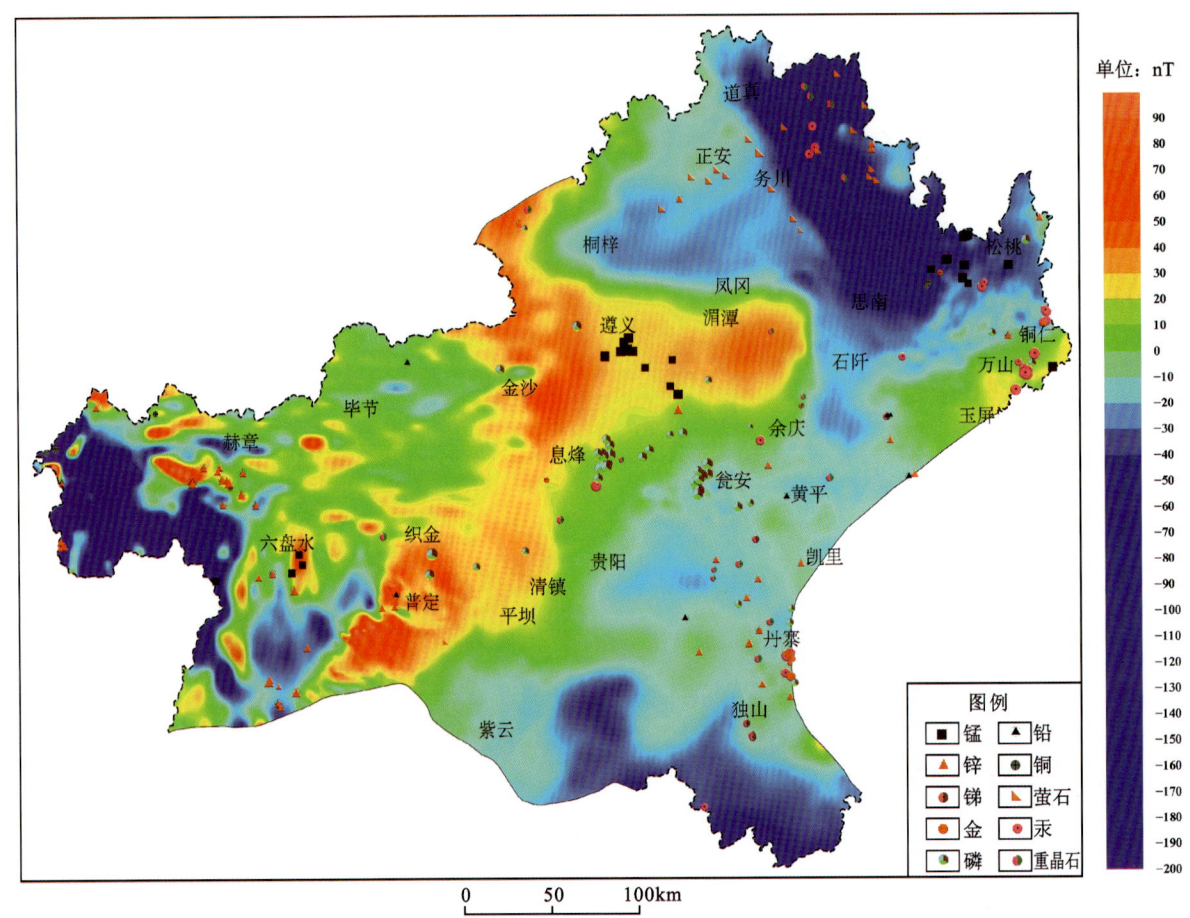

图 4-3 上扬子中东部成矿带（Ⅲ-77）航磁 ΔT 异常平面图与矿产分布图

极后，矿点位于零值线附近、负磁异常区；六盘水东部一带锰矿、铁矿、铅锌矿矿产围绕正磁异常或正负磁异常边界分布，化极后，矿点位于零值线附近；普安北东部一带铁矿、镍钼钒矿、铅锌矿则分布在负磁异常边部或正负磁异常之间等值线较为密集区域，化极后，矿点位于零值线附近。对化极后航磁 ΔT 异常求取垂向一阶导数，该区磁异常多呈大小不一，圈闭以正负相间磁异常为主，北部，以东西向、南北向为主，南部呈近南北向正负相间磁异常展布，矿点分布在零值线附近，或正负磁异常边部。

桐梓—遵义—息烽—瓮安—修文—清镇一带，分布矿产有磷矿、铅锌矿、镍钼钒矿、锰矿、硫矿，从北向南，遵义地区分布有锰矿、铁矿、铝土矿、镍钼钒等矿产，集中分布于两个正磁异常之间磁异常变化平缓区域，向南铝土矿、磷矿点沿正负磁异常梯级带宽缓区域分布，在清镇一带，矿产沿宽缓正磁异常分布，对航磁 ΔT 异常进行化极后，矿产位于负磁异常区域增多，对化极后航磁 ΔT 异常求取垂向一阶导数，磁异常呈大面积平缓磁场展布，矿床点均分布在平缓磁场区。

道真—正安—务川分布矿产有重晶石矿、萤石矿、汞矿、磷矿、铝土矿等矿产，磁异常以负磁异常或宽缓正磁异常为主，磷矿、铝土矿、铅锌矿在正安地区沿北东向宽缓磁力高异常南部分布，重晶石矿、汞矿、锰矿等矿产沿北西向负磁异常边部梯级带展布，矿产多分布在磁异常梯级带上，对航磁 ΔT 磁异常进行化极后，矿床点多分布在零值线附近或正负磁异常边部。对化极后航磁 ΔT 异常求取垂向一阶导数，异常呈北西向正负磁异常相间分布，矿床点分布在零值线附近或平缓磁异常区。

黄平—凯里—丹寨—独山一线分布矿产有铁矿、金矿、磷矿、铅锌矿、锑矿、汞矿、硫矿。矿产种类多，在正负磁异常中均有分布，矿产类型有沉积型、热液型矿产。该区磁异常以负磁异常为主，矿点多分布在宽缓磁异常或磁异常梯级带上，对航磁 ΔT 异常进行化极后，矿床点分布变化不大。对化极后航磁 ΔT 异常求取垂向一阶导数，该区以平缓磁异常为主，出现数个面积较小的正负圈闭磁异常，矿床点分布在其周边或平缓磁异常中。

松桃—铜仁—玉屏一线分布矿产有磷矿、铅锌矿、重晶石矿、钒矿、汞矿、锰矿,除汞矿点分布在玉屏正磁异常北东部外,钒矿点、铅锌矿点分布在玉屏正磁异常西部,其余矿产多分布在宽缓负磁异常区、负磁异常梯级带上,负磁异常主要反映该区沉积地层磁场特征。对航磁 ΔT 异常进行化极后,矿点围绕松桃—铜仁—万山的正磁异常边部分布。对化极后航磁 ΔT 异常求取垂向一阶导数,磁异常呈现北东向、南北向圈闭正负相间磁异常,矿床点多分布在零值线附近。

结合该区地质、重力、化探等资料综合推断该区磁测构造,大部分磁异常与地表构造相对应,是地表地层、背斜、向斜构造及断裂构造地层中磁性物质的反映,部分地区由隐伏、半隐伏断裂构造,隐伏、半隐伏岩体引起。研究区西部大片出露的火成岩——峨眉山玄武岩,面积广,磁场上表现为跳跃、变化剧烈,推断西边磁场主要由峨眉山玄武岩引起,中部以沉积地层为主,贵州省沉积地层多为无磁性或弱磁性,低缓磁异常应是沉积地层的反映,从地表地质构造来看,贵阳—石阡一带,是贵州省三级构造单元上扬子地块与江南造山带分界线,遵义-凤冈磁异常梯级带位于该构造分界线北部,航磁异常梯级带宽,磁场值变化大,推断为近东西向断裂构造的反映。桐梓—遵义—清镇—贵阳一线航磁 ΔT 异常梯级带与地表桐梓-遵义-清镇-贵阳断裂构造对应,推断为该断裂的反映。其余地区宽缓的正负磁异常主要是地表背向斜构造中地层磁性物质的反映,如北部桐梓、遵义西边宽缓正磁异常与桐梓背斜、核桃窝背斜对应,受桐梓-遵义-贵阳南北向断裂构造影响,东、西两侧磁异常展布方向不同,由西侧近南北向航磁 ΔT 异常转为东侧轴向东西的磁异常展布,南部及东部宽缓负磁异常反映无磁性或弱磁性沉积地层。

三、重磁场特征与矿产关系研究

上扬子中东部成矿带(Ⅲ-77)中东部矿产主要为沉积型矿产,西部主要为热液型矿产,从重磁推断地质构造上看(图4-4),该区铝土矿、磷矿大多分布在一级断裂 F 贵-001 北侧,说明该断裂带对古沉积环境具有很大的控制作用,断裂 F 贵-001 东西贯穿贵州省,其北部是铝土矿的重点勘探区;已知锰矿在贵州省分布主要集中在西部六盘水、中北部遵义、东部松桃一带,沿一级断裂 F 贵-001、二级断裂 F 贵-009 分布;铅锌矿沿断裂 F 贵-001 西部分布,萤石、汞热液矿产沿 F 贵-004 断裂东段分布;该成矿带隐伏深大断裂对沉积型矿产和热液型矿产控制作用均较大。

赫章—六盘水—普安一带,从重磁推断地质构造图上看,该区存在北东向、北西向较大的隐伏、半隐伏断裂,重磁推断一级断裂 F 贵-001、F 贵-002 及二级断裂 F 贵-008 经过该区域,且隐伏断裂周边矿(床)点分布较为密集,同时推断存在隐伏基性岩体。该区域既有热液型矿产分布,也有沉积型矿产分布,与峨眉山玄武岩及其他地质构造活动带来的热源、矿源密不可分,矿产的沉积环境又受断裂构造等影响,不同矿产聚集在这些构造附近,表明这些断裂、隐伏岩体的存在对矿产的形成、分布、聚集具有一定影响。

桐梓—遵义—息烽—瓮安—修文—清镇一带,重磁推断该区存在隐伏断裂构造,既有北东向断裂,也有北西向、东西向和近南北向断裂,以北东向断裂周边矿床点分布较为集中。以北东向一级断裂 F 贵-001 为界,矿床点多集中在该断裂的北西侧,该断裂对这一区域的沉积环境影响明显,同时,沿北东向半隐伏断裂 F 贵-009 周边,矿点分布密集,该断裂构造对矿产分布具有一定影响。该区域矿产以沉积型矿产为主,断裂构造对沉积环境具有破坏、改造作用,从而影响了沉积矿产分布。

道真—正安—务川一带,重磁推断主要为北东向断裂,矿点相对集中分布于推断二级断裂 F 贵-004 两侧,该断裂是一条重磁吻合的深大断裂,对矿产沉积环境及分布具有较大的影响。

黄平—凯里—丹寨—独山一带,重磁推断断裂以北东向断裂为主,且推断两条二级断裂 F 贵-010 和 F 贵-011,矿点集中分布于断裂两侧,且推断有隐伏酸性、基性侵入岩体存在,对该区热液型矿产的形成与分布、沉积矿床的沉积环境具有一定影响。

松桃—铜仁—玉屏一带,重磁推断构造主要为北东向断裂,且推断有一条一级断裂 F 贵-003,矿点分布在该深大断裂构造侧边,与其余断裂构造反映不明显;此外,该区出露有酸性、基性侵入岩体,重磁推断酸性岩体规模较大,对该区热液型矿产的形成与分布具有一定影响。

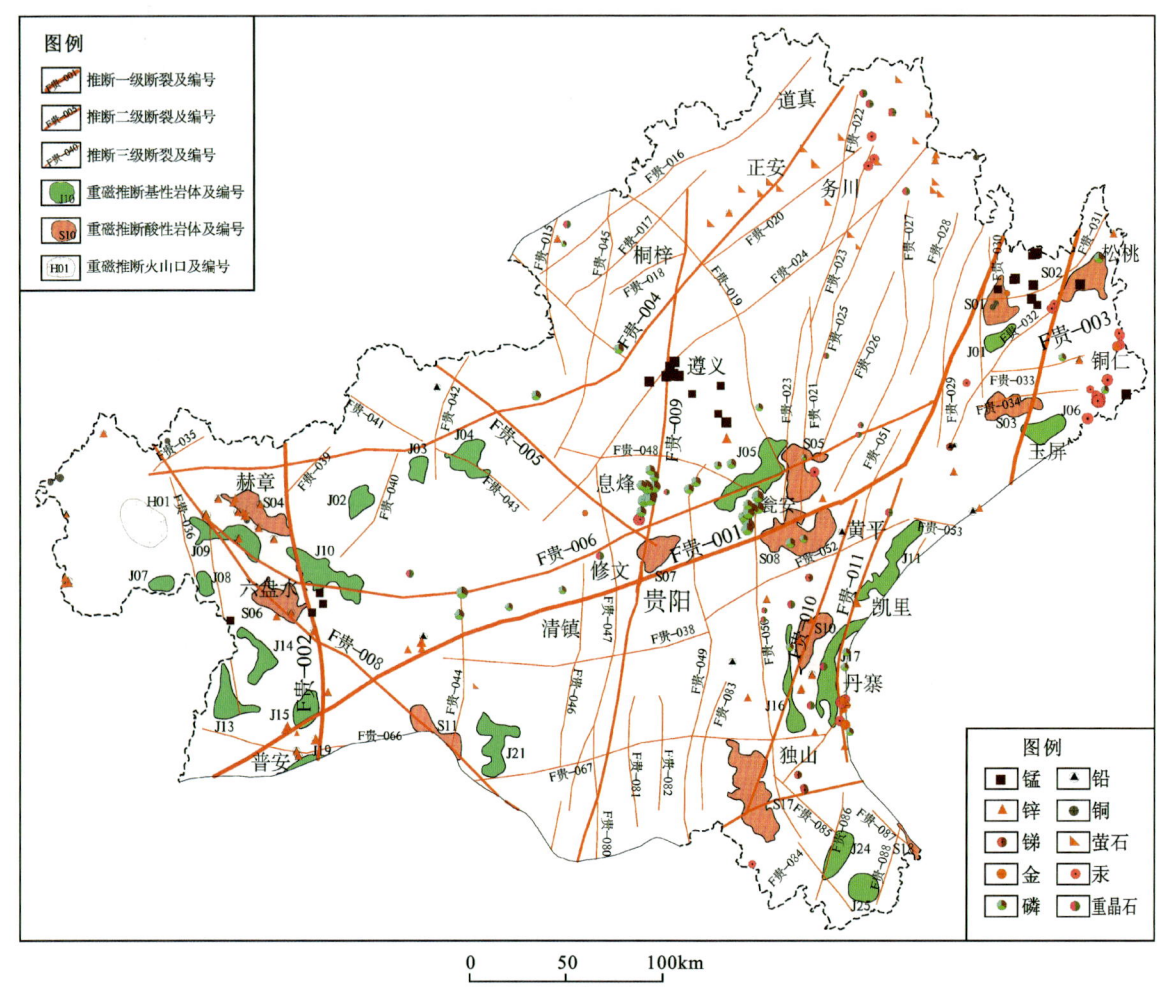

图 4-4 上扬子中东部成矿带(Ⅲ-77)重磁推断地质构造图与矿产分布图

第三节 江南隆起西段成矿带重磁场特征与矿产关系研究

江南隆起西段成矿带(Ⅲ-78)包含黔东南地区,主要矿产有黔东南东部的构造蚀变岩型金矿、重晶石矿,黔东南西部的金、锑、铅锌多金属矿及从江的多金属矿,矿产类型包括沉积型、复合内生型、层控内生型、沉积改造型等矿产。矿点多围绕台江—雷山一带的新元古界边界分布,凯里-榕江-从江-黎平弧形负磁异常区外侧,岩体分布区域,同时在断裂构造交会的凯里—雷山—三都一带,矿产分布较为集中。

一、江南隆起西段成矿带重力场特征

该区布格重力异常从东向西逐渐减小。由东北部天柱一带的 $-60\times 10^{-5}\mathrm{m/s^2}$ 到西部雷山一带的 $-130\times 10^{-5}\mathrm{m/s^2}$,变化达 $70\times 10^{-5}\mathrm{m/s^2}$,变化幅度大;西部雷山一带表现为具有一定规模的圈闭重力低异常,异常轴向近南北向,南部从江以南有一半圈闭布格重力低异常,与广西交界,对应摩天岭花岗岩

所在区域。西南部为零星圈闭布格重力异常,中东部为重力梯度带展布,从东向西梯度变陡,在榕江—剑河—三穗一带梯度相对密集,在天柱—锦屏—从江一带布格重力异常梯级带相对宽缓,布格重力异常等值线走向总体为近南北向,局部区域表现为布格重力异常等值线系统凸起带(图4-5)。

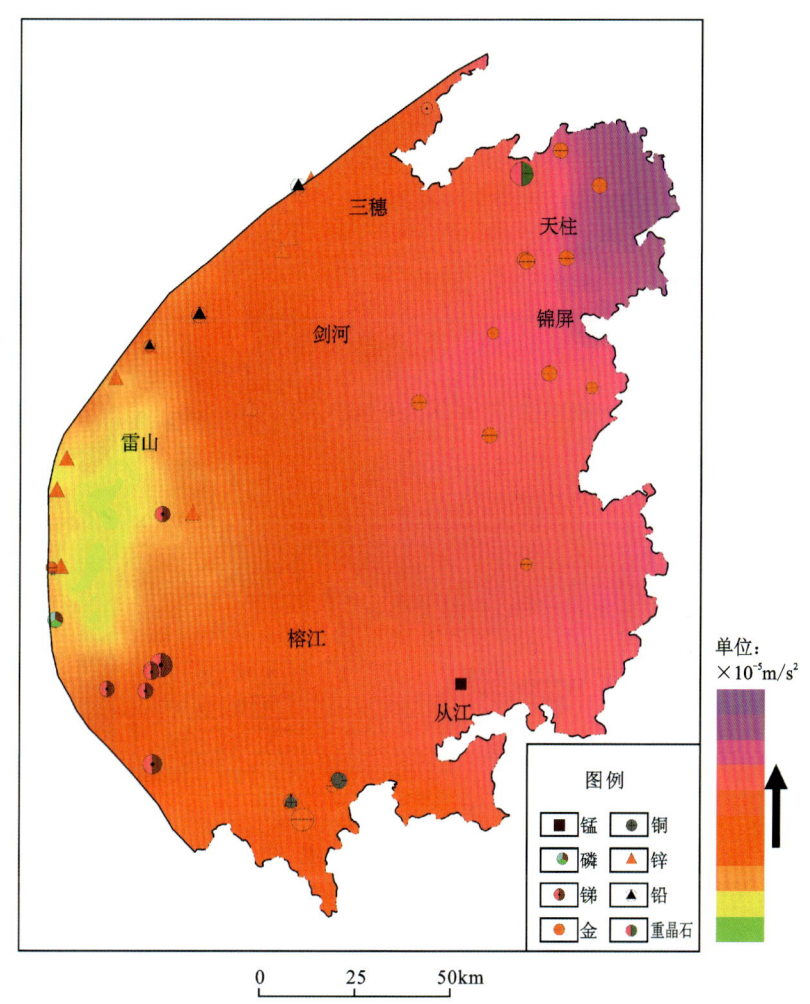

图4-5　江南隆起西段成矿带(Ⅲ-78)布格重力异常平面图

二、江南隆起西段成矿带磁场特征

从航磁ΔT异常等值线来看,围绕凯里-三都-从江新元古界周边,磁异常多以正负磁异常伴生为主,四周磁异常变化较中部强烈,中部呈较缓磁异常,沿凯里-榕江-从江-黎平呈现出负磁异常,向南弯曲呈弧形连成一线展布,延伸出贵州省界至湖南省,磁异常强度为$-10\sim20\text{nT}$,在天柱—锦屏—黎平一带,从北向南磁异常呈正负相间排列,轴向北东,该正磁异常与背斜核部方向一致。化极后,研究区磁异常北移。求取化极后垂向一阶导数,磁异常表现为正负圈闭的磁异常围绕新元古界分布(图4-6)。

从本区地质资料来看,元古宙地层北部厚约2 300m,南部厚约17 000m,元古宇、震旦系基本无磁性,本区负磁异常与元古宇、震旦系分布轮廓和延伸方向基本对应,负磁异常认为是巨厚元古宇的反映。凯里—榕江—从江—黎平向南呈弧形展布的负磁异常区,认为是控制地层构造边界,研究区中部的平缓正磁异常推断可能是古老结晶基底的反映,两侧磁异常变化强烈,往往是构造应力集中作用的地方,容易形成挤压破碎地带,为岩浆作用提供了空间。

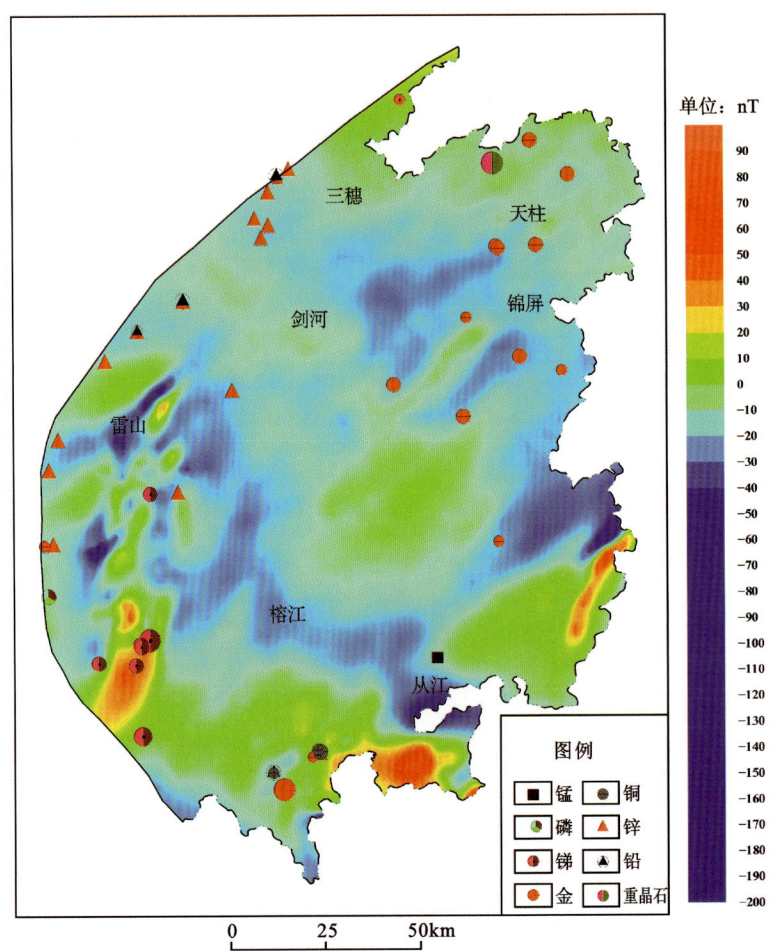

图 4-6　江南隆起西段成矿带（Ⅲ-78）航磁 ΔT 异常等值线图

凯里—雷山—三都一带南北向排列有正负相间的磁异常及从江地区磁异常,结合该区地质资料推断由基性—超基性岩体及酸性岩体引起,受北东向隐伏断裂切割。该区位于重磁推断一级深大断裂构造 F 贵-003 西侧,重力场反映为贯穿全省重力梯级带,部分观念认为是破碎性的断裂,为热液活动提供了良好的通道。

三、重磁场特征与矿产关系研究

从布格重力异常及推断地质构造分析,已知铅锌、锑矿床点沿凯里-雷山圈闭布格重力低异常分布,该圈闭布格重力异常在剩余重力异常上为负异常,结合磁测、地质资料分析,推断深部存在侵入型酸性岩体,该异常及其周围是寻找与酸性岩体有关矿床的有利部位；在该成矿带东边锦屏一带,布格重力异常等值线由北边的南北向分为两支,且在该区异常变宽缓,综合推断存在隐伏南北向断裂 F 贵-061,已知金、重晶石等矿产沿该带分布,断裂 F 贵-061 对该类矿产具控制作用,沿该断裂带具较好的找矿前景；该成矿带的西北部为梯度带布格重力异常向圈闭异常的过渡带,具铅锌矿床点分布,该带是寻找铅锌等矿产的有利部位；该成矿带南部从江一带是花岗岩出露区,已知铜钨锡矿床点分布在该区,在重力异常上为半圈闭的负异常,其周围是寻找与酸性岩体有关矿床的有利部位。

从重磁场特征及推断地质构造分析,该区热液活动强烈,且已知铜钨锡矿、铅锌矿、微细粒型金矿、锑矿均产在已知或推断隐伏酸性岩体周围,因此,围绕已知或推断隐伏酸性岩体是寻找以上矿产的有利地区。另外,该区东部的石英脉型金矿大多沿着重磁推断南北向隐伏断裂 F 贵-061 分布,该断裂可能是石英脉型金矿的导矿断裂,沿着该断裂的次级构造应该是寻找石英脉型金矿的有利部位(图 4-7)。

该区外围北东向都匀-荔波断裂构造(F 贵-011)、雷山一带北东向次级断裂构造及沿松桃-三穗-从江一级断裂构造 F 贵-003,这些断裂构造为中低温热液型矿产的形成提供了条件,基性—超基性岩体、酸性岩体的存在,为部分矿产的形成提供了物质来源及热液,同时断裂构造对沉积型矿产的沉积环境产生影响,因此,在断裂交会地段往往是寻找隐伏矿产的地区。

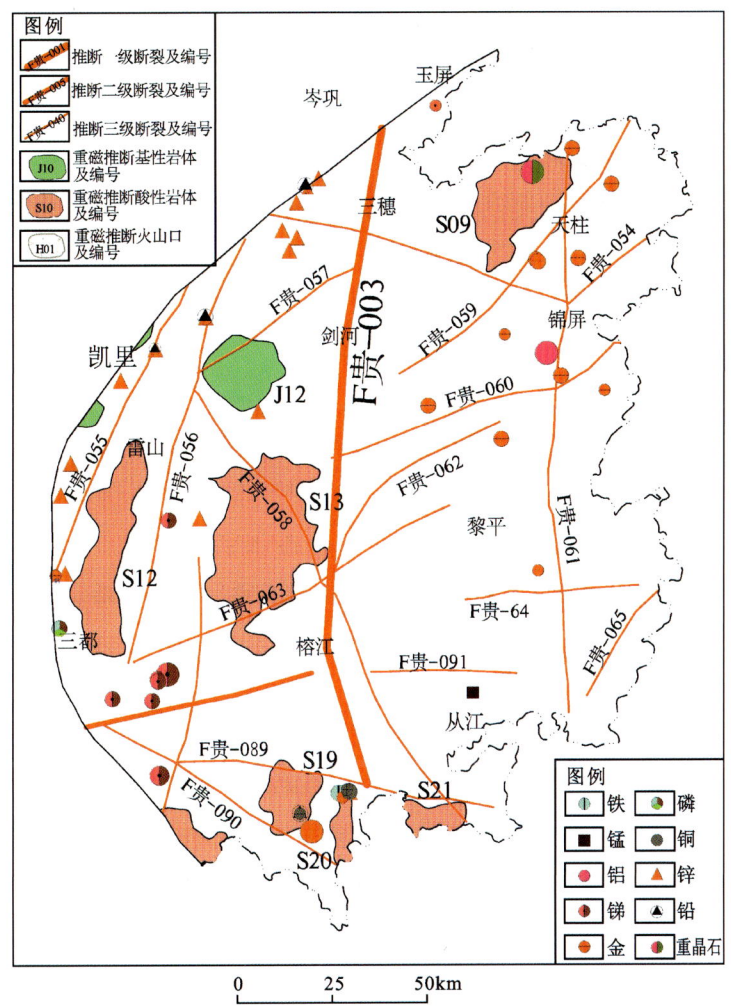

图 4-7　江南隆起西段成矿带(Ⅲ-78)重磁推断地质构造图与矿产分布图

第四节　桂西-黔西南成矿带重磁场特征与矿产关系研究

桂西-黔西南成矿带(Ⅲ-88)主要分布在黔西南,重要矿产有卡淋型金矿和火山岩中热液型锑矿。

一、桂西-黔西南成矿带重力场特征

在贵州省西南部,该区布格重力异常总体从东向西逐渐减小,变化幅度较大,从东部罗甸一带的 $-108\times10^{-5}\text{m/s}^2$ 到西部省界一带的 $-220\times10^{-5}\text{m/s}^2$,变化达 $112\times10^{-5}\text{m/s}^2$;该区西南角一带为范围

较大的圈闭、半圈闭布格重力异常，异常走向为北西向，其余大部地区的东向西布格重力异常等值线走向由北东向变为近南北向，局部地区具布格重力异常等值线系统凸起带，大致以望谟—册亨一带为界，以西布格重力异常等值线为近南北向，以东布格重力异常等值线走向为北东向，该带局部具圈闭布格重力异常（图4-8）。

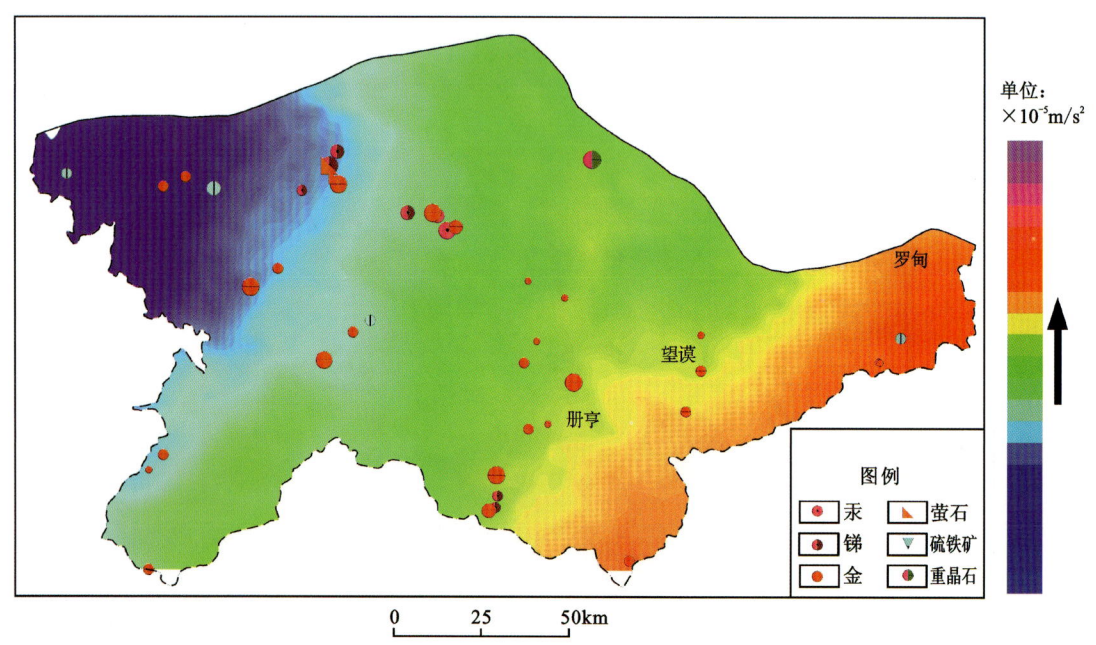

图 4-8　桂西-黔西南成矿带（Ⅲ-88）布格重力异常平面图

二、桂西-黔西南成矿带磁场特征

从该区航磁 ΔT 异常等值线图来看（图4-9），以关岭—贞丰—册亨一线为界，东西部磁异常特征不同，东部磁异常平缓，仅在贞丰东侧有两处较强的圈闭正磁异常，一处呈圆形，另一处呈正负伴生、轴向东西的磁异常；该线以西磁异常变化相对强烈，沿普安、晴隆—兴仁—兴义一线，几处正磁异常近南北向排列，西北部以正负相间磁异常沿北东向展布，该线以东至关岭—贞丰—册亨，以较弱的负磁异常为主。化极后正磁异常面积增大，负磁异常面积减小，磁异常向北东向偏移。求取垂向一阶导数，磁异常呈大小不一的圈闭磁异常。

结合研究区地质资料，西边二叠系、三叠系广布，特别是三叠系厚度可达5 600m。下三叠统的夜郎组、大冶组、飞仙关组的砂岩、黏土岩、泥灰岩具强弱不等的磁性，是产生区域和局部磁异常的主要岩石地层。二叠系长兴组—大隆组、龙潭组地层有弱磁性，但下伏峨眉山玄武岩磁性较强。其余沉积地层基本无磁性或磁性较弱，表现为大面积平静负磁场区。该区圈闭正磁异常多与背斜、向斜构造相对应，推测由背斜、向斜中磁性地层引起，该区其余大片负磁异常与无磁性或弱磁性的沉积地层相关。在关岭一带有基性岩体出露，该区正磁异常推断由基性岩体引起，西北部正负相间磁异常推断由断裂构造中含磁性较强的基性—超基性岩体等引起。值得注意的是，正磁异常环绕在晴隆、兴仁地区的穹隆构造周边，穹隆构造呈负磁异常展现。从垂向一阶导数图上看，穹隆构造多呈圈闭负磁异常，由零值线可初步圈定其范围。兴仁南部的戈塘穹隆是区内金、砷、汞、锑等矿床的控矿构造。本区内推断断裂主要为北西向断裂，规模较大的为近南北向一级断裂构造F贵-002、北西向二级断裂构造F贵-008，其次北西向次级断裂较为发育,这些断裂中充填了一定的磁性岩石及地层,从而引起大小不一的磁异常,同时切断了磁异常的连续分布,上延一定高度后仍然存在,说明其切割具有一定深度。

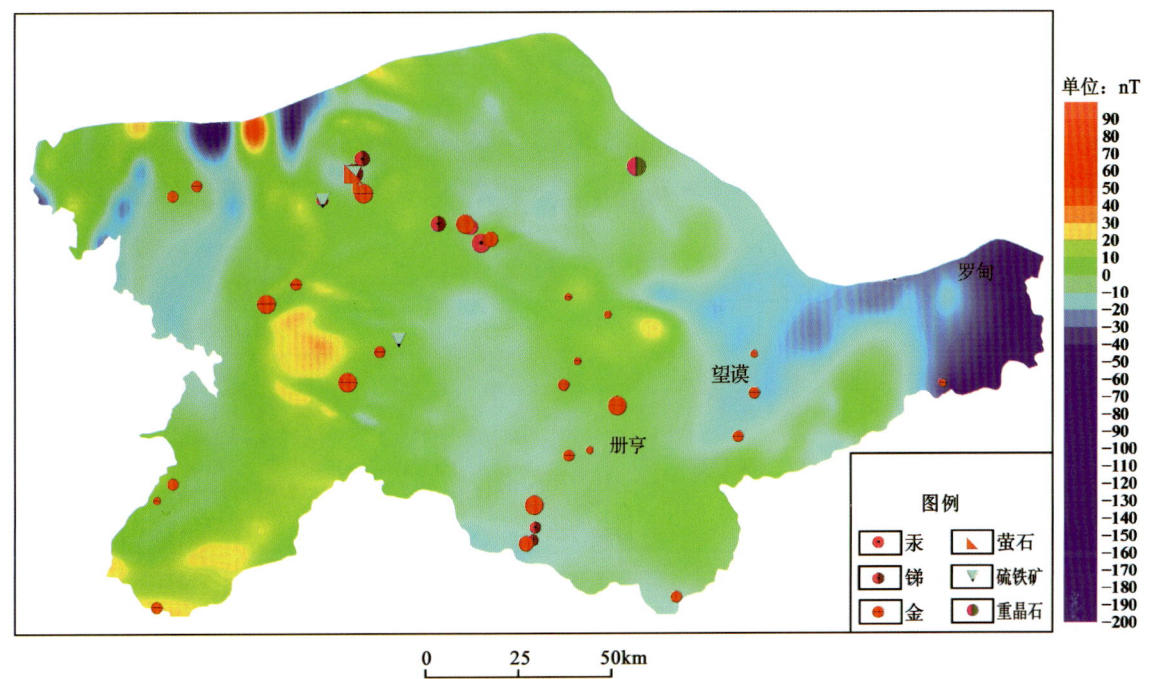

图 4-9　桂西-黔西南成矿带(Ⅲ-88)成矿区航磁 ΔT 异常等值线图

三、重磁场特征与矿产关系研究

该成矿带在贵州省西南部,主要矿产为金、锑等矿,从布格重力异常上看,已知金、锑矿床点大多沿布格重力异常梯度带宽缓处和布格重力异常等值线向南东凸起带分布,从重力异常及推断地质构造上看,该成矿带西边金矿、锑矿与断裂构造关系较密切,重磁推断一级断裂 F 贵-002、二级断裂 F 贵-008 分别经过该成矿带西部、北东部区域,大部分矿产沿这两条深大断裂分布,东边与侵入岩体关系密切,在剩余重力异常已知矿产大多产出于负剩余重力异常或正负重力异常的过渡带(图 4-10)。

从重力、磁测反应的隐伏地质特征来看,该区推断出隐伏基性岩体,还存在隐伏酸性岩体,且主要沿深大断裂分布,表明该区热液活动强烈。结合地质上的认识,该区热液活动为多期次,是寻找深部热液矿床的有利地区。晴隆大厂地区是一个锑矿的矿床密集区,从推断地质构造图来看,该矿床密集区沿着一级断裂 F 贵-002、二级断裂 F 贵-008 分布,隐伏断裂对锑矿床分布起控制作用,该断裂带可能既是锑矿的控矿断裂,也是锑矿的导矿断裂,沿着 F 贵-002、F 贵-008 断裂的次级断裂应该是该区寻找锑矿的有利部位。同时,金矿床点大多沿着隐伏断裂和隐伏岩体分布,沿着隐伏断裂和侵入岩体周围也是寻找金矿及其他热液矿床的有利部位。同样,磁测推断隐伏岩体、隐伏断裂构造周边,多是矿点集中分布区域。

矿产受地层及构造控制,且多分布在断裂构造交会处,受背斜构造、穹隆构造控制,深部岩浆、断裂构造活动提供矿源或热源等特点,通过异常寻找构造,并结合化探元素异常,分析成矿条件,为寻找隐伏矿提供依据。

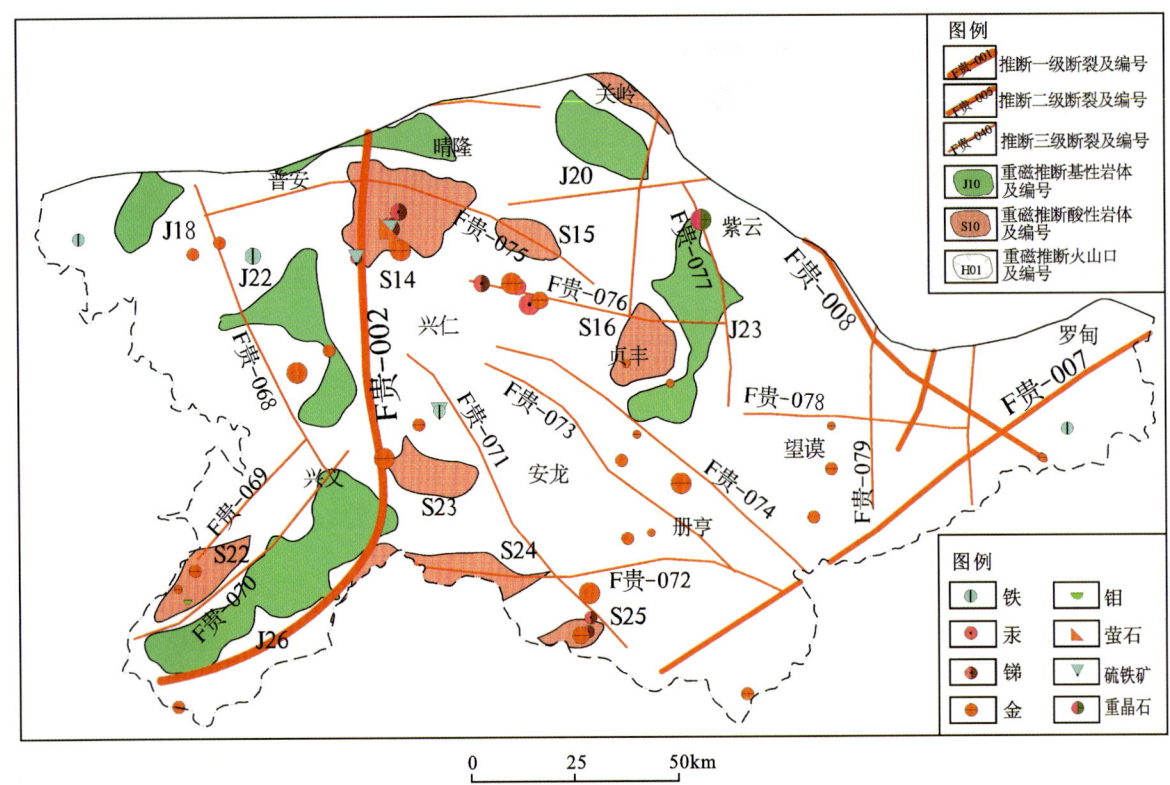

图 4-10　桂西-黔西南成矿带(Ⅲ-88)重磁推断地质构造图与矿产分布图

第五节　贵州Ⅳ级成矿带重磁场特征与矿产关系研究

一、威宁—六盘水地区Ⅳ级成矿带重磁场特征与矿产关系研究

该Ⅳ级成矿带为上扬子中东部成矿带下的威宁-六盘水铅、锌、银、铜、铁、锰成矿带(Ⅲ-77-1),主要包括赫章、威宁、水城和盘县西北部,构造变形以北西向为主,同滇东毗邻地段则被北北东向构造交截,成矿特征是燕山期中低温热液活动比较活跃,主要形成以上古生界海相碳酸盐岩容矿的低温热液型铅锌矿床和中低温热液型铁矿,其次是风化型氧化锰矿。贵州省内规模较大断裂构造紫云-水城断裂(重磁推断二级断裂构造 F 贵-008)在成矿区穿过威宁—水城一线,区内矿产多分布在断裂附近,背斜轴部(图 4-11)。

研究区布格重力异常总体从东南到西北逐渐减小,变化幅度较大,从东南角一带的 $-150\times10^{-5}\,\mathrm{m/s^2}$ 左右到西北部省界的 $-240\times10^{-5}\,\mathrm{m/s^2}$ 左右,变化约 $80\times10^{-5}\,\mathrm{m/s^2}$;该区西北角一带为范围较大的圈闭布格重力低值异常,异常走向为北西向,重力推断西北角威宁一带圈闭重力低异常为火山通道充填低密度火山碎屑岩引起,其余地区偶见零星圈闭布格重力异常。

从威宁—六盘水地区(Ⅲ-77-1)航磁 ΔT 异常平面等值线图上看(图 4-12),以紫云-水城断裂为界,即重磁推断二级断裂 F 贵-008,两侧磁异常展布不同,西边磁异常以北西向排列的负磁异常为主,磁异常变化相对强烈,东边磁异常以正磁异常为主,呈北东向、南北向展布,磁异常较西边缓,沿断裂附近,磁异常呈正负间隔的圈闭串珠状磁异常呈北西向展布。化极后,正磁异常范围增大,负磁异常减小,但磁异常形状变化不大,求取化极后垂向一阶导数,磁异常呈大小不一正负封闭磁异常。从磁异常特征说明该条断裂对地质构造影响较大,从而造成断裂两侧地层磁性的差异。

从研究区岩矿石磁性特征来看,该区广布的火成岩磁性较强,磁化率在 $(3\,839\sim47\,600)\times4\pi\times10^{-6}$

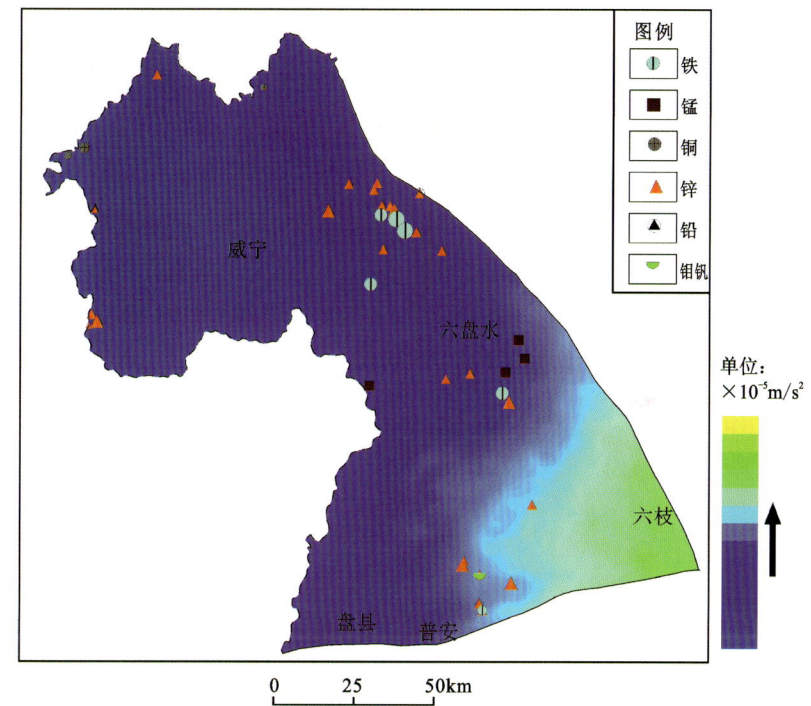

图 4-11 威宁-六盘水地区Ⅳ级成矿带布格重力异常图

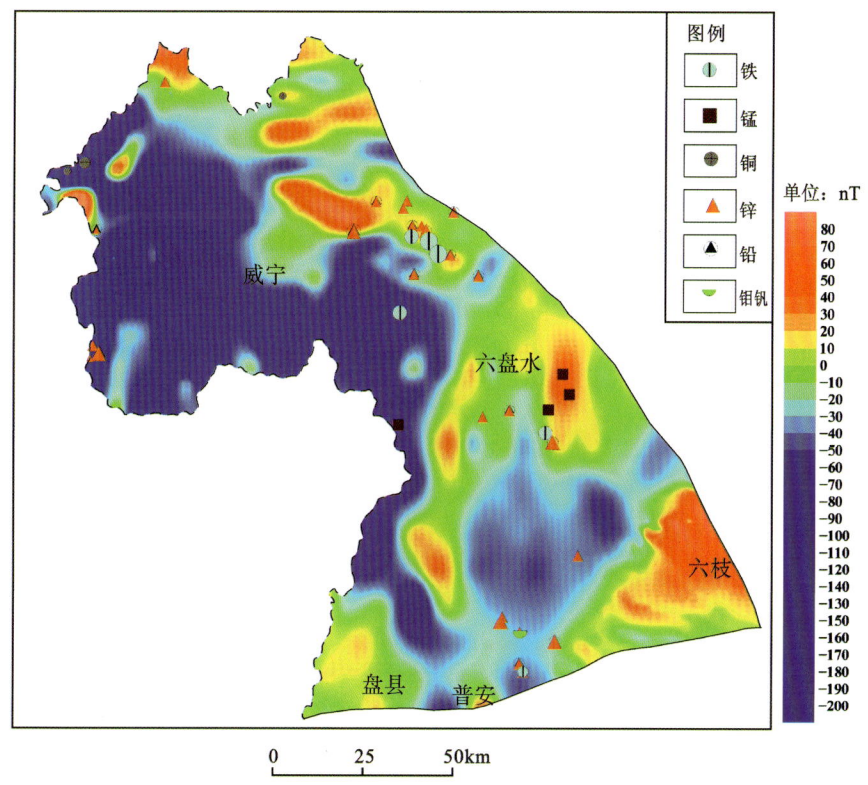

图 4-12 威宁-六盘水地区Ⅳ级成矿带航磁 ΔT 异常平面等值线图

之间;宣威组—龙潭组(P_3)的砂岩标本磁化率为$(193\sim2\,905.6)\times4\pi\times10^{-6}$,磁性较强;飞仙关组($T_1f$)的砂岩、粉砂岩、黏土岩、灰岩磁化率达$(176\sim343.6)\times4\pi\times10^{-6}$,与第四系(Q)中耕植土、红土磁化率达$(254\sim900)\times4\pi\times10^{-6}$属中等磁性地层,其余地层磁性较弱。研究区火成岩遍布全区,西厚东薄,最厚位于威宁舍居乐处,达1 249m,较强的航磁ΔT异常多为该区广布的火成岩的反映。

贵州省西部地区地表岩浆岩主要为与峨眉山地幔柱有关的基性火山岩及浅层次火山岩,根据该区布格重力异常及重磁推断地质构造认为,该区热液活动强烈,既具隐伏基性岩体,也具侵入酸性岩体。

研究区矿产以热液型铅锌、铜等矿产为主,从重磁推断地质构造上看,该区热液活动强烈,既具隐伏基性岩体,也具侵入酸性岩体,且存在隐伏的火山通道,铅锌矿集中分布在重磁推断断裂与隐伏基性岩体附近,其中紫云-水城断裂西边矿点较集中,铜矿点沿北东向断裂展布,该区同时具有寻找与基性岩体和酸性岩体有关矿产的潜力。

二、贵州省中北部地区Ⅳ级成矿带重磁场特征与矿产关系研究

该Ⅳ级成矿带为上扬子中东部成矿带下的毕节-习水镍、钼、铅、锌、铜、磷块岩成矿带(Ⅲ-77-2)、织金-纳雍铅、锌、磷块岩、铝土矿成矿带(Ⅲ-77-3)、渝南-黔北铝土矿、磷块岩、稀土、锰、汞成矿带(Ⅲ-77-4)、贵定-长顺铅、锌成矿带(Ⅲ-77-7),包括贵州省中北部地区,主要有毕节—仁怀—习水一带的煤、铅锌、硫、镍钼钒、磷、铜等矿产;西部纳雍、普定、织金、黔西地区以沉积型矿产为主,有产于寒武纪早期的磷块岩(稀土)、镍钼钒矿,石炭纪硫铁矿、铝土矿,二叠纪的硫铁矿和煤,另外,受北西向紫云-水城深大断裂(F贵-008)及东西向纳雍-开阳断裂(F贵-006)的控制的铅锌矿;中北部道真—清镇一带产有铝土矿、磷块岩、锰矿、硫铁矿、汞矿、萤石矿、重晶石矿、铅锌矿等矿产许多处,是贵州省内这些沉积型矿产的主要产区,此外内生矿产中的务川汞矿也颇具名气;贵定、都匀、长顺等地分布有牛场铅锌矿、牛角塘铅锌矿及硫铁矿。

研究区布格重力异常从东到西逐渐减小,变化幅度较大,从东部一带$-100\times10^{-5}\,\mathrm{m/s^2}$到西北部赫章的$-212\times10^{-5}\,\mathrm{m/s^2}$,幅值变化达$112\times10^{-5}\,\mathrm{m/s^2}$;东部为零星圈闭异常为主,该区除福泉南部一带为范围较大的圈闭布格重力异常,其余地区为零星圈闭布格重力异常。西部为梯度带异常,布格重力异常等值线走向变化较大,多处地方具布格重力异常等值线系统凸起带,最大为中部近东西向凸起带(图4-13)。

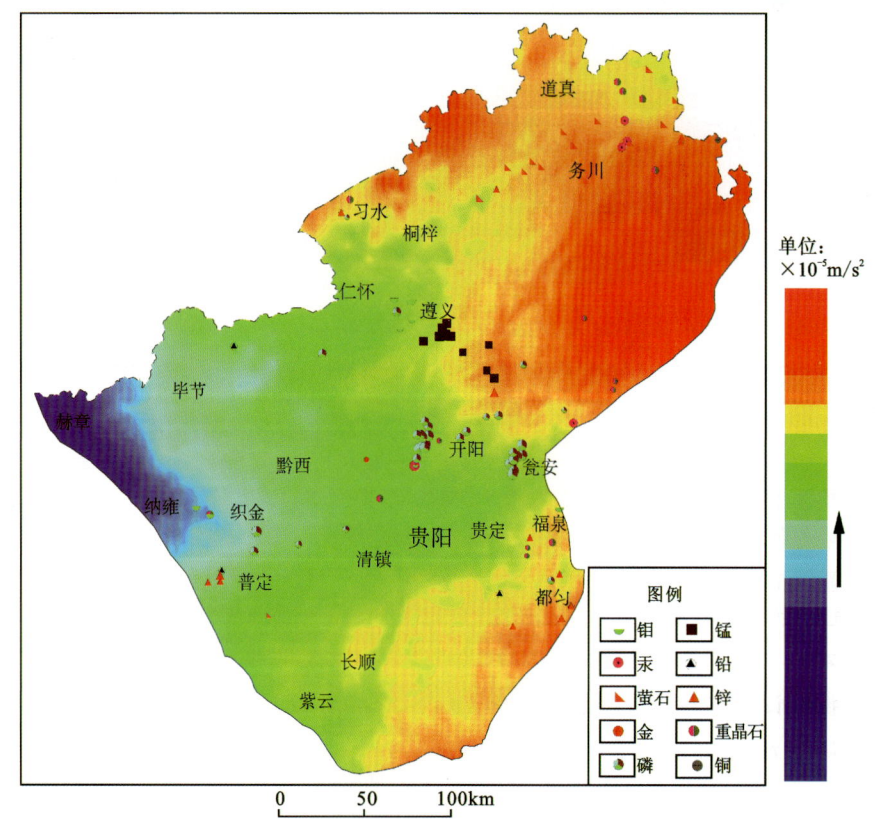

图4-13 贵州省中北部地区Ⅳ级成矿带布格重力异常平面图

成矿区航磁异常从西向东差异较大,西部以毕节-织金-紫云为界,西边磁异常变化强烈,向东磁异常以宽缓正磁异常为主。中部桐梓-遵义-惠水有一南北向磁级带,与南北向桐梓-遵义-惠水断裂构造相对应,湄潭南部存在一个圈闭正磁异常,幅值达 30nT,向北至正安,磁异常变得宽缓,到北东角磁异常再呈剧烈的负磁异常沿北西向的道真-务川-思南呈北西向负磁异常展布(图 4-14)。对航磁 ΔT 异常进行化极后,磁异常北移,异常形状变化不大,异常范围有一定变化。对化极后航磁 ΔT 异常求取垂向一阶导数,除西部、东北部磁异常呈大小不一的圈闭磁异常展布外,中东部广大地区磁异常相对平缓。

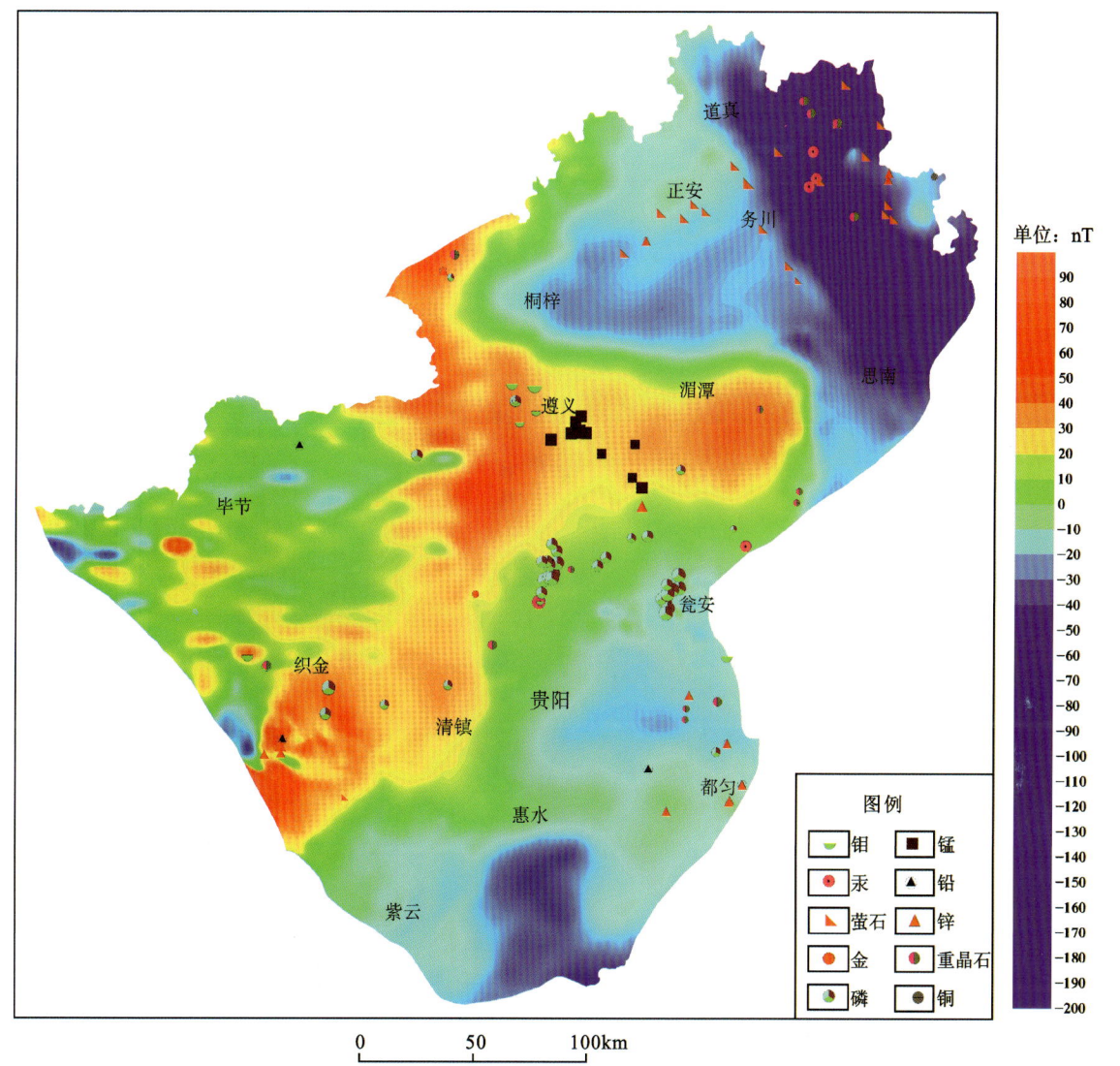

图 4-14 贵州省中北部地区Ⅳ级成矿带航磁 ΔT 异常平面等值线图

从重磁推断地质构造上看,该区存在隐伏断裂构造既有北东向断裂,也有北西向、东西向和近南北向断裂,矿产多数呈南北向分布,特别是集中在南北向桐梓—遵义—清镇—贵阳、瓮安—福泉—都匀一带台江雷山地区新元古代地层边界及道真—务川—印江等一线;贵州省中部地区以沉积型矿为主,根据郑启认为,天柱县大河边产于震旦系—寒武系老堡组的大型重晶石矿,以及镇宁县乐纪产于上泥盆统榴江组的大型重晶石矿,均系喷流热水沉积矿床,隐伏大断裂可能对沉积环境具控制作用。这些地方无论从地质、物探、化探等认为都是断裂构造带集中区域,可推断由断裂构造对沉积环境的破坏、改造作用,从而影响了沉积矿产分布。

三、凯里—松桃地区Ⅳ级成矿带重磁场特征与矿产关系研究

该Ⅳ级成矿带包括上扬子中东部成矿带下的铜仁-凯里汞、铅、锌、锰、铝土矿成矿带(Ⅲ-77-5)、梵净山钨、锡、铜、金、镍、氮、硼、钽成矿带(Ⅲ-77-6),呈北东向延伸于黔东的松桃—铜仁—万山—镇远—凯里一带,宽50~70km,长200km。早古生代(特别是寒武纪)海相碳酸盐岩发育,前陆冲断褶皱典型。成矿特征是,低温热液作用非常活跃,产有较多大中型汞矿床,是我国著名的热液型汞成矿聚集区,密西西比河型铅锌矿也有较多产出;沉积矿产以产出较多大中型碎屑岩型锰矿为特色,另有少量小型铝土矿床、矿点分布。

研究区布格重力异常总体从东南到西北逐渐减小,变化幅度较大,从东北铜仁以东的-44×10^{-5}m/s^{2}到黄平以西的-140×10^{-5}m/s^2,幅值变化达96×10^{-5}m/s^2;该区布格重力异常最大特征为东部为梯级带异常,西部为布格重力异常变化相对较缓,局部具圈闭布格重力异常(图4-15)。

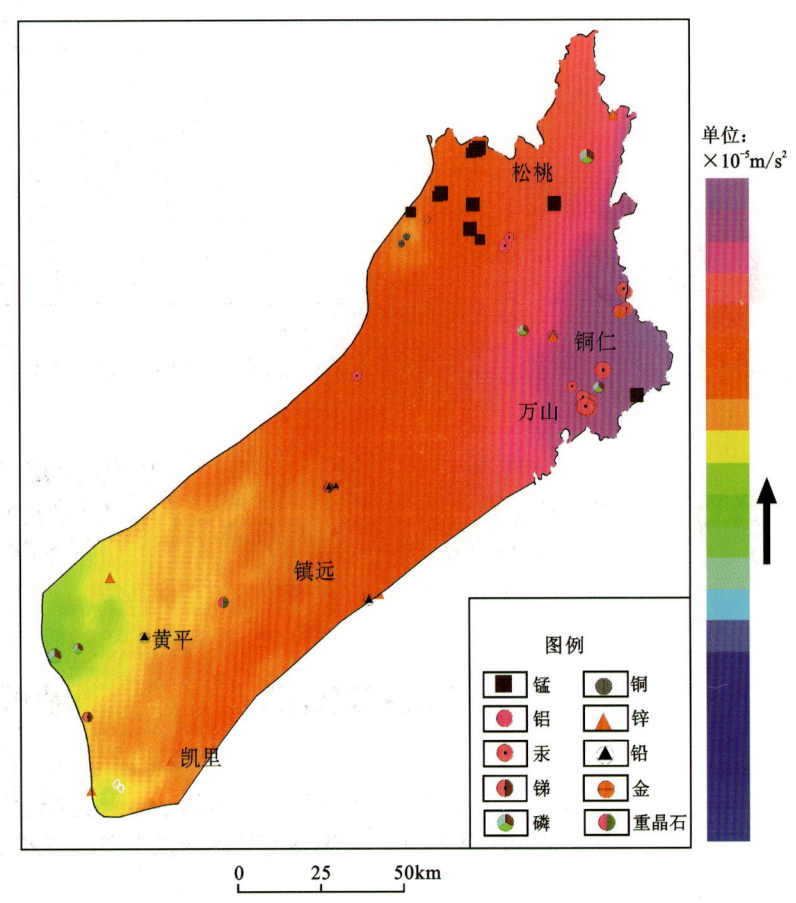

图4-15 凯里—松桃地区Ⅳ级成矿带布格重力异常平面等值线图

从航磁ΔT异常等值线来看,研究区东部呈北负南正30nT左右磁异常,西部磁异常较平缓。化极后,东部正磁异常面积增大,负磁异常北移、变小(图4-16)。

贵州省东北部地区地表岩浆岩主要有梵净山花岗岩、规模较小的基性—超基性侵入岩体及枕状玄武岩,根据该区布格重力异常及推断地质构造认为,该区热液活动强烈,既具隐伏基性岩体,也具侵入酸性岩体。

矿点以东边磁异常变化区域及西边航磁推断有隐伏岩体的地区较为集中,同时矿点集中分布地区,重磁推断隐伏断裂交互出现,隐伏岩体及交互出现隐伏断裂可以提供矿源、热源或通道,对热液型矿产

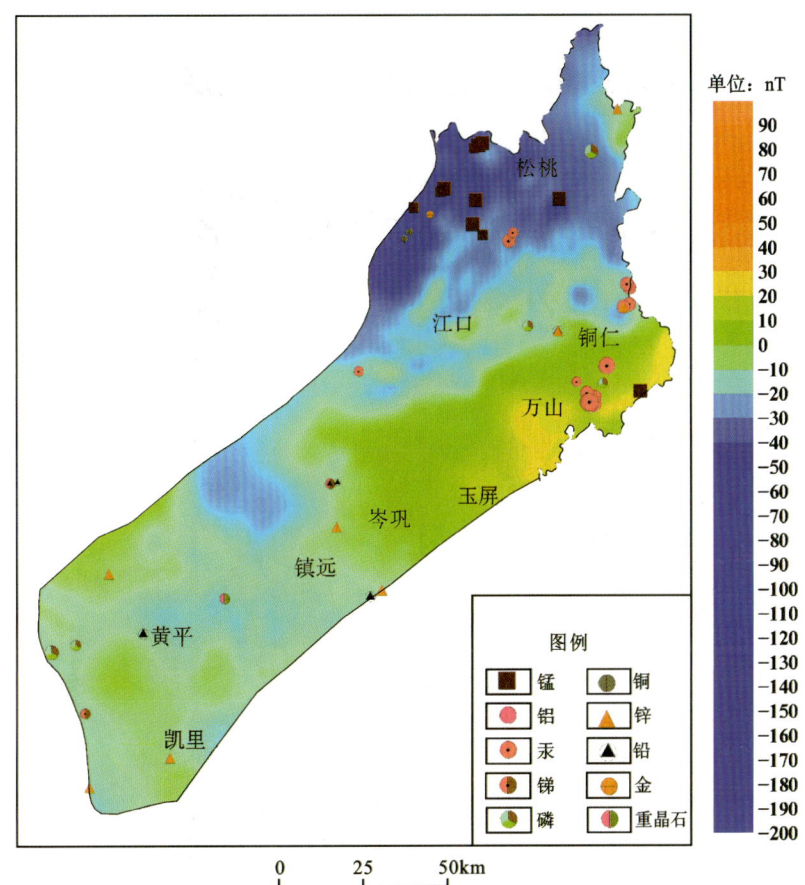

图 4-16　凯里—松桃地区Ⅳ级成矿带航磁 ΔT 平面等值线图

的形成有重要的影响。

综合分析，该区浅部热液型矿产以铅锌矿为主，沉积型矿产主要为锰矿和镍钼钒矿，从重磁推断地质构造上看，该区热液活动强烈，既具隐伏基性岩体，也具侵入酸性岩体存在的条件，断裂构造及隐伏岩体表明该区热液活动的轨迹，该区同时具有寻找与基性岩体和酸性岩体的潜力，隐伏断裂对锰矿的沉积环境具控制作用。

四、丹寨—荔波地区Ⅳ级成矿带重磁场特征与矿产关系研究

该Ⅳ级成矿带包括上扬子中东部成矿带下的丹寨-荔波汞、金、锡、铅、锌、硫成矿带（Ⅲ-77-8），包括丹寨、三都、独山、荔波等地。主要分布有著名的三都-丹寨汞、金、锑成矿带和独山锑矿带，产有较多汞、锑、金、铅锌等矿产。

研究区布格重力异常总体从东南到西北逐渐减小，从北边茂兰以东的 $-80\times10^{-5}\text{m/s}^2$ 左右到平塘一带的 $-120\times10^{-5}\text{m/s}^2$ 左右，变化幅值近 $40\times10^{-5}\text{m/s}^2$；该区布格重力异常特征为整体变化较缓，局部具圈闭布格重力异常（图 4-17）。

研究区航磁异常北面平缓，南面呈近东西向密集等值线。由北向南，航磁异常 ΔT 异常由平缓的正负磁异常、正磁异常向负磁异常转变，在荔波一带为负磁异常区，化极后，正磁异常面积减小，负磁异常面积增大（图 4-18）。

在都匀—三都一线，磁异常呈串珠状正磁异常沿北西向排列，磁场强度为 $-5\sim10\text{nT}$，沿该磁异常两侧，磁异常特征不同，以北表现为正负相间磁异常，以南在独山到荔波呈密集的北西向负磁异常等值

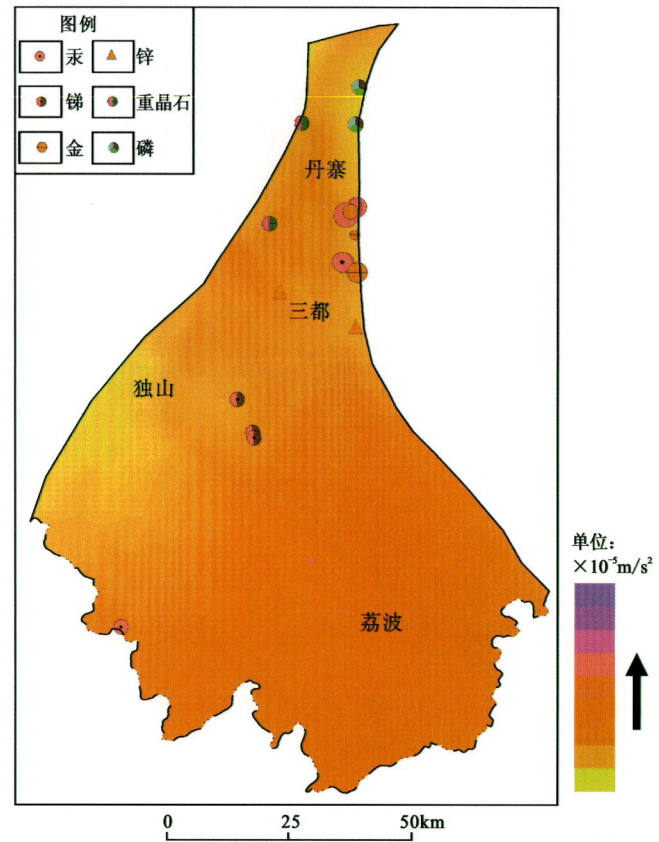

图 4-17　丹寨—荔波地区Ⅳ级成矿带布格重力异常平面图

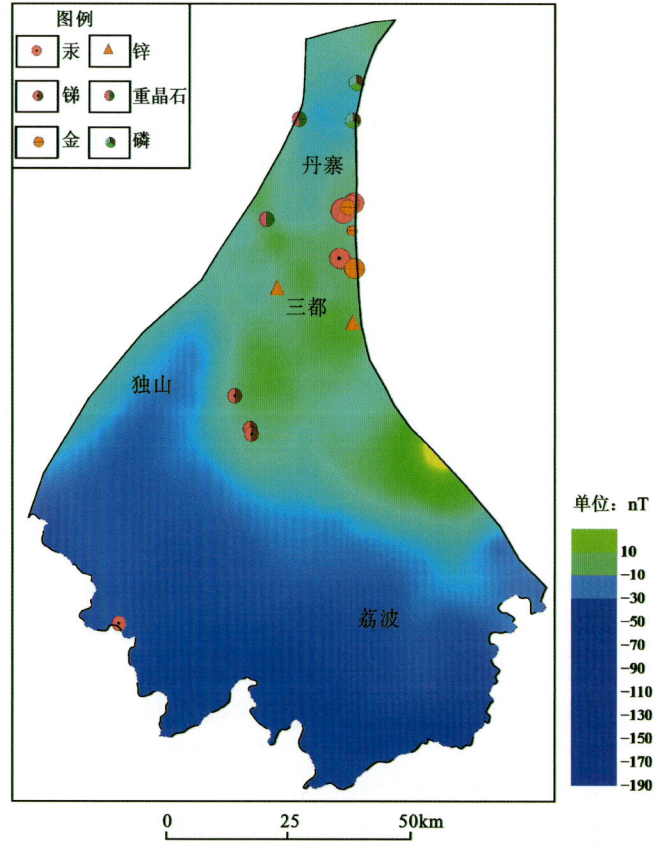

图 4-18　丹寨—荔波地区Ⅳ级成矿带航磁 ΔT 异常平面等值线图

线排列。从以往地质资料所述,本区为江南地轴边缘坳陷带,在都匀—三都一线的两侧,分布着时代不同的地层,北侧以寒武系沉积为主,南侧以志留系、泥盆系沉积为主。推断为隐伏断裂存在所致,且该断裂延伸至广西以北。该区位于南北向松桃-雷山-都江断裂带西侧,沿断裂伴有多期次的火成岩侵入。结合地表基性岩浆及该区化探、重砂异常资料分析,正磁异常与基性岩浆岩有关。

黔东南地区地表出露的侵入岩有从江摩天岭花岗岩、规模较小的基性—超基性侵入岩体,根据该区布格重力异常及推断地质构造认为,该区推断隐伏酸性岩与从江摩天岭花岗岩深部应为一体,该区热液活动强烈,既具隐伏基性岩体,也具侵入酸性岩体。

该区地表地质构造以南北向断裂构造为主,从航磁资料分析,该区存在北西向、北东向相互交错隐伏断裂,北部还推断有隐伏基性岩体存在,热液型矿产分布在以断裂构造相交的部位及隐伏岩体周边相对较多,此位置可作为矿产研究的重点区域。

第六节 成矿带主要矿种重磁异常标志

一、上扬子中东部成矿带主要矿种重磁异常标志

1. 铁矿

贵州省铁矿遍布全成矿带,分布区域以西部赫章—威宁一带、中部凯里地区、都匀—独山地区最具工业价值,铁矿成矿类型以沉积型为主,包括西部威宁—赫章地区的宁乡式沉积型、中部凯里地区的苦李井式沉积型及都匀-独山宁乡式沉积型铁矿,菜园子式层控内生型铁矿分布在西边赫章—威宁地区。

从布格重力异常图上看,铁矿主要位于梯级带上或附近。从航磁 ΔT 异常平面等值线图上看,该区位于峨眉山玄武岩地区,磁异常变化强烈,航磁 ΔT 异常呈北西向、南北向及东西向串珠状磁异常排列,铁矿点分布在北西向正负磁异常之间,零值线附近,大部分矿点位于负磁异常中。中南部的凯里地区和都匀—独山地区,表现为变化平缓的负磁异常区,磁异常强度变化在 $0\sim30\text{nT}$ 之间,铁矿点分布于平缓弱磁场区。其余地区铁矿点尽管所处区域磁场背景不同,但基本分布在磁异常边部、磁异常梯级带上及平缓磁场区。对成矿区航磁 ΔT 异常值进行化极后,负磁异常增大,正磁异常减小,铁矿点仍然围绕正、负磁异常边界分布。对化极后的航磁 ΔT 异常值求取垂向一阶导数,磁异常多数呈正负相间近南北向、北西向及东西向磁异常排列,铁矿点位于零值线附近。中部磁异常大部分为平缓磁场,中南部的凯里地区和都匀—独山地区磁异常呈南北向、北西向大小不一、单个圈闭磁异常分布,铁矿点位于平缓磁场区居多,反映铁矿点所处沉积环境磁场较弱。

从重磁推断构造上看,该地区铁矿点分布于断裂构造周边。该区域铁矿类型既包括了沉积型铁矿,也包括了层控类型铁矿,说明铁矿受该热液作用的影响,同时经过多次地质构造活动,断裂构造控制铁矿的沉积环境。

2. 铝土矿

贵州省铝土矿主要分布在贵州省中北部,包括黔中清镇—贵阳地区、遵义开阳地区、黔南凯里地区及黔北务川—正安—道真地区,均为沉积型矿产。

从布格重力异常图上看,铝土矿主要位于梯级带上或附近。从航磁 ΔT 异常平面等值线图上看,贵州省中部遵义—息烽—清镇一线是贵州省峨眉山玄武岩向沉积岩、变质岩过渡区域,磁异常由遵义—息烽—清镇以西变化强烈转向相对平缓,黔中铝土矿沿该线的梯级带附近、圈闭磁异常边部分布。黔北务川-正安-道真铝土矿分布特点与黔中相同,黔东南凯里地区位于均缓磁异常区,圈闭磁场边部,磁异常变化最大在 10nT。对成矿区航磁 ΔT 异常值进行化极后,负磁异常增大,正磁异常减小,黔中一带铝土

矿均位于负磁场区,零值线附近,且围绕圈闭磁异常边部分布。黔北铝土矿位于正磁场区零值线附近或梯级带上。黔东南凯里地区磁异常位于平缓圈闭负磁异常边部。对化极后的航磁 ΔT 异常值求取垂向一阶导数后,大部分铝土矿矿点位于平静磁场区,仅北部一带,铝土矿分布在正、负圈闭磁异常之间。

从重磁推断构造上看,贵州省铝土矿分布除黔东南凯里地区外,均位于一级断裂 F 贵-001 断裂以北地区,该断裂在重力场、磁场中均有反映,是贵州省一条较大的划分区域构造的断裂,该条断裂对沉积环境的控制作用较为明显,不仅对铝土矿,沿该断裂南北两边划分了贵州省沉积型矿产磷矿、锰矿、硫矿等不同分布特征,矿点基本集中在该线以北地区,南边基本无分布,或较少分布。

3. 铅锌矿

贵州省铅锌矿围绕贵州省界从西-北-东周边及普定、福泉、镇远-三都新元古代地层边界分布,从中部福泉、都匀至东边松桃,矿产类型主要为牛角塘式层控内生型矿产,其余地区为复合内生型矿产。

从布格重力异常图上看,铅锌矿主要位于梯级带上或附近、圈闭布格重力异常边部。从航磁 ΔT 异常平面等值线图上看,贵州省西部地区的铅锌矿点分布在正、负串珠状磁异常之间、零值线附近及梯级带上磁场变化相对强烈的地区,正负磁异常区均有分布。北部及东部矿产均沿磁场梯级带分布,福泉、镇远—三都一带处于均缓负磁异常区,铅锌矿点处于多呈南北向或围绕新元古代地层周边排列。对成矿区航磁 ΔT 异常值进行化极后,铅锌矿点多沿串珠状磁异常的中心、正负磁异常交界、零值线附近排列,中部、东部及北部矿点沿圈闭磁异常边部及梯级带上分布。对化极后的航磁 ΔT 异常值求取垂向一阶导数后,铅锌矿点沿零值线附近,圈闭正、负磁异常边部分布,在福泉、镇远—三都地区矿点分布在弱磁场区。

贵州省铅锌矿在省界周边矿点多数沿重磁推断深大隐伏断裂方向排列,东部矿点邻近省界,反映不太完整。福泉、镇远—三都地区推断有隐伏岩体存在,断裂构造及岩体对铅锌矿成矿带来了热源,影响着其成矿条件。

4. 金矿

贵州省金矿主要分布在贵州省西南部及东南部,在本成矿区带仅在东南角与划分的三级区"江南隆起西段成矿区"交界处出露,金矿类型为微细粒浸染型金矿。该区集中了金、锑、汞、砷等多种矿产,是贵州省重要成矿区。

从布格重力异常图上看,金矿主要位于梯级带上或附近、圈闭布格重力异常边部。从航磁 ΔT 异常平面等值线图上看,金矿所在区域表现为弱磁场区,金矿位于负磁背景区中平缓磁场中,南部有一个未完全出露的正磁异常。从全省磁异常图上看,沿金矿分布区域东边,磁异常呈正负相间串珠状磁异常排列,磁异常强度增大。对成矿区航磁 ΔT 异常值进行化极后,金矿周边呈大小不一的圈闭磁异常,轴向南北向,金矿点位于平静磁场区。对化极后的航磁 ΔT 异常值求取垂向一阶导数后,金矿周边磁异常沿南北向呈大小不一的圈闭磁异常展布,金矿点位于平缓磁场区。

从重磁推断构造上看,推断具有相当规模的二级断裂 F 贵-011 位于该区金矿点西边,金矿点北边推断有隐伏基性岩体出露,从金矿成矿受热液的影响来看,该区存在的隐伏岩体、断裂等构造活动对金矿成矿带来热源,断裂构造对矿产的富集与成矿有影响。

5. 磷(稀土)矿

贵州省磷矿分布在中北部地区,集中分布在本成矿区带内的织金、遵义、开阳、都匀、江口,均为沉积型矿床。

从布格重力异常图上看,磷矿主要位于梯级带上或附近、圈闭布格重力异常边部。从航磁 ΔT 异常平面等值线图上看,磷矿点既有分布在正磁场区、也有负磁场区和平静磁场区。在织金、遵义地区分布在环形圈闭正磁异常周边,开阳、都匀地区位于一片弱磁场区内,矿点分布于平静磁场区、梯级带上,江口一带,矿点分布在一个未封闭正磁异常北部、梯级带上。对成矿区航磁 ΔT 异常值进行化极后,织金、遵义地区,磷矿点位于圈闭磁异常边部或磁异常梯级带上;开阳地区磷矿点围绕开阳-翁安的北东向圈闭负磁异常周边分布,都匀地区,磷矿点分布在圈闭磁异常周边。江口地区磷矿点围绕正负磁异常边界,零值线附近分布。对化极后的航磁 ΔT 异常值求取垂向一阶导数后,西部磁异常分解为正负相间轴向南北的磁异常排列,磷矿点位于零值线附近,磁异常相对平缓,其余地区磁异常相对平缓,磷矿点均位于平静磁场区。

从重磁推断构造上看,磷矿多位于磁场平缓区域,但从其分布规律来看,除都匀地区外,磷点主要分布在北东向一级断裂构造 F 贵-001 北部及周边,南部大部分地区分布较少。且不仅只有磷矿具这一特点,贵州省的主要沉积型矿产硫铁矿、锰矿等均有这上特征,从贵州省地质构造来看,贯穿全省的北东向一级断裂构造 F 贵-001 是一条重要的地质构造线。

6. 锑矿

贵州省锑矿位于贵州省南部,本成矿区带仅在独山地区出露,属半坡式碎屑岩脉状热液型锑矿。

从布格重力异常图上看,锑矿主要位于梯级带上或附近、圈闭布格重力异常边部。从航磁 ΔT 异常平面等值线图上看,锑矿所处区域磁异常变化在 $0\sim50\mathrm{nT}$ 之间,矿点位于北西向磁异常梯级带凹陷处,往南为一封闭的负磁异常,东南角边界有一未封闭的正磁异常,北部为平缓磁场,变化仅 5nT 左右。对成矿区航磁 ΔT 进行化极后,负磁异常梯级带区域转变为轴向南北向排列的串珠状负磁异常,锑矿点处于四周圈闭磁异常之中,相对平缓的磁场中。东南角正磁异常化极后不在本成矿区。对化极后的航磁 ΔT 求取垂向一阶导数,锑矿区所在区域磁异常呈大小不一圈闭的磁异常,磁场变化平缓,在 $0\sim5\mathrm{nT}$ 之间,锑矿点位于圈闭磁异常之间。

锑矿点周边被重磁推断断裂构造所圈闭。一般来说,断裂构造交会处利于矿产的富集,断裂构造提供成矿通道。本锑矿点处于北西向断裂构造与东西向断裂构造、北东向断裂之间,其余地区无锑矿点分布,说明这些断裂构造控制了锑矿的分布。

7. 锰矿

贵州省锰矿区位于贵州北部,沿北东向镇宁—贵阳—石阡—铜仁以北地区分布,南部仅在从江地区出露,不在本成矿区内。贵州省锰矿均为沉积型矿床,从西向东,水城地区、中北部遵义铜锣井地区,锰矿成矿类型为遵义式沉积型锰矿,东部松桃、铜仁地区锰矿类型为湘潭式沉积型锰矿。

从布格重力异常图上看,锰矿主要位于梯级带上或附近、圈闭布格重力异常边部。从航磁 ΔT 平面等值线图上看,西部水城地区锰矿位于六盘水一带,锰矿点位于南北向圈闭正磁异常中心。遵义、仁怀地区,锰矿点位于遵义正磁异常与湘潭正磁异常之间的平缓磁场区内。东部松桃、铜仁地区的锰矿点分别位于印江负磁异常南部的平缓负磁场、与铜仁一个未完全封闭的正磁异常北部之间磁异常相对平缓的区域。对成矿区航磁 ΔT 进行化极后,西部水城地区负磁异常面积增大,正磁异常面积减小,锰矿沿正磁异常边部、零值线附近分布,遵义、仁怀地区,两个封闭正磁异常面积减小,南部负磁异常面积增大,锰矿点所在区域磁异常呈负磁异常表现,矿点位于负磁异常边界的北部、零值线附近。东部松桃、铜仁地区磁异常化极后,负磁异常北移,锰矿区磁异常呈大小不一的圈闭正磁异常,以轴向北东、南北展布。锰矿点位于零值线附近。对化极后的航磁 ΔT 求取垂向一阶导数,西部磁异常呈轴向为南北的正、负磁异常相间排列,锰矿点位于正、负磁异常之间的零值线附近。遵义、仁怀地区,磁异常表现为相对平静磁场区,锰矿点位于平静磁场区内。东部松桃、铜仁地区,磁异常表现为北东向幅值、形态大小不一的圈闭正、负磁异常相间排列,矿点多位于磁场平缓区、零值线附近。

贵州省锰矿点主要集中在重磁推断北东向一级断裂构造 F 贵-001 北部,仅在贵州东部,锰矿点分布在该断裂南部紧邻区域,北东向断裂构造贵 F 贵-001 是贵州省重要成矿区的分界线,划分多种沉积矿产的分布区域,该区域以北及断裂附近,有沉积型磷矿、锰矿、硫铁矿等,以南则无矿产分布,认为是该断裂构造对贵州省沉积环境有重要的控制作用。锰矿点的分布也受其影响,主要分布在该断裂以北地区,仅东部,在其南部紧邻区域有锰矿分布。从锰矿从西向东分布来看,西部锰矿点附近有北西向隐伏断裂存在,中北部遵义、仁怀地区,锰矿点围绕北东向从遵义到贵阳的断裂、北西向断裂交会处,东部松桃锰矿位于北东向一级断裂 F 贵-003 与 F 贵-001 邻近区域,铜仁地区近省界,磁异常反映不完整。从锰矿受古断裂构造控制来看,锰矿点周边的断裂构造对锰矿沉积环境有一定影响。

8. 汞矿

贵州省汞矿区位于本省的东部,主要分布于务川地区、万山地区、三都地区,其余地区有少量分布,以主要分布区域进行研究。汞矿类型分别是务川式白云岩中热液型汞矿、万山式白云岩中热液型汞矿、丹寨式灰岩中热液型汞矿。

从布格重力异常图上看,汞矿主要位于梯级带上或附近、圈闭布格重力异常边部。从航磁 ΔT 平面等值线图上看,务川地区汞矿点位于两个圈闭负磁异常之间、磁异常相对平缓的地区。铜仁地区,汞矿位于成矿区的最东部,处于一个未完整出露的正磁异常北部。南部三都地区,汞矿沿新元古界边界分布,该区磁异常相对平缓,磁异常变化在 0~5nT 之间,但东部属另一成矿区,有正负磁异常沿弧形边界展布,推断有隐伏岩体存在,该区域是贵州省一个重要成矿区。对成矿区航磁 ΔT 进行化极后,北部务川地区汞矿位于圈闭负磁异常之间,零值线附近。东部铜仁地区汞矿点分布在东南角、圈闭磁异常边部,零值线附近。丹寨地区汞矿点位于负磁异常,磁异常平缓区内。对化极后的航磁 ΔT 求取垂向一阶导数,务川地区磁异常沿北西向正、负相间的呈圈闭磁异常排列,汞矿点分布在零值线附近。铜仁地区汞矿点分布在平缓磁场区,零值线附近。丹寨地区矿点所在区域磁异常呈近南北向圈闭弱磁场分布,汞矿点分布磁场平缓区域。

务川地区汞矿点位于重磁推断北东向二级断裂构造 F 贵-004 东段,该断裂在重力场表现为重力梯级带,汞矿周边还存在北东向多条次级隐伏断裂,铜仁地区,由于邻近省界,磁异常反映不完整,松桃附近汞矿点沿北东向断裂分布;三都地区,汞矿分布沿北东向断裂分布,汞矿点分布区北部重磁推断有隐伏侵入岩体存在。从汞矿成矿类型看,热液型矿产与断裂构造关系密切,断裂构造不仅为成矿提供通道,断裂活动也为成矿带来热源,热液型矿产受所在区域断裂构造控制。

9. 萤石矿

贵州省萤石矿主要分布于贵州省的东北部务川地区和西南部晴隆地区,东北部矿区位于本成矿带内,萤石矿成矿类型为武义式热液充填型萤石矿。

从布格重力异常图上看,萤石矿主要位于梯级带上或附近。从航磁 ΔT 平面等值线图上看,萤石矿点分别分布在磁异常北西、北东向梯级带上及圈闭磁异常周边分布。对成矿区航磁 ΔT 进行化极后,务川地区磁异常呈现正负相间串珠状,沿北西向排列,萤石矿点位于圈闭磁异常边部,零值线附近。对化极后的航磁 ΔT 求取垂向一阶导数,矿点分布在圈闭磁异常边部,零值线附近,正安地区磁异常表现为平缓闭正磁异常,萤石矿点位于磁场平缓区域。

该区萤石矿点分布在重磁推断北东向二级断裂构造 F 贵-004 断裂构造周边,该断裂构造是贵州省内一条重要的断裂构造,在重力场上反映为一条近南北向的重力梯级带,该断裂是一条重磁吻合断裂,矿点多沿北东向断裂构造周边分布。断裂构造可为热液型矿床成矿提供通道,为断裂活动带来热源,影响矿产的富集成矿,矿点周边的断裂构造对萤石矿具控制作用。

10. 硫矿

贵州省沉积型硫矿主要分布在贵州省中北部地区,复合型硫矿位于西南部兴仁地区及三都地区,西南部兴仁地区硫矿不在本成矿区(带)内,不在此叙述。

从布格重力异常图上看,硫矿主要位于梯级带上或附近。从航磁 ΔT 异常平面等值线图上看,硫矿点在正负磁异常区均有分布,无论在磁异常平缓区、磁异常梯级带上还是圈闭磁异常周边均有,从无磁性的硫矿来看,磁异常与硫矿关系不密切。对成矿区航磁 ΔT 进行化极后,硫矿点分布在磁异常极带、磁异常平缓区。对化极后的航磁 ΔT 求取垂向一阶导数,硫矿多分布在磁场平缓区域。

沉积型硫矿点主要分布在 F 贵-001 断裂以北地区,该断裂以南较少分布沉积型硫矿,推断该断裂对贵州省主要沉积型矿产的沉积环境具控制作用。都匀地区的复合型硫矿也处在一片弱磁场区,但在其东边航磁推断有隐伏酸性及基性岩体分布,可能为矿产的形成带来热源。

11. 重晶石矿

贵州省重晶石矿除西南部乐纪地区沉积型重晶石矿外,主要矿产分布在省中东部地区,包括务川地区、石阡地区、黄平地区,矿产类型为复合类型和东部天柱地区沉积型。西南部乐纪地区、东部的天柱地区不在本成矿带,不在此进行叙述。

从布格重力异常图上看,重晶石矿主要位于梯级带上或附近。从航磁 ΔT 平面等值线图上看,务川地区矿点主要分布在负磁异常区,矿点围绕磁异常周边分布,石阡地区矿点分布在圈闭正磁异常东侧,黄平地区矿点位于负磁异常区。从重晶石矿的分布可知,重晶石与磁异常无直接关系,无论正负磁异常区均有分布。对成矿区航磁 ΔT 进行化极后,重晶石矿点基本分布在负磁异常区,务川地区、石阡地区矿点围绕负磁异常周边分布,黄平地区矿点位于一片平缓矿场区内。对化极后的航磁 ΔT 求取垂向一阶导数,北部务川地区重晶石矿围绕零值线周边分布,其余地区,矿点分布在平静磁场区。

北部务川地区重晶石矿主要分布在重磁推断北东向二级断裂构造 F 贵-004 东段,中南部重晶石矿点位于推断北东向二级断裂构造之间,且矿点分布地区推断有隐伏岩体存在,断裂与岩体可能为热液型矿产成矿提供通道与热源,影响矿产的形成与分布。

12. 镍钼钒矿

贵州省镍钼钒矿从本省的西部到中部、东部均有分布,大都分布在贵州省的中北地区,南部无矿产,矿产类型为沉积型。矿产主要分布在本成矿带内。

从布格重力异常图上看,镍钼钒矿主要位于梯级带上或附近。从航磁 ΔT 平面等值线图上看,镍钼钒矿在贵州省西部位于纳雍地区,镍钼钒矿在该区位于纳雍地区圈闭正磁异常南部、几个圈闭磁异常之间的平缓区。北部的仁怀地区,矿点位于圈闭正磁异常北部及金沙负磁异常北部零值线附近,瓮安、黄平地区矿点分别位于正磁异常一侧的磁场梯级带上,黄平地区的正磁异常邻近成矿区边界,未反映完整。江口一带,矿点位于圈闭负磁异常边部,矿点呈北东向分布。对成矿区航磁 ΔT 进行化极后,西部矿点分布在化极后磁异常零值线附近。遵义地区矿点则集中于两个正磁异常之间的平缓磁异常区分布。瓮安地区,矿点沿南北向圈闭负磁异常东侧分布。黄平地区,矿点分布于磁异常相对平缓区域。东北部江口地区,矿点沿圈闭磁异常边部分布。对化极后的航磁 ΔT 求取垂向一阶导数,西部矿点则位于正负磁异常之间的零值线附近。最东部铜仁地区矿点位于零值线附近。对中部地区磁异常求取垂向一阶导数后,矿点位于均缓磁场区。

西部矿点位于重磁推断南北向断裂构造之间,遵义地区矿点则位于重磁推断北东向二级断裂构造 F 贵-009 西侧,瓮安地区矿点多分布在一级断裂构造 F 贵-001 北部,沿该断裂向东延伸,松桃、铜仁之间的矿点则分布在该断裂南段,推测镍钼钒矿的沉积环境受北东向断裂 F 贵-001 控制,同时受近南北向断裂及多期地质构造的影响,从而形成不同成矿区。

二、江南隆起西段成矿带主要矿种异常标志

1. 铅锌矿

本成矿区铅锌矿主要分布在成矿区西侧,沿贵州省出露三穗—雷山一带的新元古界西边分布,集中

在中北部三穗—雷山一带,成矿类型为牛角塘式层控内生型铅锌矿。

从布格重力异常图上看,铅锌矿主要位于圈闭布格重力异常边部。从航磁 ΔT 平面等值线图上看,铅锌矿点沿凯里到三穗一带分布,以负磁异常为主,在凯里地区多且集中。对成矿区航磁 ΔT 进行化极后,雷山地区铅锌矿点位于南北向串珠状正磁异常的西侧。对化极后的航磁 ΔT 求取垂向一阶导数,铅锌矿点分布在串珠状磁异常西侧,零值线上相对集中。三穗一带铅锌矿分布区磁异常平缓。

本成矿区铅锌矿属热液型矿产,雷山地区串珠状磁异常对应区域,在重力场上分别表现为两个巨大圈闭的重力高、重力低,推断该异常主要由隐伏的基性和酸性岩体引起,同时受断裂构造切割。从江以南与广西境内的摩天岭花岗岩相接,重磁推断在从江出露花岗岩体西部存在隐伏酸性岩体,隐伏岩体的存在为该区的矿产提供了矿源与热源,使得雷山地区、从江地区成为铅锌、汞、锑等多金属矿成矿区。

2. 铜钨锡矿

本成矿区铜钨锡矿主要分布在从江地区南侧,矿产类型为热液型矿产。

从布格重力异常图上看,铜钨锡矿主要位于梯级带上。从航磁 ΔT 平面等值线图上看,铜钨锡矿仅在从江地区南部出露,矿点位于正磁异常周边。对成矿区航磁 ΔT 进行化极后,铜钨锡矿围绕零值线周边分布。对化极后的航磁 ΔT 求取垂向一阶导数,铜钨锡矿多分布在负磁场区、零值线附近。

本成矿区铜钨锡矿属热液型矿产,从江以南与广西境内的摩天岭花岗岩相接,重磁推断在从江出露花岗岩体西部存在隐伏酸性岩体,隐伏岩体的存在为该区的矿产提供了矿源与热源。

3. 金矿

本成矿区金矿分布于东侧的天柱—黎平一带,矿产类型为铜鼓式变质碎屑岩中脉型金矿。从布格重力异常图上看,金矿主要位于梯级带上。从航磁 ΔT 平面等值线图上看,金矿仅在东部天柱—黎平地区出露,该区为一片负弱磁场区,磁场变化在 $0\sim15\text{nT}$ 之间,弱磁场呈北东向排列。对成矿区航磁 ΔT 进行化极后,金矿位于弱磁场区,南加矿点位于零值线附近。对化极后的航磁 ΔT 求取垂向一阶导数,金矿位于平静磁场,剑河南部一带金矿顺着北东向磁异常零值线展布。

本成矿区金矿属热液型矿产,天柱到锦屏北东向弱磁场是北东向构造的反映,金矿的分布,多数沿北东向构造排列。

4. 锑矿

本成矿区锑矿分布于西侧的雷山—三都一带,矿产预测类型为八蒙式浅变质岩中热液型锑矿。

从布格重力异常图上看,锑矿主要位于圈闭布格重力异常边部。从航磁 ΔT 平面等值线图上看,锑矿分布在西侧雷山、三都的串珠状的正负磁异常中。对成矿区航磁 ΔT 进行化极后,锑矿点位于负磁场区或零值线附近。对化极后的航磁 ΔT 求取垂向一阶导数,锑矿在正负磁场区均有分布、沿近南北向构造线方向分布相对集中。

本成矿区锑矿属热液型矿产,雷山地区串珠状磁异常对应区域,在重力场上分别表现为两个巨大圈闭的重力高、重力低,推断该异常主要为隐伏的基性和酸性岩体引起,同时受断裂构造切割。从锑矿属热液型矿产来看,该区隐伏岩体及南北向、北东向构造对矿产的分布和富集有控制作用。

三、桂西-黔西南成矿带主要矿种异常标志

1. 金矿

本成矿区金矿分布在中西部,包括普安—贞丰地区水银洞式微细粒浸染型金矿和册亨—望谟地区烂泥沟式微细粒浸染型金矿两种。

从布格重力异常图上看,金矿主要位于梯级带上。从航磁 ΔT 平面等值线图上看,晴隆大厂则为一个正磁异常包围的圈闭的负磁异常,磁场变化在 0～15nT 之间,金矿点环绕该负磁异常分布,在兴仁一带则分布在零值线附近。以西从兴义到平关,在该区域内,金矿点多沿零值线附近分布。晴隆-兴仁以东地区,金矿点分布在负磁场区内,贞丰地区显示一处圈闭 15nT 双峰正磁异常,往北呈负磁异常至晴隆一带,磁场呈北东向正负相间展布,金矿沿北东向分布在负磁场区内。对成矿区航磁 ΔT 进行化极后,金矿点多沿圈闭正负磁异常边部分布。对化极后的航磁 ΔT 求取垂向一阶导数,金矿点主要分布在零值线附近,但在册亨、望谟、老万场等地区,金矿点分布在平缓磁场内。

本成矿区金矿主要分布在磁场较弱地区,但大多数矿点沿串珠状磁异常方向,圈闭磁场边部分布,这些磁场反映了断裂构造方向和背、向斜构造等地质构造的磁场特征,金矿的分布受地质构造控制,有些金矿沿构造线分布,需结合成矿层位、成矿条件,综合磁场反映的地质构造综合研究。

2. 锑矿

本成矿区锑矿主要集中在晴隆南部大厂分布,矿产类型为大厂式火山岩中热液型锑矿,层控内生型。

从布格重力异常图上看,锑矿主要位于梯级带上。从航磁 ΔT 平面等值线图上看,晴隆锑矿分布于幅值不高的圈闭负磁异常中。对成矿区航磁 ΔT 进行化极后,锑矿位于正磁异常中。对化极后的航磁 ΔT 求取垂向一阶导数,锑矿主要分布在零值线附近的平缓磁场区。

本成矿区锑矿分布在磁场较弱区、圈闭负磁场中,该磁场位于正磁异常包围区域。

3. 硫矿

本成矿区硫矿主要在晴隆南部大厂集中分布,矿产类型为层控内生型硫铁矿。硫矿分布范围与锑矿相同。

从布格重力异常图上看,硫矿主要位于重力梯级带上。从航磁 ΔT 平面等值线图上看,晴隆硫铁矿分布于幅值不高的圈闭负磁异常中。对成矿区航磁 ΔT 进行化极后,硫铁矿位于正磁异常中。对化极后的航磁 ΔT 求取垂向一阶导数,硫铁矿主要分布在零值线附近的平缓磁场区。

本成矿区硫铁矿分布在磁场较弱区、圈闭负磁场中,该磁场位于正磁异常包围区域。

4. 重晶石矿

本成矿区重晶石矿仅一个矿床分布在镇宁,矿产类型为乐纪式沉积型重晶石矿。

从布格重力异常图上看,重晶石矿主要位于重力梯级带上。从航磁 ΔT 平面等值线图上看,重晶石矿分布在平静磁场区,从航磁 ΔT 化极平面等值线图、航磁 ΔT 化极垂向一阶导数图上看,重晶石矿所在区域磁场较弱。

通过对贵州省重磁异常场特征、推断地质构造与矿产分布规律的对比总结,贵州省沉积型矿产磷矿、铝土矿、锰矿、镍钼钒矿等矿产集中分布在中北部地区,受横贯贵州中部的北东向一级断裂构造 F 贵-001 影响,主要分布在该线以北及该线周边地区,以南除在丹寨—三都有分布外基本无分布,说明该断裂构造可能控制了此类矿产的沉积环境。该断裂构造在磁场上表现为贯穿全省的磁场分界线,该线以北磁场相对强烈,以南除丹寨—独山—三都—荔波外均为缓弱磁场区,同时该断裂带在重力场上表现为从西向东弯曲的重力梯级带。沉积矿产在正负磁场区均有分布,磁场主要反映沉积地层中磁异常特征,矿产分布受沉积环境、地层及构造控制。

铅锌、铜、汞、金、砷、锑、硫、萤石、重晶石等矿产分布在贵州省西部赫章—镇宁地区、晴隆—望谟地区、丹寨—独山—三都—荔波地区、松桃—铜仁—天柱—锦屏、务川—正安—道真及从江地区 6 个区域,热液型矿产分布在断裂构造相交的部位及隐伏岩体周边相对较多,同时这些区域也有沉积矿产分布,重磁场上表现为矿床(点)集中分布在重磁场梯级带上、磁异常边部、重力场凸起带、重磁推断断裂构造及岩体周边,推断矿产分布与隐伏岩体及断裂构造关系密切,值得开展更大比例尺工作,进行详细勘查与解释。

第五章　重磁资料在矿种预测工作区中的应用

贵州省矿产资源丰富,分布广泛,种类齐全,储量丰富,且成矿地质条件好,是著名的矿产资源大省。根据全国矿产资源潜力评价要求,贵州省利用重磁资料对金、铅锌、磷、铝土、铁、锑、铜钨锡、锰、重晶石、镍钼钒、汞、萤石、硫等矿种(组),在选定的预测工作区,结合地质、矿产分布等信息,开展重磁异常解释,并综合推断地质构造,包括预测工作区内推断断裂构造分级、推断侵入岩体定量解释等,分析预测区成矿环境与地质构造之间的关系。矿种预测工作区及推断地质构造见表5-1。

表 5-1　贵州省矿种预测工作区及推断地质构造

序号	预测矿种(组)	预测工作区	矿产预测类型	所属成矿带	推断断裂构造(条)	推断侵入岩体(个) 酸性	推断侵入岩体(个) 基性
1	铜钨锡	威宁—水城地区	铜厂河铜矿	上扬子中东部成矿带(Ⅲ-77)	6	1	3
1	铜钨锡	从江地区	地虎铜钨锡金属矿	江南隆起西段成矿带(Ⅲ-78)	4	3	
2	铅锌	威宁地区	会泽式碳酸盐岩型铅锌矿	上扬子中东部成矿带(Ⅲ-77)			
2	铅锌	赫章—水城地区	杉树林式碳酸盐岩型铅锌矿	上扬子中东部成矿带(Ⅲ-77)	8	2	4
2	铅锌	普安地区	杉树林式碳酸盐岩型铅锌矿	上扬子中东部成矿带(Ⅲ-77)	3		2
2	铅锌	织金地区	杜家桥式碳酸盐岩型铅锌矿	上扬子中东部成矿带(Ⅲ-77)	4		
2	铅锌	毕节地区	杜家桥式碳酸盐岩型铅锌矿	上扬子中东部成矿带(Ⅲ-77)	4		
2	铅锌	仁怀地区	杜家桥式碳酸盐岩型铅锌矿	上扬子中东部成矿带(Ⅲ-77)	4		
2	铅锌	习水地区	杜家桥式碳酸盐岩型铅锌矿	上扬子中东部成矿带(Ⅲ-77)	4		
2	铅锌	福泉—都匀地区	牛角塘式碳酸盐岩型铅锌矿	上扬子中东部成矿带(Ⅲ-77)与江南隆起西段成矿带(Ⅲ-78)接合部	8	2	3
2	铅锌	镇远—三都地区	牛角塘式碳酸盐岩型铅锌矿	上扬子中东部成矿带(Ⅲ-77)与江南隆起西段成矿带(Ⅲ-78)接合部	11	1	3
2	铅锌	松桃—玉屏地区	牛角塘式碳酸盐岩型铅锌矿	上扬子中东部成矿带(Ⅲ-77)	4	1	1
2	铅锌	沿河地区	牛角塘式碳酸盐岩型铅锌矿	上扬子中东部成矿带(Ⅲ-77)	1		
3	锰	从江地区	湘潭式沉积型锰矿	江南隆起西段成矿带(Ⅲ-78)	3		
3	锰	松桃地区	湘潭式沉积型锰矿	上扬子中东部成矿带(Ⅲ-77)	5		
3	锰	遵义地区	遵义式沉积型锰矿	上扬子中东部成矿带(Ⅲ-77)	6		
3	锰	水城—纳雍地区	水城式沉积型锰矿	上扬子中东部成矿带(Ⅲ-77)	4	1	2

续表 5-1

序号	预测矿种(组)	预测工作区	矿产预测类型	所属成矿带	推断断裂构造(条)	推断侵入岩体(个)	
						酸性	基性
4	镍钼钒	织金、纳雍地区	遵义式沉积型镍钼钒矿	上扬子中东部成矿带(Ⅲ-77)	2		
		遵义地区			6		
		余庆—瓮安地区	镇远式沉积型钒矿		11		
		镇远—玉屏地区			6		
		松桃—铜仁地区	镇远式沉积型钒矿	上扬子中东部成矿带(Ⅲ-77)与江南隆起西段成矿带(Ⅲ-78)接合部	10	3	2
5	磷(稀土)	织金地区	新华式寒武纪沉积型磷(稀土)矿	上扬子中东部成矿带(Ⅲ-77)	4		
		开阳地区	开阳式震旦纪沉积型磷矿		5		1
		瓮安—福泉			10	2	1
		金沙—遵义			5		
		丹寨	织金新华磷(稀土)矿		2	1	2
		铜仁			6	3	1
6	锑	晴隆大厂地区	晴隆大厂锑矿	桂西-黔西南成矿带(Ⅲ-88)	3	1	
		独山地区	独山半坡锑矿	上扬子中东部成矿带(Ⅲ-77)	3		
		八蒙地区	榕江八蒙锑矿	江南隆起西段成矿带(Ⅲ-78)	9	4	
7	金	册亨—望谟地区	烂泥沟式微细粒浸染型金矿	桂西-黔西南成矿带(Ⅲ-88)	12	2	1
		普安—贞丰地区	水银洞式微细粒浸染型金矿	桂西-黔西南成矿带(Ⅲ-88)	11	6	3
		丹寨—三都地区	苗龙式微细粒浸染型金矿	上扬子中东部成矿带(Ⅲ-77)与江南隆起西段成矿带(Ⅲ-78)接合部	3	1	1
		黔东南地区	铜鼓式石英脉型金矿	江南隆起西段成矿带(Ⅲ-78)	10	1	
8	汞	三都—丹寨地区	丹寨式灰岩中热液型汞矿	上扬子中东部成矿带(Ⅲ-77)与江南隆起西段成矿带(Ⅲ-78)接合部	3	1	1
		万山地区	万山式白云岩中热液型汞矿	上扬子中东部成矿带(Ⅲ-77)	5	1	1
		务川地区	务川式白云岩中热液型汞矿		6		
9	硫	黔北地区	叙永式含煤建造沉积型硫铁矿	上扬子中东部成矿带(Ⅲ-77)	16		
		黔西北地区			10		3
		清镇—贵阳地区			17	4	2
		三都—丹寨地区	排带式热液型硫铁矿		9	1	3

续表 5-1

序号	预测矿种（组）	预测工作区	矿产预测类型	所属成矿带	推断断裂构造（条）	推断侵入岩体（个）	
						酸性	基性
9	硫	兴仁地区	叙永式含煤建造沉积型硫铁矿	桂西-黔西南成矿带（Ⅲ-88）	8	2	1
10	萤石	晴隆大厂地区	晴隆式热液型萤石矿	桂西-黔西南成矿带（Ⅲ-88）	2	1	1
		务川—沿河	丰水岭式热液充填型萤石矿	上扬子中东部成矿带（Ⅲ-77）	11		
11	重晶石	大河边地区	大河边式沉积型重晶石矿	江南隆起西段成矿带（Ⅲ-78）	4	1	
		乐纪地区	乐纪式沉积型重晶石矿	桂西-黔西南成矿带（Ⅲ-88）	4	1	2
		务川—沿河地区	顶罐坡式热液型重晶石矿	上扬子中东部成矿带（Ⅲ-77）	11		
		施秉顶罐地区			8	2	2
		思南石阡柿坪地区			5		
12	铝土矿	清镇—修文地区	修文式古风化壳沉积型铝土矿	上扬子中东部成矿带（Ⅲ-77）	7	1	
		遵义—开阳地区	遵义式古风化壳沉积型铝土矿		9	1	1
		务川—正安—道真地区	大竹园式古风化壳沉积型铝土矿		5		
		凯里炉山—重安江地区	凯里式古风化壳沉积型铝土矿		4	1	1
13	铁	赫章—水城地区	"菜园子"式层控内生型铁矿，接触交代-层控内生型	上扬子中东部成矿带（Ⅲ-77）	8	2	6
		威宁—赫章地区	威宁—赫章地区"宁乡"式沉积型铁矿		8	2	6
		独山地区	都匀—独山地区"宁乡"式铁矿		8	3	2
		凯里炉山地区	凯里炉山地区"苦李井"式铁矿		5	2	2

本章选取金、铜钨锡、铅锌矿3种矿种（组）的部分预测工作区，结合地质、构造背景，分析矿产分布特征与重磁异常特征、推断断裂构造、侵入岩体分布的关系，探讨找矿有利地段。

第一节 重磁资料在金矿预测工作区中的应用

贵州省金矿主要分布在黔东南、黔西南地区，金矿类型主要有赋存于沉积岩中的微细粒浸染型金矿及由微细粒浸染型金矿经表生作用改造而成的红黏土型金矿，其次为赋存于变质岩中变质碎屑岩中脉型金矿及由该类型金矿经表生作用而成的砂金矿，此外在黔东南南部发现少量蚀变岩型金矿。其中微细粒浸染型金矿为贵州省主要金矿类型，资源储量集中分布在黔西南贞丰、兴仁、安龙、册亨、晴隆、普安、盘县等地，其次分布于黔东南的三都、丹寨两县。根据全国矿产资源潜力评价项目要求，为预测贵州省金矿的资源量，对普安-贞丰预测工作区、册亨-望谟预测工作区、天柱-黎平预测工作区、三都-丹寨预测工作区开展重磁资料应用研究，本书仅对普安-贞丰、册亨-望谟两个预测工作区开展应用论述。

普安-贞丰预测工作区、册亨-望谟预测工作区均属于桂西-黔西南成矿带（Ⅲ-88），但分属于不同的Ⅳ级成矿带，构造单元位于贵州省四级构造分区兴义隆起带与右江裂谷-前陆盆地区，属于贵州省三级构造分区江南造山带的重要组成部分。出露地层有泥盆系、石炭系、二叠系、三叠系、侏罗系、古近系、新近系及第四系，主要为三叠系，发育幔源橄榄拉斑玄武质系列偏碱性玄武岩及席状辉绿岩、钙碱性煌斑岩系列云煌岩，线性构造方向以北西向、北东向及近东西向为主，西部以北东向构造为主，中部以北西向及近东西向构造为主，东部以北西向构造为主。预测工作区所在区域是滇黔桂"金三角"的重要组成部分，发育微细粒浸染型和红黏土型两种主要金矿类型，其中微细粒浸染型金矿多受控于构造穹隆、背斜核部的轴向断层及张裂隙。

普安—贞丰、册亨—望谟地区区域布格重力场值皆为负值，重力场等值线走向呈北北东—北东向，其变化的总体趋势是由东往西逐渐下降，即由东部一带$-108\times10^{-5}\mathrm{m/s^2}$递减至西部一带的$-222\times10^{-5}\mathrm{m/s^2}$，在近250km距离内重力场值变化幅值达$122\times10^{-5}\mathrm{m/s^2}$，平均每千米下降$0.48\times10^{-5}\mathrm{m/s^2}$，其间重力场呈波状起伏。研究区有一条极为明显的近南北向重力梯级带，属我国著名的鄂尔多斯-龙门山-乌蒙山重力梯级带南段部分。该重力梯级带延伸至黔西南地区西北的水城—盘县一线，向西南进入云南省东部并与师宗-弥勒重力梯级带相接。另据地球物理资料显示，黔西南地区西部的水城—盘县一线为莫霍面变化的台阶，莫霍面深度由贵州省东部的40km左右变化为该带的50km左右，该面总体倾斜方向为微向西斜，与南北向重力梯级带相吻合（图5-1）。预测工作区处在龙门山断裂带的南端重力梯级带上，呈北东向展布，布格重力异常从东向西逐渐减小，反映莫霍面深度由东向西不断加深的趋势。金矿床点分布在布格重力异常梯级带上或边部。

从航磁ΔT化极平面等值线图（图5-2）上看，普安—贞丰、册亨—望谟地区以关岭—贞丰—册亨一线为界，东部磁异常变化相对平缓，以北东向梯级带异常为主，局部存在轴向东西、北东圈闭磁异常；西部磁异常变化相对强烈，主要以圈闭磁异常为主，圈闭异常幅值普遍较东部高，异常走向从西到东分别由北东向、近南北向、北西向突变，反映了该区地质构造的复杂性。

布格重力异常梯级带、串珠状磁异常及圈闭磁异常可能反映断裂构造方向及背、向斜构造等地质构造的重、磁场特征，而微细粒浸染型金矿多受控于构造穹隆、背斜核部的轴向断层等，因此，在该预测工作区内上述重磁异常特征应予以重视。

从剩余重力异常图（图5-3）上看，金矿床点沿着剩余重力异常零值线分布或分布于较为低缓的剩余重力负异常中，从微细粒浸染型金矿成矿模式来看，金矿床成矿以高角度断层为主要导矿构造，而断裂构造使断裂带与两侧岩石及两侧产生位移，以上都会在横向上产生密度差异，而剩余重力异常零值线反映了地下一定深度的密度界面，而较为低缓的剩余重力负异常可能由埋深较浅的隐伏酸性侵入岩体引起，基于此，对推断的侵入酸性岩体S16进行2.5D反演模拟（图5-4、图5-5），反演结果表明该侵入岩体

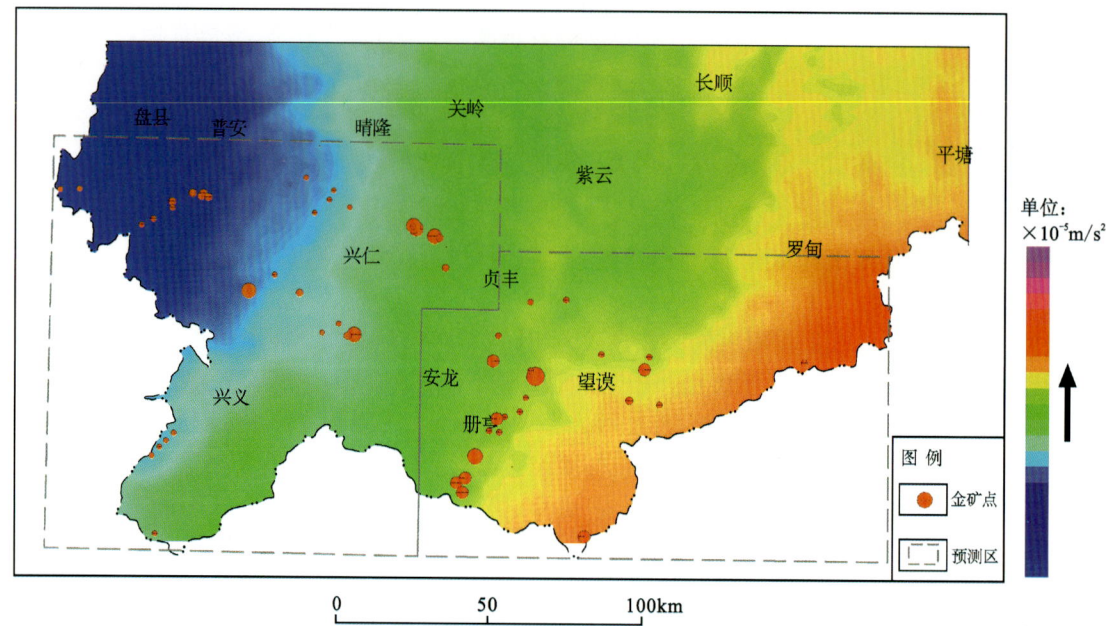

图 5-1 普安-贞丰、册亨-望谟预测区布格重力异常图

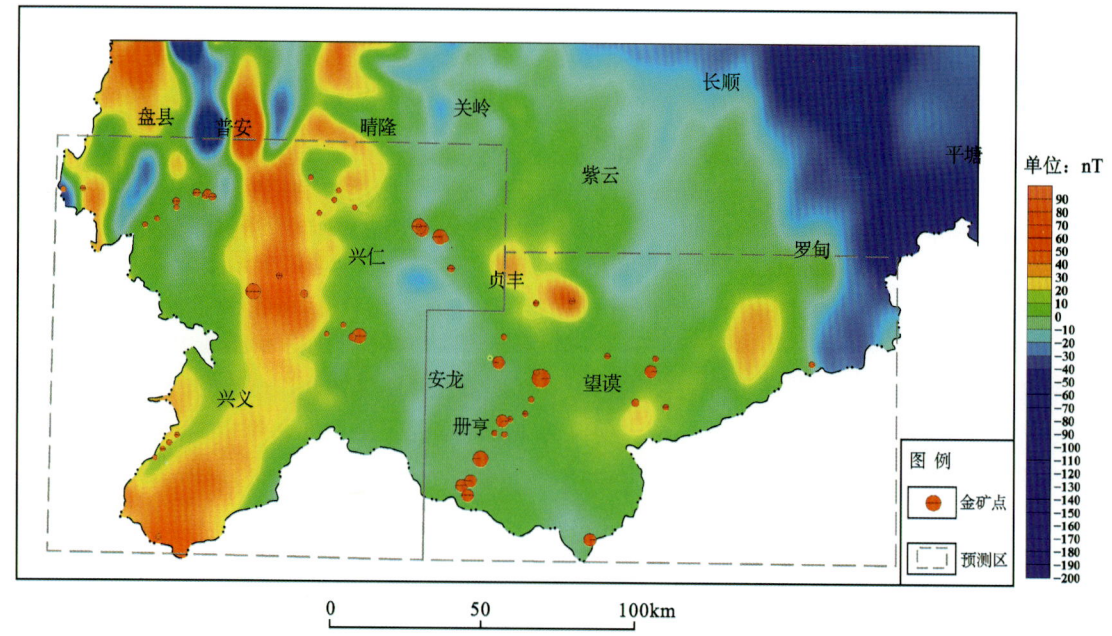

图 5-2 普安-贞丰、册亨-望谟预测区航磁 ΔT 化极等值线图

顶埋深为 500m 左右,底埋深为 3 540m 左右,埋深较浅。因此金矿床点分布的剩余重力异常零值线或较为低缓的剩余重力负异常可作为金矿成矿及寻找该区隐伏矿产间接找矿靶区,同时也说明重磁资料的分析解释对寻找该预测工作区金矿具有一定的效果及指导意义。

从重磁综合推断地质构造图(图 5-6)上看,推断的东部南北向巨大隐伏一级断裂 F 贵-002、中部北向二级断裂 F 贵-008 将预测工作区划分为西部、中部及东部不同的构造特征,由西往东断裂构造走向西部以北东向为主、中部以北西向为主、东部以北东向为主,综合全区断裂构造分布来看,西部断裂构造走向主要受一级断裂 F 贵-002 控制,中部断裂构造走向主要受二级断裂 F 贵-008 控制,东部北东向断裂构造走向主要受二级断裂 F 贵-007 控制;预测工作区推断侵入岩体主要分布于断裂构造处或周围,且岩体平面走向与所处断裂构造走向基本一致。同样的,以区内一级断裂 F 贵-002、二级断裂 F 贵-008

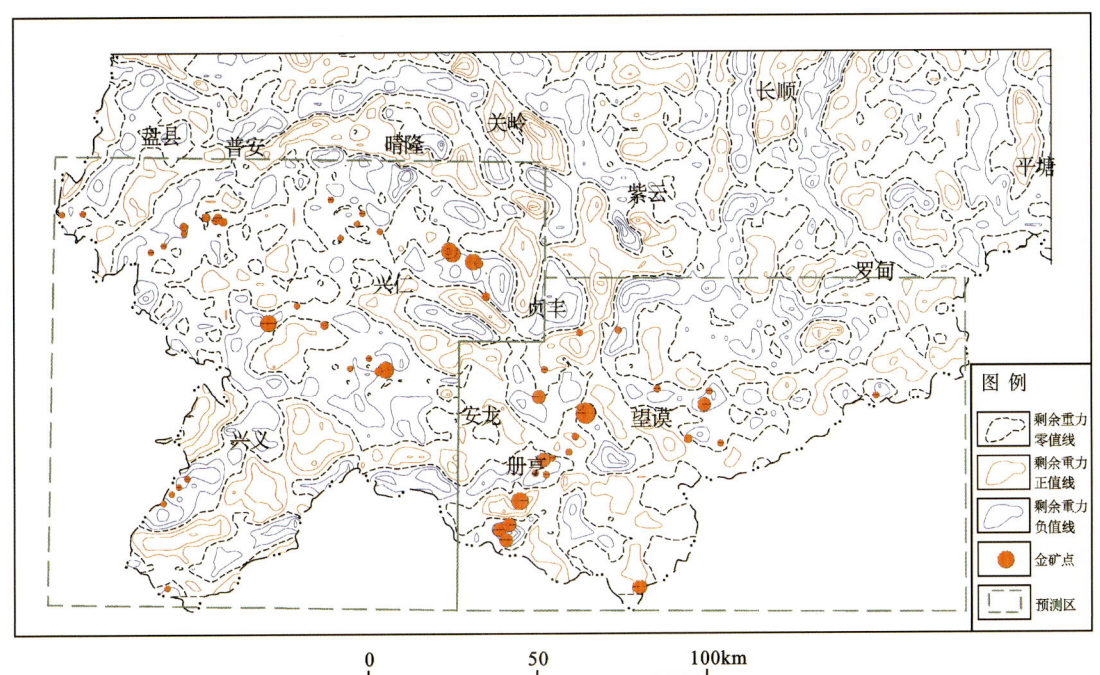

图 5-3 普安-贞丰、册亨-望谟预测区剩余重力异常图
1.大型金矿点；2.中型金矿点；3.小型金矿点；4.剩余重力等值线及注计；5.预测区界线

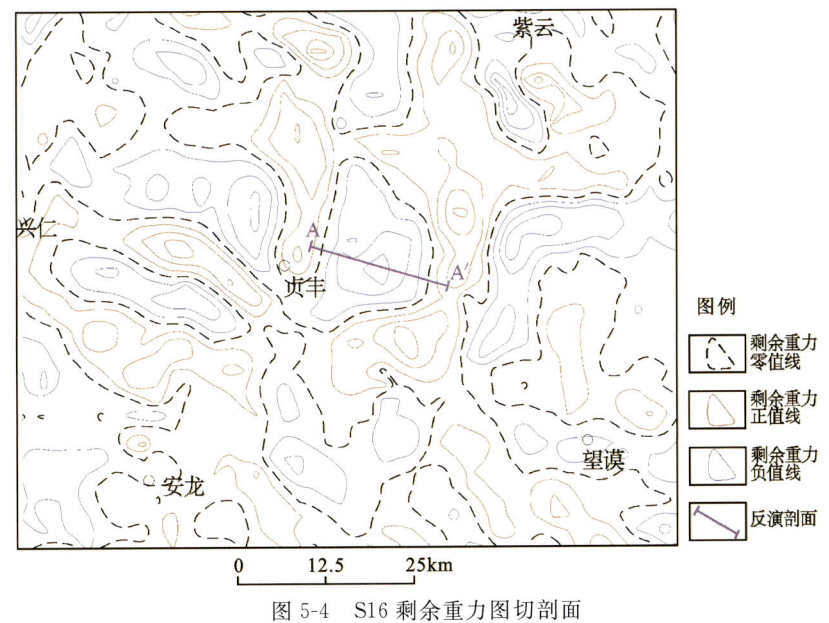

图 5-4 S16 剩余重力图切剖面

为界，西部以基性侵入岩体为主，仅在兴义西南部推断一处酸性侵入岩体，岩体走向、形态受普安、兴义一带的北东向、近南北向断裂（F贵-069、F贵-070、F贵-002）控制，中部以酸性侵入岩体为主，岩体走向、形态受晴隆、贞丰、册亨一带的北西向、近东西向断裂（F贵-071、F贵-072、F贵-073、F贵-074、F贵-076）控制，西部则推断无侵入岩体分布。

预测工作区金矿床点主要沿北西向、北东向及近南北向断裂（F贵-069、F贵-068、F贵-002、F贵-071、F贵-072、F贵-073、F贵-074、F贵-076）分布，且多分布在推断的酸性侵入岩体（S22、S14、S15、S16、S23、S24、S25）周边，而微细粒浸染型金矿形成多受控于断裂构造，且酸性侵入岩体有可能为该类金矿成矿提供热源，也有可能提供热液流体，而周围分布的断裂构造可能为导矿构造，因此，预测工作区推断

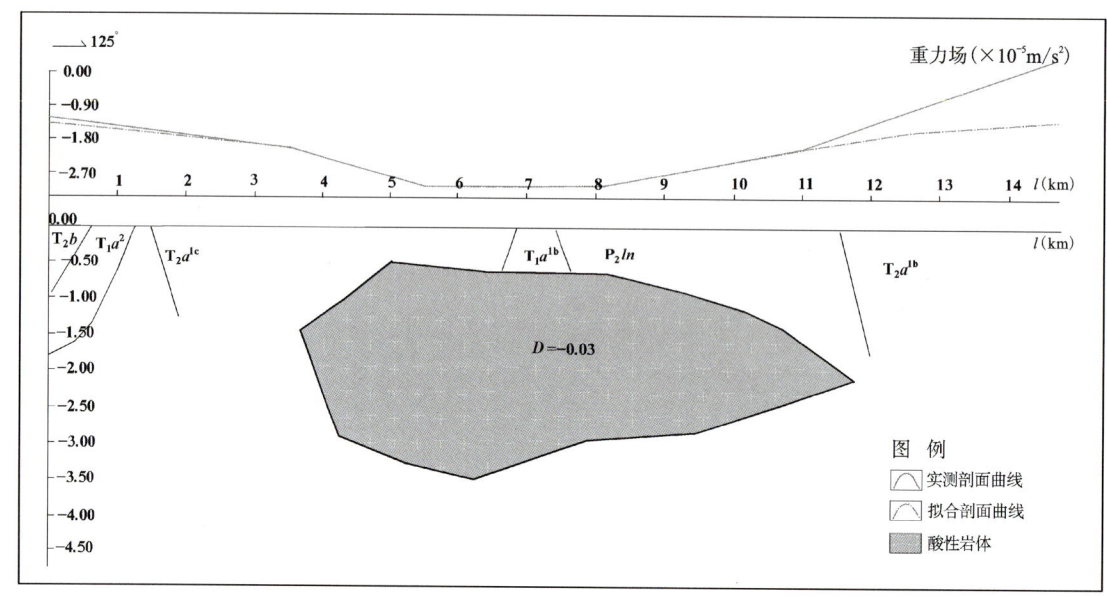

图 5-5 S16 重力 2.5D 反演结果

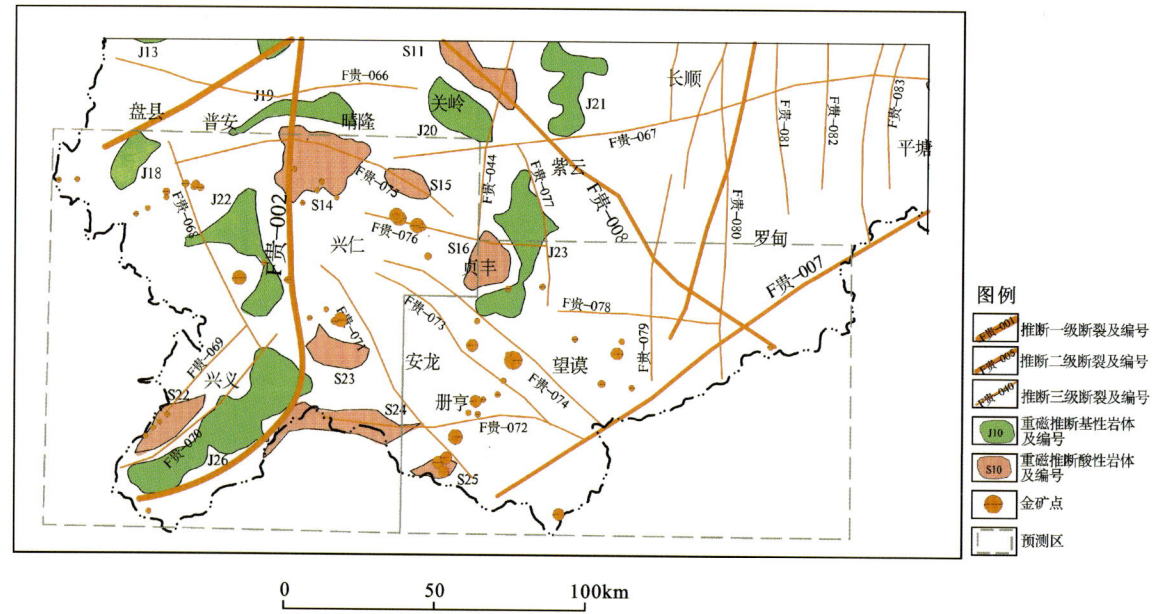

图 5-6 普安-贞丰、册亨-望谟预测区重磁综合推断地质构造图

断裂构造及侵入岩体分布为金矿成矿及寻找该区隐伏矿产提供一定指导作用。

基于以上分析,普安-贞丰、册亨-望谟预测区推断断裂构造及侵入岩体与金矿床点分布具有一定的联系,主要沿区内北西向、北东向及近南北向断裂、酸性侵入岩体周围分布,且主要沿重力异常梯级带、串珠状磁异常、圈闭磁异常、剩余重力异常零值线分布或分布于较为低缓的剩余重力负异常中,因此,在进行金矿成矿及寻找隐伏金矿的过程中,应重视上述推断地质构造及异常特征。

第二节 重磁资料在铜钨锡矿预测工作区中的应用

贵州省铜钨锡矿主要分布在威宁、水城、从江及梵净山地区,其中钨锡矿分布在梵净山、从江地区,主要是与花岗岩有关的脉状钨锡矿床,矿体赋存在花岗岩体外接触带浅变质岩中;铜矿有热液型和沉积型,热液型主要分布在威宁、水城、梵净山、从江地区,主要受玄武岩、断层等控制,沉积型铜矿主要产于三叠系、侏罗系砂岩中,矿体规模小,变化较大,目前没有发现能开发的矿床点。根据全国潜力评价项目要求,为预测贵州省铜钨锡矿的资源量,对威宁-水城预测工作区、从江预测工作区开展重磁资料应用研究,本书仅对从江预测工作区开展应用论述。

从江预测区属于江南隆起西段成矿带(Ⅲ-78),构造单元位于贵州省四级构造分区榕江加里东褶皱区,属于贵州省三级构造分区江南造山带的重要组成部分。榕江加里东褶皱区自晚古生代以来构造活动频繁,为褶皱隆起或整体上升的隆起区,新元古代地层大面积出露,岩性为浅变质(火山)陆源碎屑岩系,古生代、中生代、第四纪地层均有相对小面积的出露,发育壳源过铝质花岗岩系列花岗斑岩,区内北北东—北东向构造发育。在预测区内出露地层为新元古代地层,发育近北西向构造,断层规模较小,切割新元古代地层,未见褶皱,发育宰便-高武穹隆构造,该穹隆构造核部为花岗岩体,翼部为新元古代青白口系—南华系。预测区内铜矿则主要受控于宰便-高武穹隆。

从江预测工作区布格重力异常上处在大兴安岭-太行山重力梯级带南段,从布格重力异常图(图 5-7)上看,区内布格异常为宽缓梯级带,从西向东幅值逐渐增大。铜矿床点主要分布在布格重力异常梯级带上及附近。

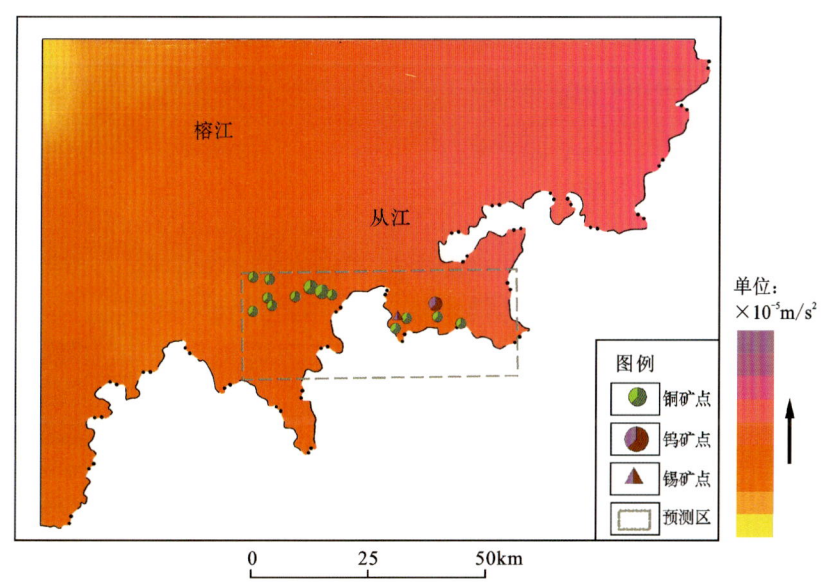

图 5-7 贵州省从江地区铜钨锡矿预测区布格重力异常图

从航磁 ΔT 化极等值线图(图 5-8)上看,区内航磁 ΔT 化极异常总体呈环状圈闭异常分布,异常走向西部以近南北向为主,东部以北东向为主。铜钨锡矿仅在南部从江地区出露,矿点位于正磁异常周边或零值线附近。

从剩余重力异常图(图 5-9)上看,预测工作区内由西至东,出现轴向为近南北向的剩余重力负异常,幅值在 $(-8\sim -4)\times 10^{-5}\,\mathrm{m/s^2}$,铜钨锡矿床点主要分布于剩余重力负异常中,在预测工作区内出露过铝质花岗岩系列,预测工作区位于宰便-高武穹隆构造中,该穹隆构造核部为相对低密度花岗岩体,翼部为相对高密度新元古代青白口系—南华系,化探显示 W、Sn、Mo、Bi 综合元素异常,因此,综合重磁、地质、化探资料推断预测工作区内的 3 处剩余重力负异常,从西至东分别为 R1、R2、R3,由低密度酸性花岗岩体引起,从岩体 3D 反演结果可知,显示由西至东,西部花岗岩体顶面埋深在 0.3km 左右,地面埋深约为 3km,至东部花岗岩体顶面埋深逐渐变浅至出露表层,东部花岗岩体埋深逐渐加深,最深至 4.8km 左右。该区铜钨锡矿为热液型,黑云母花岗岩是成矿的物质来源,花岗岩亦是直接的赋矿围岩,因此,由剩余重力负异常综合其他资料所推断的花岗岩体为铜钨锡矿成矿及寻找隐伏矿产提供间接指导作用,重力资料在该预测工作区具有一定的效果及指导意义。

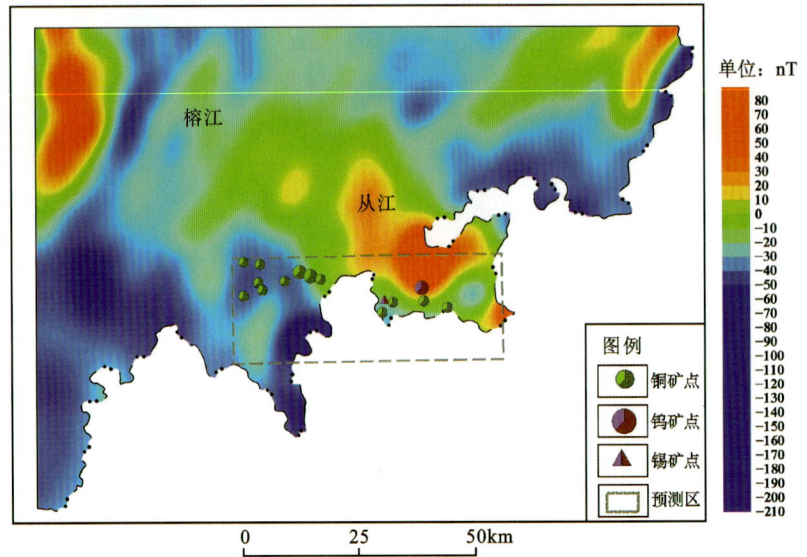

图 5-8　贵州省从江地区铜钨锡矿预测区航磁 ΔT 化极等值线图

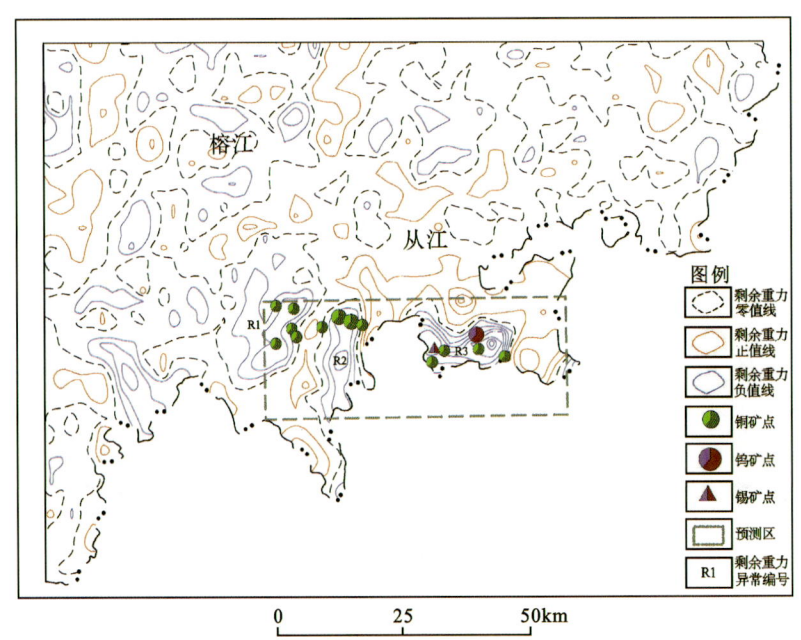

图 5-9　贵州省从江地区铜钨锡矿预测区剩余重力异常图

从重力场推断地质构造图(图 5-10)来看,重磁综合推断一级隐伏断裂 F 贵-003 经过预测工作区中部,并穿过预测工作区中部延伸至广西境内,另有 3 条北西向隐伏断裂(F 贵-058、F 贵-089、F 贵-090)经过预测工作区,铜钨锡矿床点主要沿断裂 F 贵-089、F 贵-090 所控制区域分布,且较靠近断裂 F 贵-089 一侧;重磁推断酸性花岗岩体 S19、S20、S21,存在 W、Sn、Mo、Bi 酸性岩体高温指示元素,铜钨锡矿床点分布于花岗岩体上或边部。

从从江地区岩浆变质热液型铜多金属(铜)矿区域成矿模式分析,隐伏花岗岩体侵位导致盖层与基底的不整合面产生侧向滑动,形成区内大规模发育的控矿滑脱构造带。由于滑脱构造带的作用,带内产生层间滑动、破碎带等地质作用,使得岩石变形。同时由于滑动产生的巨大热能,使得成矿热液从基底及上覆岩层中不断萃取 Cu、Au、Ag 等成矿元素,并在滑脱构造带内软弱部位富集成矿,从江地区岩浆变质热液型铜多金属矿的产出受隐伏花岗岩体、基底的不整合面、滑脱构造控制。综合预测工作区铜钨锡矿成矿特点,花岗岩体可为成矿物源和赋矿围岩,推断在圈定花岗岩体分布范围内及边部为寻找铜钨锡矿的有利地段。

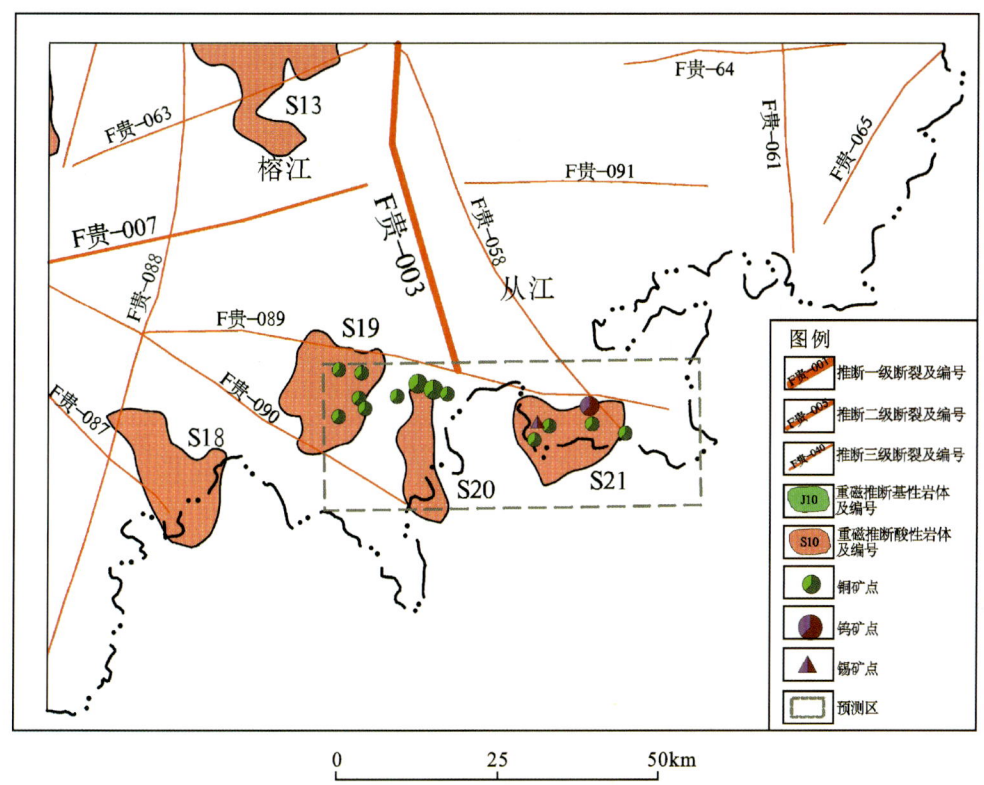

图 5-10 贵州省从江地区铜钨锡矿预测区重力推断地质构造图

基于以上分析,从江预测区与铜钨锡矿成矿有关的地质构造主要为酸性花岗岩体,因此,在进行该预测区铜钨锡矿成矿及寻找隐伏矿的过程中,应重视利用重力异常及化探元素异常分析异常产生原因,从而确定异常性质,开展定性、定量解释,为扩大有利成矿区域圈定提供一定的实际指导意义。

第三节 重磁资料在铅锌矿预测工作区中的应用

贵州省铅锌矿主要分布于赫章-水城、丹寨-三都、织金地区,在毕节、习水、沿河、松桃等有零星分布。已发现中型铅锌矿床 9 处,小型矿床 18 处,矿点 147 处,共查明铅锌资源量 $162.76×10^4$ t。按围岩成分不同可分为碳酸盐岩型、细碎屑岩型铅锌矿两种类型,碳酸盐岩型铅锌矿产于古隆起坳陷带中或地台的显生宙坳陷边缘,赋矿岩性为海相碳酸盐岩,尤其是富含有机质、泥质的生物泥晶灰岩和白云岩,有时又可分为白云岩型和灰岩型,受同生古断裂和褶皱带、层间错动控制;细碎屑岩型铅锌矿赋矿地层为一套浅海相碎屑-黏土-碳酸盐相浅变质岩系,主要是碳质板岩、碳质千枚岩、灰岩、石英岩和黑云石英片岩等组成的互层带,其中有时夹变质火山岩,矿体主要赋存于碳质板岩和变质砂岩中,呈似层状和透镜状,具有多层性,沿走向常有分支复合、尖灭再现现象,主要分布在贵州省东部含矿构造带中。根据全国潜力评价项目要求,为预测贵州省铅锌矿的资源量,对威宁、赫章-水城、普安、织金、毕节、习水、仁怀、沿河、松桃-玉屏、福泉-都匀、镇远-三都铅锌矿预测工作区开展重磁资料应用研究,本书仅对赫章-水城、福泉-都匀、镇远-三都铅锌矿预测工作区开展应用论述。

一、赫章-水城铅锌矿预测工作区

赫章-水城预测工作区属于上扬子中东部成矿带（Ⅲ-77），构造单元横跨贵州省3个四级构造分区：威宁隆起区、六盘水裂陷槽及黔北隆起区，属于贵州省三级构造分区上扬子地块的重要组成部分，可以看出赫章-水城预测工作区在构造位置处于"两隆夹一坳"格局中。威宁隆起区南东侧与江南造山带相邻，北东侧与六盘水裂陷槽相邻，西南面跨入云南省，出露地层有震旦系、泥盆系、石炭系、二叠、三叠系、侏罗系、白垩系、古近系、新近系及第四系，发育二叠系大陆溢流拉斑玄武岩，线性构造方向主要为北西向及北东向；六盘水裂陷槽南东侧与江南造山带相邻，北东侧与黔北隆起区相邻，南西侧与黔北隆起区相邻，出露地层有泥盆系、石炭系、二叠系、少量三叠系、侏罗系、白垩系及第四系，发育少量二叠系大陆溢流拉斑玄武岩，线性构造方向主要为北西向，变形强烈，构造样式以紧闭背斜与开阔平缓向斜组成的隔档式褶皱为特征；黔北隆起区南东侧与江南造山带相邻，南西侧与六盘水裂陷槽相邻，北西面跨入四川省、重庆市，出露地层有青白口系、南华系、震旦系、寒武系、奥陶系、志留系、泥盆系、石炭系、二叠系、三叠系、侏罗系、白垩系及第四系，线性构造方向主要为北东向及近南北向。

赫章-水城预测工作区分别横跨威宁隆起区东部、六盘水裂陷槽及黔北隆起区西部，区内出露地层有石炭系、二叠系、三叠系、侏罗系，其中二叠系、三叠系大面积出露，泥盆纪以后区内属成长式较稳定地台环境，纵观整个地史时期，其沉积作用以海相碳酸盐岩沉积为主，海陆交互相及陆相碎屑岩沉积次之，二叠系大陆溢流拉斑玄武岩较为发育，预测工作区西部威宁一带出露少量辉绿岩，西南部及中部线性构造方向为北西向，北东部进入黔北隆起区构造区后线性构造方向为北东向。预测工作区内从威宁至六盘水一带存在一规模较大的北西向断裂带，即为紫云-水城断裂带北段，铅锌矿床点主要沿该北西向断裂带分布，铅锌矿的生成和分布规律与该断裂带形成过程有着密切的联系。

从布格重力异常图（图5-11）上看，赫章-水城预测工作区布格重力异常梯度较陡，处在全国青藏高原环形重力梯级带东南段，布格重力异常主要表现为宽缓梯级带，以六盘水—纳雍一线为界，预测工作区内中北部等值线为北西向，南部为北东向。铅锌矿点主要沿着中北部北西向的布格重力异常梯级带两侧相对较缓地带分布，而南部则集中在布格重力异常梯级带转折处。

从航磁ΔT化极等值线图（图5-12）上看，赫章-水城预测工作区航磁异常为由玄武岩产生的跳跃磁异常，预测工作区磁异常变化较大，正负交织，总体来说，航磁变化较杂乱。锌矿（点）床主要分布在负磁异常区，少数分布在正磁异常区，对成矿预测来说，指导意义不大。

从剩余重力异常图（图5-13）上看，预测工作区剩余重力异常走向为北西向，中部位于六盘水裂陷槽构造单元，区域表现为幅值较大的北西向剩余重力负异常，预测工作区外向南东方向仍存在北西向剩余重力异常与区内形成北西向串珠状。铅锌矿床点主要分布于剩余重力负异常中或剩余重力正负异常过渡带上。

从重磁推断地质构造图来看（图5-14），预测工作区内断裂构造走向以北西向为主，近南北向断裂次之，二级断裂F贵-006，F贵-008穿过预测区东南部并于北西部交会，一级断裂F贵-002穿过预测区中东部，二级断裂F贵-004穿过预测区北部，北西向、近南北向次级断裂发育，但规模相对较小，延伸不远，多受限于北西向断裂；预测工作区内推断侵入岩体主要沿区内深大断裂分布，形态受断裂控制，平面形态沿北西方向延伸。铅锌矿床点主要分布于近南北向一级断裂F贵-002与北西向二级断裂F贵-008所夹持区域内，整体分布走向为北西向，且多分布于推断酸性岩体上部或边部，少数分布于推断基性岩体上。

从赫章-水城预测工作区成矿模式来看，六盘水裂陷槽构造单元中的断陷盆地使得原先赋存于地层中的Pb、Zn等矿质元素在一定的物化条件下在地壳深部随层间水和大气降水下渗形成含矿热卤水，区域性断裂的复活和继承性活动向下深切地壳或至上地幔、向上利于海水的下渗和含矿热卤水溶液上涌，

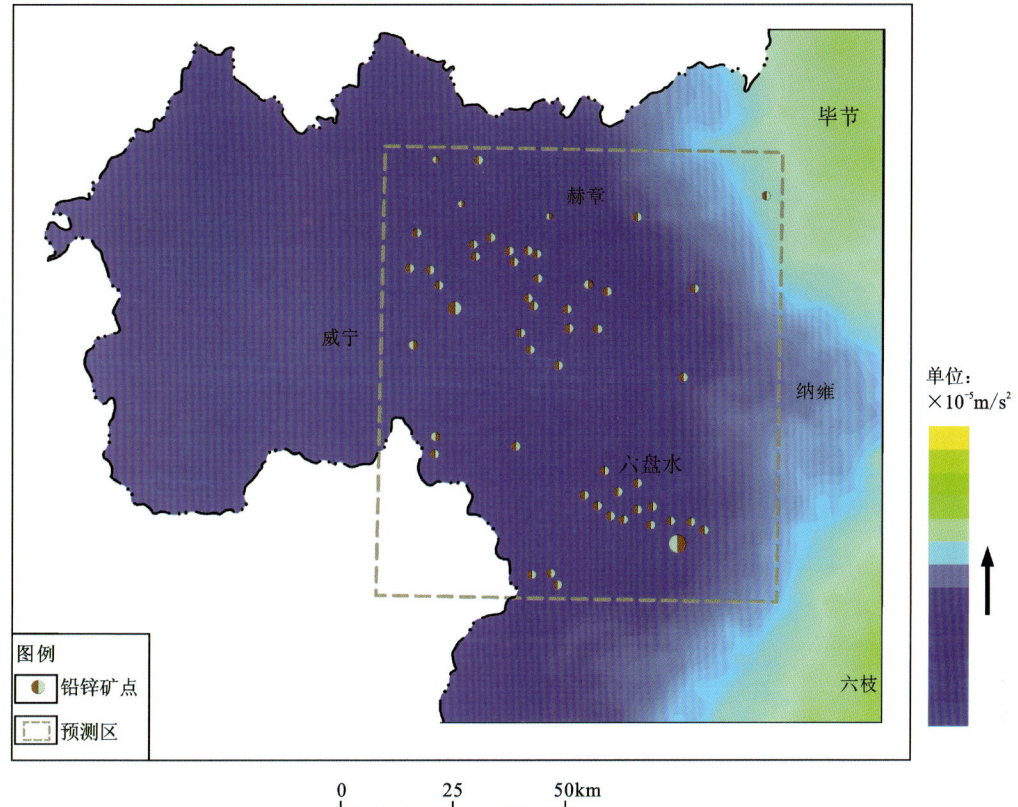

图 5-11 贵州省赫章—水城地区铅锌矿预测区布格重力异常图

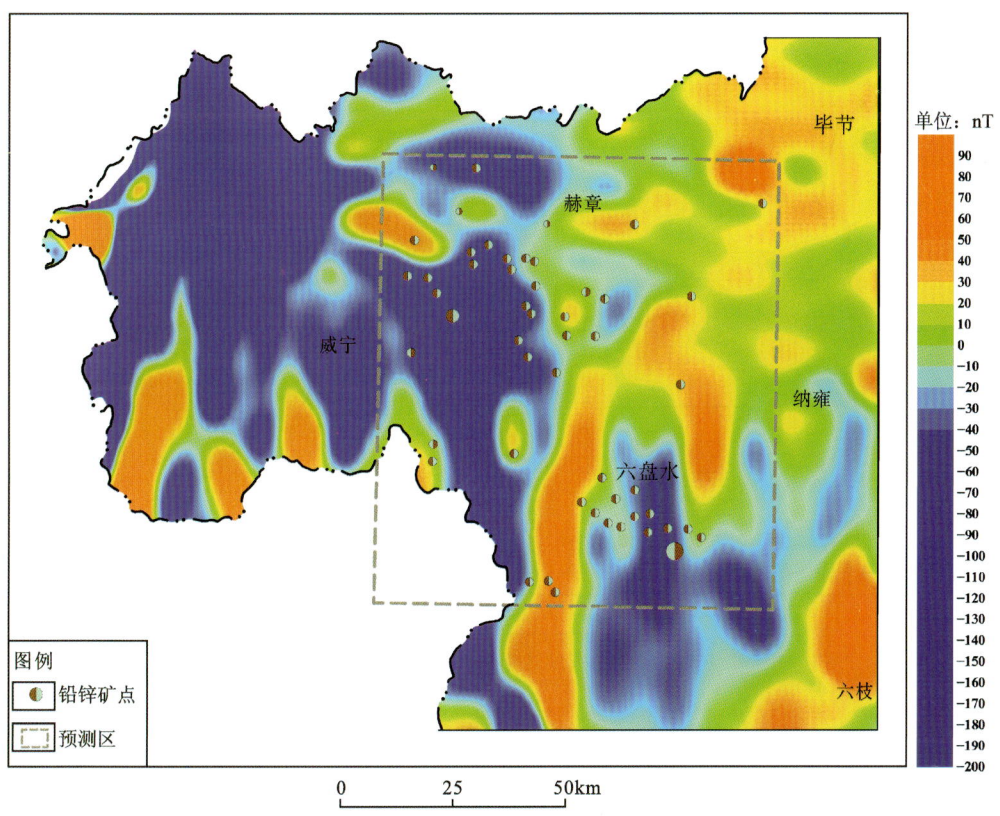

图 5-12 贵州省赫章—水城地区铅锌矿预测区航磁 ΔT 化极等值线图

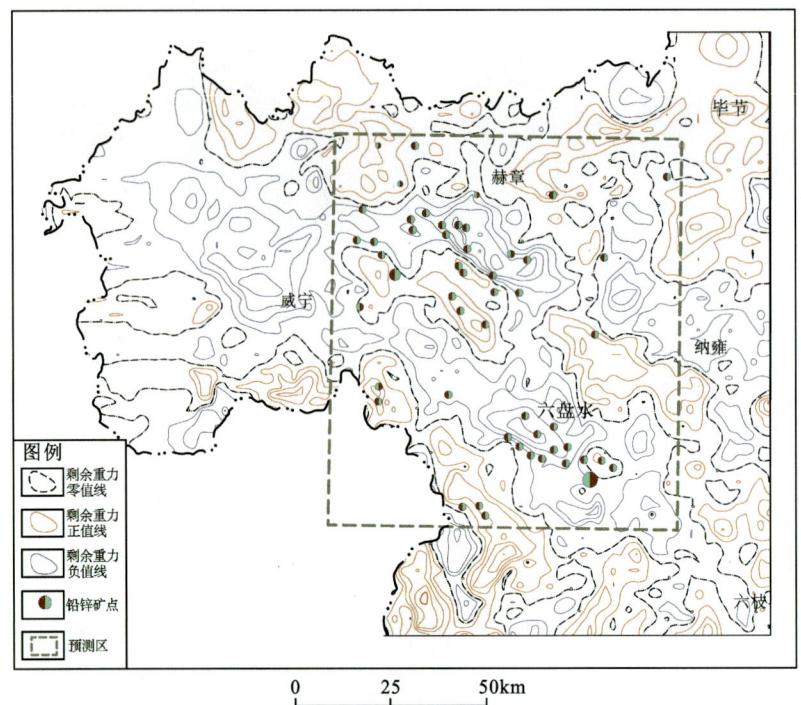

图 5-13　贵州省赫章—水城地区铅锌矿预测区剩余重力异常图

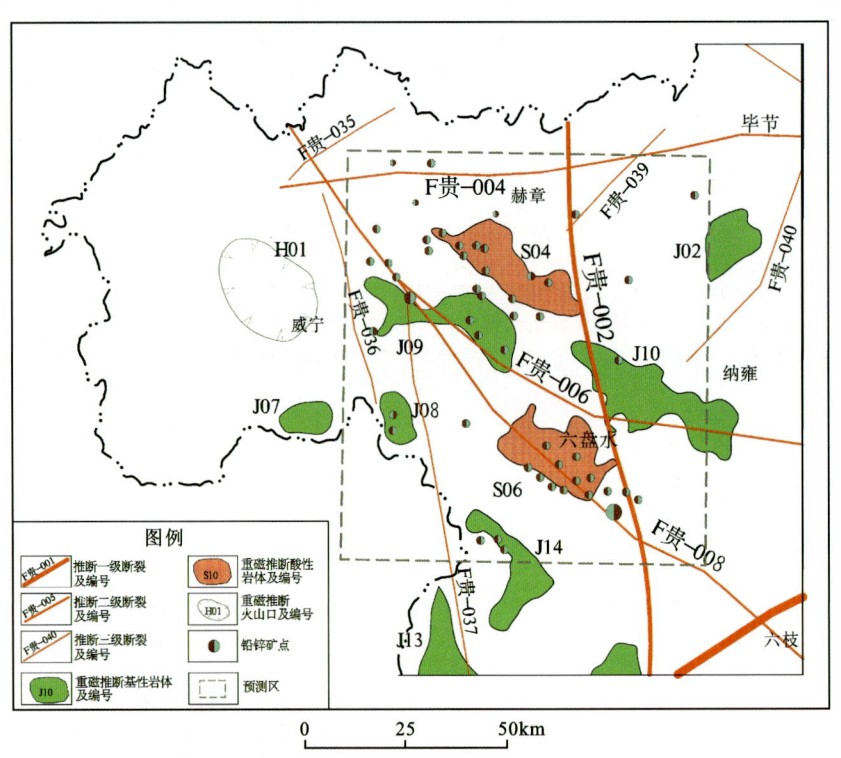

图 5-14　贵州省赫章—水城地区铅锌矿预测区重力推断地质构造图

在断陷盆地边缘形成对流循环系统，不断萃取、溶解高背景老地层中的 Pb、Zn、Ag 等矿质元素，形成矿化浓度较高的成矿流体，这些矿化浓度较高的成矿流体沿区域性深大断裂向上迁移，向减压空间-断裂破碎带及层间裂隙快速迁移沉淀交代形成矿体，形成的矿体进一步接受后期强烈构造活动改造，并在碳酸盐岩（主要为白云岩）的断裂破碎带中或背斜层间剥离空间成矿。可以看出，预测工作区内铅锌矿成矿重要因素之一就是区域性深大断裂的存在,为成矿流体的聚集、运移和存储提供通道及容矿空间。因此,从重磁推断地质构造图来看,北西向二级断裂F贵-006、F贵-008经过预测工作区内四级构造分区六盘水裂陷槽,为铅锌矿成矿提供了必要条件,对寻找该预测工作区隐伏铅锌矿具有指导意义。

二、福泉-都匀、镇远-三都铅锌矿预测工作区

福泉-都匀铅锌矿预测工作区属于上扬子中东部成矿带(Ⅲ-77),镇远-三都铅锌矿预测工作区属于上扬子中东部成矿带(Ⅲ-77)与江南隆起西段成矿带(Ⅲ-78)接合部,构造单元横跨贵州省2个四级构造分区:黔南坳陷区及榕江加里东褶皱区,属于贵州省三级构造分区江南造山带的重要组成部分。黔南坳陷区出露地层有青白口系、南华系、震旦系、寒武系、奥陶系、志留系、泥盆系、石炭系、二叠系、三叠系、侏罗系、白垩系、新近系及第四系,线性构造方向西部、中部以近南北向、北东向及近东西向为主;榕江加里东褶皱区新元古代地层大面积出露,古生代、中生代、第四纪地层均有相对小面积的出露,发育壳源过铝质花岗岩系列花岗斑岩,区内北北东—北东向构造发育。

福泉-都匀、镇远-三都预测工作区内出露地层有新元古界、寒武系、奥陶系、志留系、泥盆系、石炭系、二叠系、三叠系,其中丹寨—福泉—镇远一带寒武系大面积出露,区内向斜形态紧闭、背斜形态较为宽缓似箱状,雷山一带出露大面积新元古界,预测工作区线性构造方向西部、中部以近南北向为主,东部以北东向为主,铅锌矿成矿与构造关系明显,近南北向背斜、北东向断裂及近东西向、北东向、近南北向区域断层是区内的控矿断层,区域断层与其他断层交会点往往是矿体膨胀、复合部位。

从布格重力异常图(图5-15)上看,福泉-都匀、镇远-三都预测工作区布格重力异常处在全国大兴安岭-太行山重力梯级带南段与地台区宽缓重力异常的过渡带上,布格重力异常主要为圈闭正负异常带,在都匀、雷山一带存在幅值较大的近南北向圈闭负异常,其余地区则为幅值相对较小的圈闭异常,铅锌矿床点主要分布在都匀、雷山近南北向圈闭负异常中部或边部、都匀—贵定一带幅值较小的圈闭负异常中。

从航磁ΔT化极等值线图(图5-16)上看,福泉-都匀、镇远-三都预测工作区航磁异常为沉积岩、变质岩产生的平缓负磁异常,福泉—贵定、雷山一带磁异常变化相对较陡,其余地区则表现为较为平缓的磁异常,都匀—福泉一带铅锌矿床点分布在磁异常相对平缓或陡缓交变带,对成矿预测来说,指导意义不大,雷山—凯里一带铅锌矿床点分布在正磁异常外围相对平缓或陡缓交变带,对成矿预测来说,具较好的指导作用。

从剩余重力异常图(图5-17)上看,福泉—镇远一带表现为北东东走向的剩余重力正异常,存在多个异常中心,幅值相对较小,丹寨—凯里一带表现为南北向向北转为北东东向的剩余重力负异常,幅值相对较大;都匀、雷山一带表现为近南北向剩余重力负异常,幅值较大,铅锌矿床点主要分布于都匀剩余重力负异常中、雷山剩余重力负异常东部或零值线附近。

从重磁推断地质构造图来看(图5-18),预测工作区推断断裂构造以北东向、近南北向为主,其中推断北东向一级断裂F贵-001、F贵-003分别经过预测工作区西北部、东部,北北东向二级断裂F贵-010、F贵-011经过预测工作区中部,区内亦发育有规模相对较小的北东向次级断裂;预测工作区内推断酸性、基性侵入岩体均有,分别沿区内一级、二级断裂构造分布,形态受断裂构造控制。铅锌矿床点主要沿西部近南北向断裂F贵-050、中部北东向断裂F贵-055分布,雷山—凯里一带铅锌矿床点分布于推断酸性岩体S10,S12上或边部。

从福泉-都匀、镇远-三都预测工作区成矿模式来看,新元古代区域发生裂前隆起,成矿元素经过断层运移、破碎带充填、交代,使震旦系中成矿元素大量富集,在寒武纪断裂活动增强,区域性深切地壳断裂成为深源热液和矿质运移的通道,富含金属元素的热卤水源源不断地向盆地排放,造成整个早古生代地层中Pb、Zn、Hg、Cd、Mo、Sb等元素的原始富集,此后于中、晚奥陶世—志留纪加里东运动使黔东盆

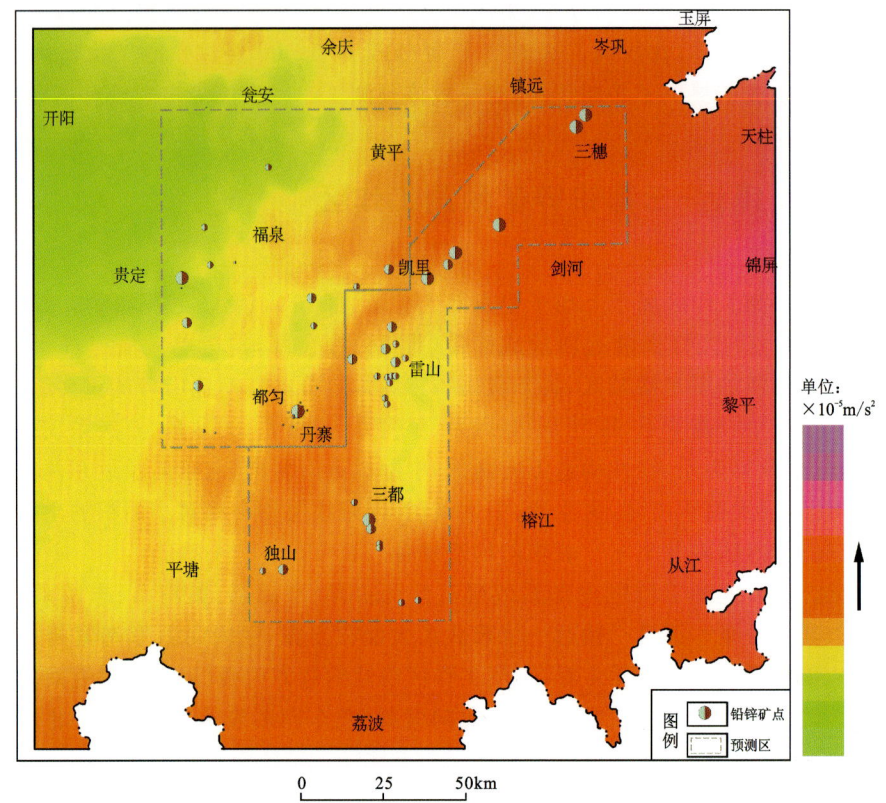

图 5-15　贵州省福泉—都匀、镇远—三都地区铅锌矿预测区布格重力异常图

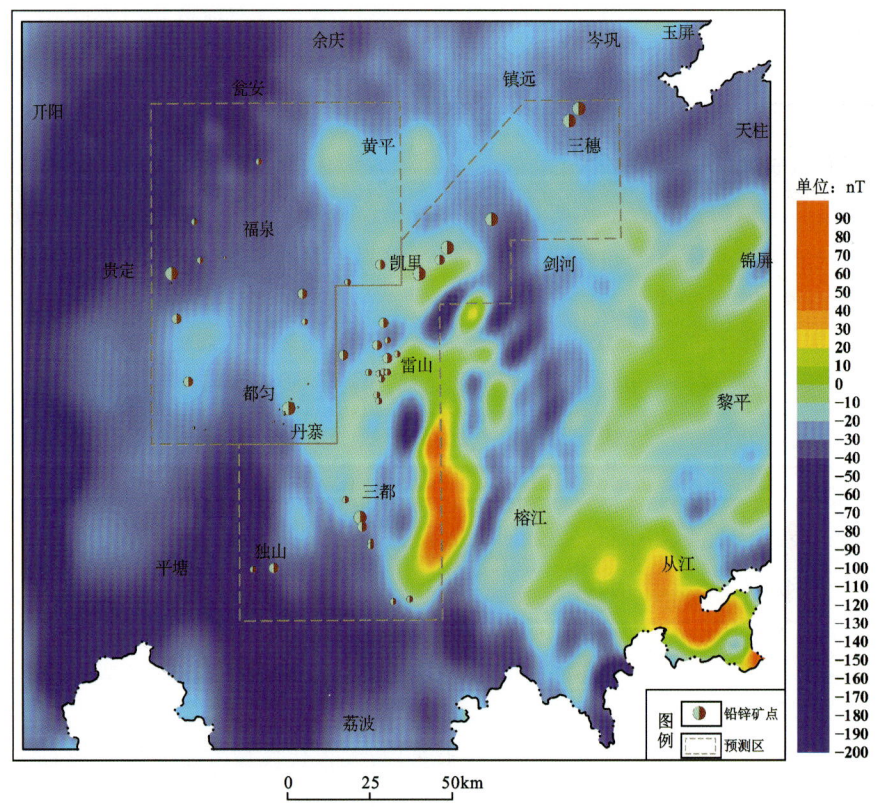

图 5-16　贵州省福泉—都匀、镇远—三都地区铅锌矿预测区航磁 ΔT 化极等值线图

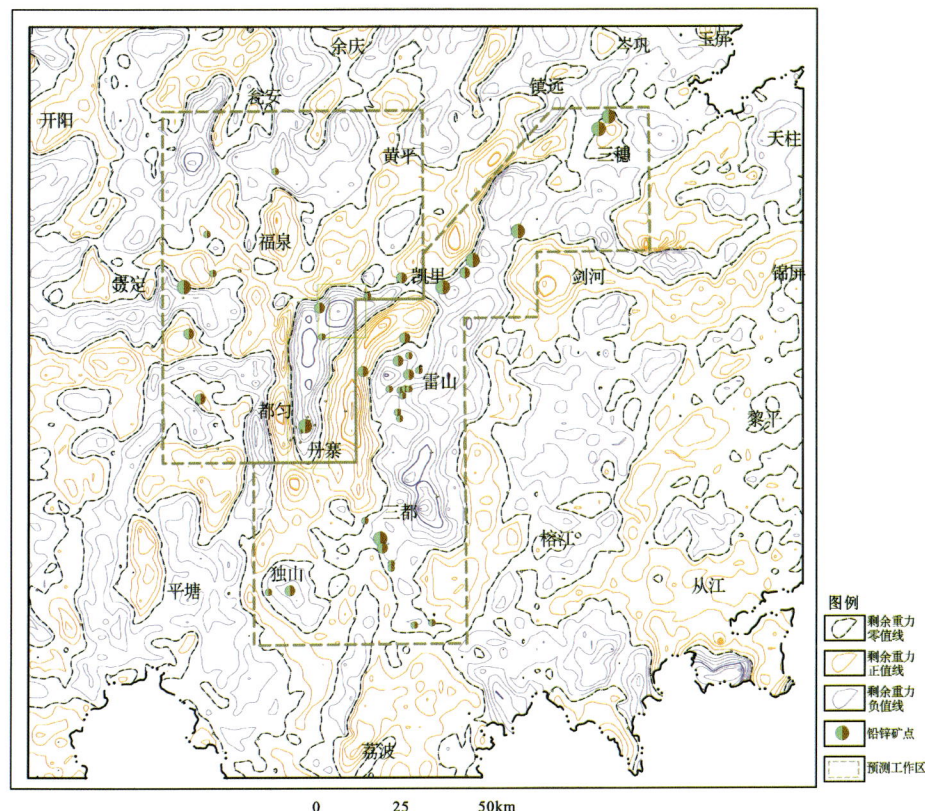

图 5-17 贵州省福泉—都匀、镇远—三都地区铅锌矿预测工作区剩余重力异常图

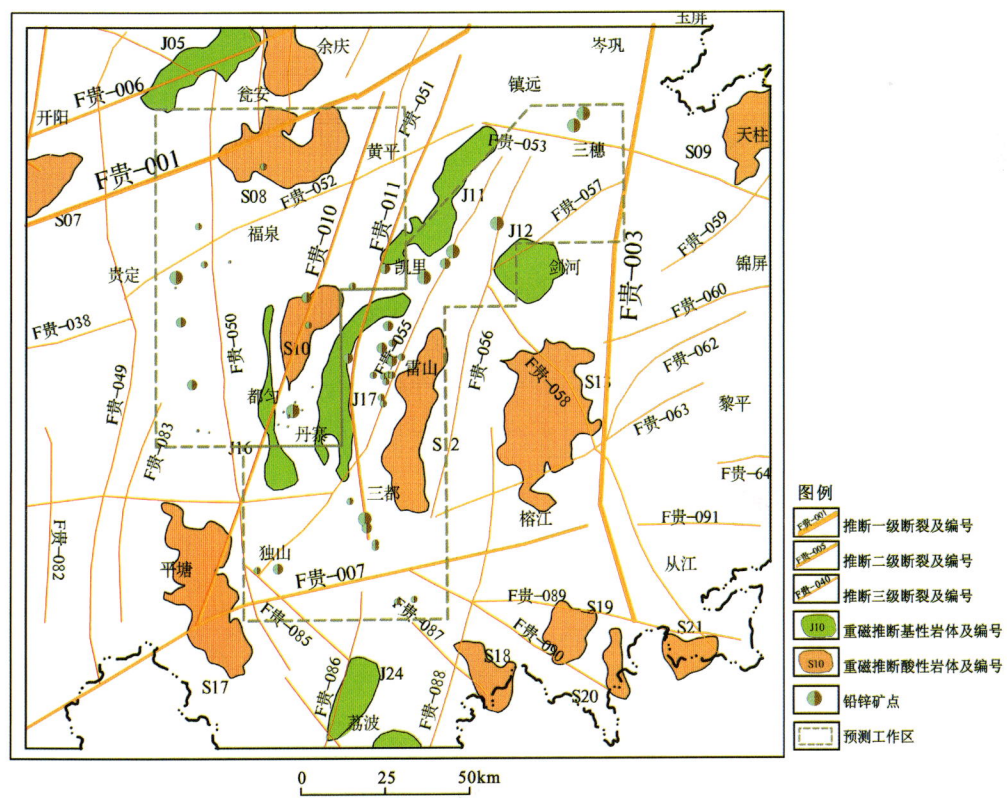

图 5-18 贵州省福泉—都匀、镇远—三都地区铅锌矿预测工作区重力推断地质构造图

地挤压隆起-褶皱关闭，区内发生偏碱性超基性岩侵位，深部还有中酸性岩浆活动，地幔异常热事件造成的增温作用使地下热液将早古生代地层中的 Zn、Pb、Cd 等矿质元素淋滤出来，并沿活动断裂运移，形成区内的热液充填、交代层控铅锌矿床的主矿体。可以看出，预测工作区内铅锌矿成矿重要因素包含断裂和酸性岩浆活动，断裂为成矿物质提供运移通道、酸性岩浆活动为矿物质提取提供条件，并结合预测工作区铅锌矿成矿地质特征分析，综合重磁推断地质构造，预测工作区中部有规模较大的二级断裂 F 贵-010、F 贵-011 穿过，且存在多条次级北东向断裂与二级断裂、同级断裂交会、切割，为成矿物质提供了运移通道，同时推断深部存在受断裂控制的酸性岩体所反映的酸性岩浆活动提供矿物质提取条件，满足铅锌矿成矿必要条件，对寻找该预测工作区隐伏铅锌矿具有实际指导意义。

基于以上分析，赫章-水城预测工作区、福泉-都匀预测工作区、镇远-三都预测工作区铅锌成矿与区内断裂、酸性岩浆活动具有密切关系，在进行铅锌矿成矿及寻找隐伏矿的过程中，应重视对区内断裂构造格架分析、隐伏花岗岩体定量反演解释，为扩大有利成矿区域圈定提供一定的实际指导意义。

第六章 典型矿床研究及区域找矿意义

根据全国矿产资源潜力评价要求,贵州省利用重磁资料对金、铅锌、磷、铝土、铁、锑、铜钨锡、锰、重晶石、镍钼钒、汞、萤石、硫等矿种(组),选取相应矿种的典型矿床,研究其地质、重磁异常特征,并结合矿产成矿模式及分布特征,总结找矿标志。预测矿种(组)类型及典型矿床见表 6-1。

表 6-1 贵州省预测矿种(组)类型及典型矿床

序号	预测矿种(组)	典型矿床	预测工作区	矿产预测类型	所属成矿带
1	铜钨锡	峨眉山式玄武岩型铜矿	威宁—水城地区	铜厂河铜矿	上扬子中东部成矿带(Ⅲ-77)
		地虎式铜多金属矿、乌牙钨锡矿	从江地区	地虎铜钨锡金属矿	江南隆起西段成矿带(Ⅲ-78)
2	铅锌	银厂坡	威宁地区	会泽式碳酸盐岩型铅锌矿	上扬子中东部成矿带(Ⅲ-77)
		水城杉树林	赫章—水城地区	杉树林式碳酸盐岩型铅锌矿	
			普安地区		
		杜家桥	织金地区	杜家桥式碳酸盐岩型铅锌矿	
			毕节地区		
			仁怀地区		
			习水地区		
		都匀市牛角塘铅锌矿	福泉—都匀地区	牛角塘式碳酸盐岩型铅锌矿	
			镇远—三都地区		上扬子中东部成矿带(Ⅲ-77)与江南隆起西段成矿带(Ⅲ-78)接合部
			松桃—玉屏地区		上扬子中东部成矿带(Ⅲ-77)
			沿河地区		
3	锰	松桃大塘坡锰矿	从江地区	湘潭式沉积型锰矿	江南隆起西段成矿带(Ⅲ-78)
			松桃地区		
		遵义铜锣井锰矿	遵义地区	遵义式沉积型锰矿	上扬子中东部成矿带(Ⅲ-77)
		徐家寨锰矿	水城—纳雍地区		
4	镍钼钒	遵义陈家湾、杨家大湾镍多金属矿床	织金、纳雍地区	遵义式沉积型镍钼钒矿	上扬子中东部成矿带(Ⅲ-77)
			遵义地区		
		余庆长岭岗钒矿	余庆—瓮安地区	镇远式沉积型钒矿	
		镇远江古钒矿	镇远—玉屏地区		

续表 6-1

序号	预测矿种（组）	典型矿床	预测工作区	矿产预测类型	所属成矿带
4	镍钼钒		松桃—铜仁地区	镇远式沉积型钒矿	上扬子中东部成矿带（Ⅲ-77）与江南隆起西段成矿带（Ⅲ-78）接合部
5	磷（稀土）	织金新华	织金地区	新华式寒武纪沉积型磷（稀土）矿	上扬子中东部成矿带（Ⅲ-77）
		开阳沙坝土	开阳地区	开阳式震旦纪沉积型磷矿	
		翁福磷矿穿岩洞	翁安—福泉地区		
			金沙—遵义地区	织金新华磷（稀土）矿	
			丹寨		
			铜仁		
6	锑	西舍	晴隆大厂地区	晴隆大厂锑矿	桂西-黔西南成矿带（Ⅲ-88）
		独山	独山地区	独山半坡锑矿	上扬子中东部成矿带（Ⅲ-77）
		八蒙	八蒙地区	榕江八蒙锑矿	江南隆起西段成矿带（Ⅲ-78）
7	金	贞丰水银洞	册亨—望谟地区	烂泥沟式微细粒浸染型金矿	桂西-黔西南成矿带（Ⅲ-88）
		贞丰烂泥	普安—贞丰地区	水银洞式微细粒浸染型金矿	桂西-黔西南成矿带（Ⅲ-88）
		锦屏县铜鼓	丹寨—三都地区	苗龙式微细粒浸染型金矿	上扬子中东部成矿带（Ⅲ-77）与江南隆起西段成矿带（Ⅲ-78）接合部
		苗龙	黔东南地区	铜鼓式石英脉型金矿	江南隆起西段成矿带（Ⅲ-78）
8	汞	丹寨宏发厂汞矿	三都—丹寨地区	丹寨式灰岩中热液型汞矿	上扬子中东部成矿带（Ⅲ-77）与江南隆起西段成矿带（Ⅲ-78）接合部
		万山杉木董	万山地区	万山式白云岩中热液型汞矿	上扬子中东部成矿带（Ⅲ-77）
		务川木油厂	务川地区	务川式白云岩中热液型汞矿	
9	硫	遵义三岔河硫铁矿	黔北地区	叙永式含煤建造沉积型硫铁矿	上扬子中东部成矿带（Ⅲ-77）
		大方猫场硫铁矿	黔西北地区		
			清镇—贵阳地区		
		三都排带硫铁矿	三都—丹寨地区	排带式热液型硫铁矿	
			兴仁地区	叙永式含煤建造沉积型硫铁矿	桂西-黔西南成矿带（Ⅲ-88）

续表 6-1

序号	预测矿种(组)	典型矿床	预测工作区	矿产预测类型	所属成矿带
10	萤石	晴隆碧康萤石	晴隆大厂地区	晴隆式热液型萤石矿	桂西-黔西南成矿带(Ⅲ-88)
		沿河丰水岭萤石矿	务川—沿河地区	丰水岭式热液充填型萤石矿	上扬子中东部成矿带(Ⅲ-77)
11	重晶石	天柱大河边重晶石矿	大河边地区	大河边式沉积型重晶石矿	江南隆起西段成矿带(Ⅲ-78)
		镇宁乐纪重晶石矿	乐纪地区	乐纪式沉积型重晶石矿	桂西-黔西南成矿带(Ⅲ-88)
		施秉顶罐坡重晶石矿	务川—沿河地区 施秉顶罐 思南石阡柿坪	顶罐坡式热液型重晶石矿	上扬子中东部成矿带(Ⅲ-77)
12	铝土矿	清镇猫场铝土矿	清镇—修文地区	修文式古风化壳沉积型铝土矿	上扬子中东部成矿带(Ⅲ-77)
		遵义后槽铝土矿	遵义—开阳地区	遵义式古风化壳沉积型铝土矿	
		务川大竹园铝土矿	务川—正安—道真地区	大竹园式古风化壳沉积型铝土矿	
		凯里鱼洞铝土矿	凯里炉山—重安江地区	凯里式古风化壳沉积型铝土矿	
13	铁	赫章菜园子、水城观音山	赫章—水城地区	"菜园子"式层控内生型铁矿，接触交代—层控内生型	上扬子中东部成矿带(Ⅲ-77)
		赫章菜园子	威宁—赫章地区	威宁—赫章地区"宁乡"式沉积型铁矿	
		都匀平黄山	独山地区	都匀—独山地区"宁乡"式铁矿	
		凯里炉山苦李井	凯里炉山地区	凯里炉山地区"苦李井"式铁矿	

第一节 锰矿典型矿床研究及区域找矿意义

锰是贵州省特色矿产之一，主要分布于黔北遵义及黔东北松桃—铜仁地区，其次为从江地区、水城—纳雍地区。已探明的储量约占全国锰总储量的15%以上，居全国第三位。

据现有资料，将贵州省锰矿的成因类型划分为沉积型矿床及风化残余型矿床两种成因类型。沉积型锰矿床是贵州省最重要的锰矿成因类型，主要产于下南华统大塘坡组下部及中二叠统茅口组顶部，前者主要分布于贵州省东北部松桃—铜仁地区,后者仅局限分布在黔北遵义东南侧约 400km² 范围内,矿石均为单一碳酸盐锰矿矿石相,极少量风化残余锰矿类型。风化残余型锰矿在本省的分布及数量极少,其赋存在含锰岩石近地表氧化带部位,或经过短距离搬移赋存于第四系坡积物中,矿体规模小,矿体形态、厚度、品位变化极大,矿床资源远景极小。

一、锰矿典型矿床综合研究

(一)松桃大塘坡式沉积型锰矿

1. 矿区地质特征

贵州省松桃大塘坡锰矿位于上扬子地块黔北隆起区次级构造单元凤岗南北向构造变形区的大塘坡地区。由于 Rodinia 超大陆裂解和华南新元古代裂谷盆地演化,形成了一系列的被动陆缘裂谷盆地。南华纪早期,位于扬子陆块南部被动边缘拉张裂谷带的大塘坡地区,在浅海陆棚相区进一步形成了一系列由北东向次级断裂控制的大致等间距分布的局限封闭式及强还原环境的次级凹陷,这些次级凹陷就是"湘潭式"成锰沉积盆地的雏形,为锰矿的形成提供了良好的富集空间。锰矿体一般沿北东向古断裂产出及分布。

南华系大塘坡组分为三段锰矿产出层位为大塘坡组第一段,第一段由黑色碳质页岩、粉砂质碳质页岩、凝灰质细砂岩及菱锰矿等组成,统称"含锰岩系"。第二段下部为含碳质粉砂质页岩、粉砂质页岩夹多层薄至中层黏土岩,底部含碳质、细粒黄铁矿较多;中上部为深灰色层纹状砂质页岩,夹灰色薄至中层粉砂质黏土岩,具条带状构造;顶部为灰色、深灰色粉砂质页岩。第三段下部为灰色、深灰色薄至中层粉砂质、砂质黏土岩和黏土岩,间夹粉砂质页岩;中部为灰色、深灰色层纹状或条带状粉砂质页岩夹少许灰色薄至中层粉砂质黏土岩及黏土岩;上部为灰色、黄灰色条带状粉砂质页岩夹少许灰色薄层黏土岩,顶部为黄褐色厚层砂质黏土岩。

构造:成矿构造主要反映褶皱构造和断裂构造。褶皱构造主要有铁矿坪向斜,大塘坡矿床内断层较发育,以矿层附近最发育,主要有北北东组、北北西组及北西西组,矿床中菱锰矿体的分布规律较为明显,主要沿北北东向断层两侧分布,属成矿断裂构造,北北西组断裂形成晚,规模小,往往切割其他组的断层,对矿床有破坏作用,属成矿后断裂。

矿体特征:菱锰矿赋存于"含锰岩系"中下部,以一层厚约 0.2m 的凝灰质砂岩为界,菱锰矿矿层可分为上下两层,下层为主矿层,厚度较大,品位较高;上层品位较低,厚度薄,局部可见白云岩透镜体分布。上下矿层垂向距离一般为 4~5m,局部可达 6m。矿层内部结构复杂是本矿床的重要特征,由大小不等、密集程度不同而大致平行分布的菱锰矿透镜体与其间不规则的碳质页岩组成,菱锰矿透镜体宽度为 1.00~18.70m,厚度为 0.50~4.00m,长度延伸不等,从几米至几十米,最长达 60 余米,俗称"锰枕"。菱锰矿透镜体一般表现为透镜体的两端上翘,菱锰矿体的层理与碳质页岩层纹相互大致垂直,从而表现为突然接触。菱锰矿体顶部及两端的碳质页岩中出现较多的变形层纹。一般上层矿的锰枕个体较小,数量少,排列稀疏,故锰枕之间的间距较大,仅局部地段出现,矿石结构主要有泥晶结构、砂屑结构、藻生物等结构。矿石构造多为条带状或薄层块状构造、纹层状构造;下层矿锰枕规模相对较大,数量较多,排列紧密,锰枕之间的间距较小,矿石结构主要有泥晶结构、球粒结构及少量鲕粒、藻生物结构。矿石构造主要为块状、条带状构造。大塘坡菱锰矿矿层产状与地层产状基本一致,呈似层状产出,水文地质条件、工程地质条件及开采技术条件为简单的中型锰矿床。

2. 矿床所在区域重磁场特征

矿床所在区域布格重力异常处在全国大兴安岭-太行山重力梯级带南段，布格重力异常变化较陡，布格重力异常场值总体东高西低。矿区位于近南北向重力梯级带上，布格重力异常从东边的$-87\times 10^{-5}\mathrm{m/s^2}$向西边的$-118\times 10^{-5}\mathrm{m/s^2}$减小，矿区周边其余锰矿均分布在重力梯级带上。求取矿区周边的剩余重力异常，矿区周边剩余重力异常从北向南呈北东向展布。矿区位于正负剩余重力异常之间、零值线附近。

矿床所在区域航磁ΔT异常东高西低，航磁异常大体可以分为3条异常带，即西南北西向异常带、中部南北向异常带和东南角北东向异常带。锰矿主要分布在西南北西向磁异常梯级带上，南北向异常带和北东向梯度带之间的过渡及东南角北东向梯度带偶有分布。对磁异常进行化极，航磁异常特征为东高西低，西部异常等值线走向为北西向，中部异常等值向走向为近南北向，东部为圈闭、半圈闭航磁异常，已知锰矿床点大多集中分布在西部北西向梯度带异常的宽缓部位，东南角锰矿床点分布在圈闭航磁异常上。求取预测工作区航磁化极垂向一阶导数，外围航磁ΔT化极垂向一阶导数异常变化较缓，圈闭航磁ΔT化极垂向一阶导数异常西部走向为北西向，中部为近南北向，东部为北东向。已知锰矿床点分布在航磁ΔT化极垂向一阶导数异常宽缓部位，少数分布在圈闭异常上。

从地表地质构造图及综合推断地质构造来看，矿床所在区域以北东向断裂构造分布为主，同时存在北西向、近东西向断裂构造，出露酸性、基性岩体，经反演显示酸性花岗岩体规模较大，埋深达7.3km左右。区内矿床点主要分布于北东向推断一级断裂F贵-001、F贵-003所夹持区域内，沿经过松桃的北东向断裂分布，且分布于推断花岗岩体S01边部。在大塘坡式锰矿成矿过程中，一系列北东向断裂控制次级坳陷的形成，岩浆活动提供成矿物质来源，深大断裂提供流体通道（图6-1）。

在矿区范围内开展了1:5万高精度重力测量，在断陷盆地内部由西至东存在3个布格重力高值异常，这3个高值异常的幅值较大，由物性调查成果，初步推断这3个布格重力高值异常由菱锰矿层及受古天然气渗漏影响的含黄铁矿地层共同引起。同时，将本次试验工作剖面的解释成果与均见达工业品位菱锰矿的4个钻孔位置进行对比，发现4个见矿钻孔位置均在东部的布格重力高值异常内，这一对比结果与布格重力高值异常是由菱锰矿层及受古天然气渗漏影响的含黄铁矿地层共同引起的推断一致。同时圈定的断陷盆地周边的断裂控制着断陷盆地的形成，结合区域重磁资料推断的一级深大断裂构造，在该断陷盆地内，壳幔源的无机成因为：古天然气沿深大断裂上涌，并作用于深部富锰的岩石，形成富锰、含硫的含矿气液，含矿气液继续延深至大断裂上升，当含矿气液上升至断陷盆地时，发生古天然气渗漏沉积，形成今天的"大塘坡式"锰矿床。

（二）遵义铜锣井沉积型锰矿

1. 矿区地质特征

贵州省遵义铜锣井锰矿位于上扬子地块黔北隆起区中的3个主要次级构造单元的接合部。由于峨眉山地幔柱活动形成北东向黔中台沟，在遵义台沟形成海底喷流，带来大量富硅、富锰的流体，与海水混合，形成热海水，在海解作用下，沉积富锰硅质岩及碳酸盐锰矿；由海底喷流出富含硅、锰质热液流体，沿着次生裂隙通道运移，在遵义台沟形成喷流，其中的锰质在热海水的渗入作用下，不断析出，进入弱碱性的海水中发生锰质矿物沉淀，富含硅的流体形成硅质岩体，硅质岩体由于地壳的升降运动，暴露出海平面，在强烈的化学风化作用下，淋滤、溶解出大量的锰质，进入到弱碱性的海水中发生沉淀，形成富锰硅质岩及碳酸盐锰矿；遵义台沟西部早期喷发的玄武岩，在强化学风化作用下，淋滤出来的铁质、锰质向遵义台沟迁移、集中，风化搬运沉积成矿作用为遵义的锰矿提供物质来源。

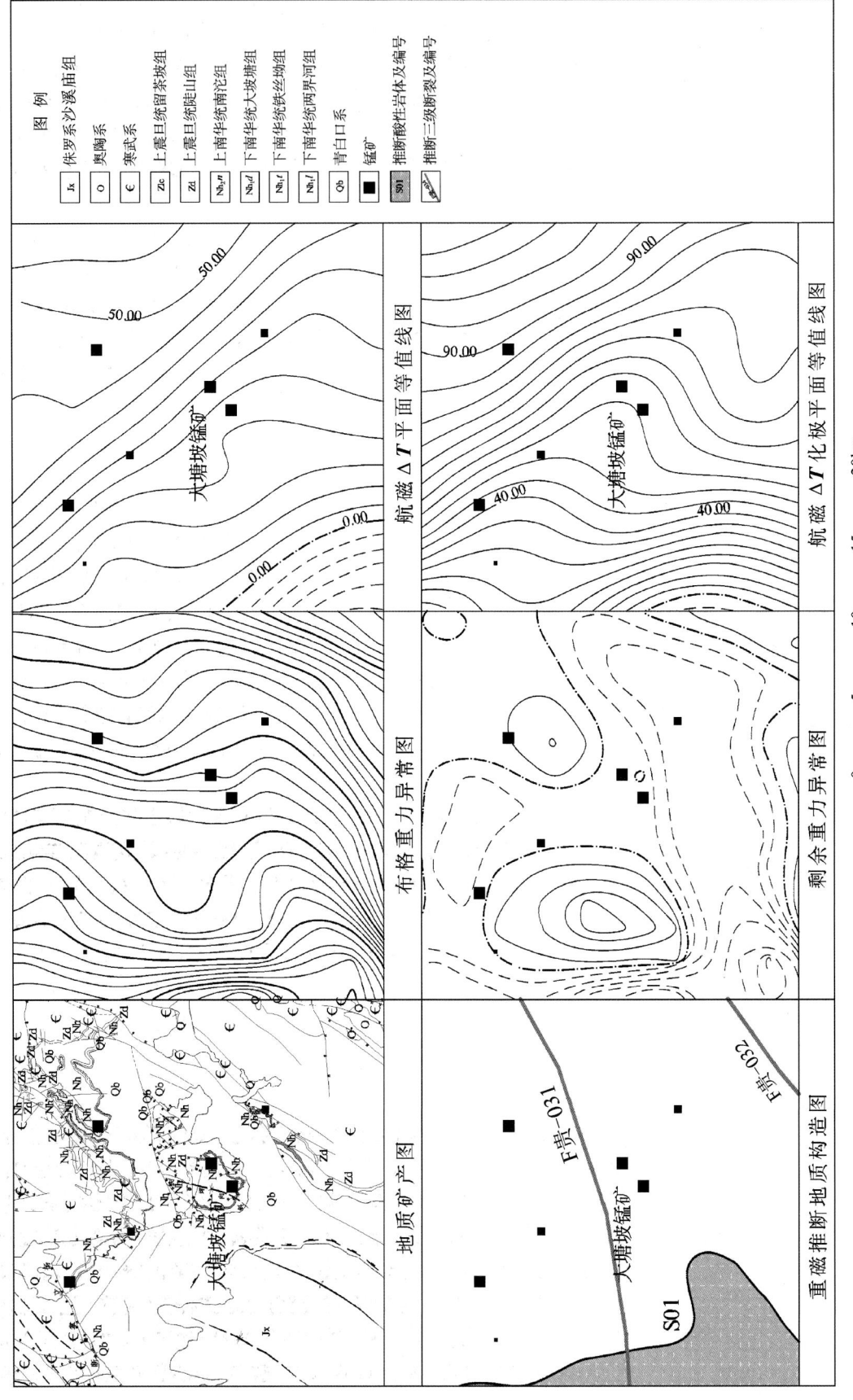

图 6-1 松桃大塘坡锰矿典型矿床所在区域地质矿产及物探剖析图

锰矿产出层位为中二叠统茅口组,中二叠统茅口组可分为三段。第一段:灰色、浅灰色厚层至块状生物灰岩,生物灰岩,并夹泥质条带灰岩,中上部具少量波状—透镜状层理;第二段:根据岩性差异,预测工作区内可分为两种类型;碳硅质灰岩类型与灰岩类型;第三段:分布于"城墙式硅质岩体"环带分布之外,下部为浅灰色、灰色厚层状生物碎屑灰岩,上部为浅灰白色厚层块状生物碎屑灰岩。

构造:本区构造较为复杂,多定型于燕山期,其特点是以褶曲为主,多呈南北向、东西向、北北东向分布;断层以高度逆断层为主,正断层次之,且多与褶曲轴线一致,主要发育于背斜的轴部附近;平移断层也较发育,但规模较小。

矿体特征:矿区锰矿为沉积型氧化锰矿。赋存于中二叠统茅口组灰岩之上,峨眉山玄武岩之下的"含锰岩系"地层中,严格受层位控制。矿体沿岩层呈层状、似层状产出,产状与围岩基本一致,矿体长几十米至几千米,凡是中大型矿体长均在1 000m以上。大矿体中常有大小不一的无矿天窗,大者直径可达百余米,小者仅十几米。矿体向矿区边沿规模逐渐变小,依次为层状似层状→大透镜状→小透镜状→团块状,最后变为含锰粒黏土而尖灭。小型矿体一般只有透镜状矿体,长100~200m或40~50m。透镜体间距常数倍于透镜体长度。

2. 矿床所在区域重磁场特征

矿床所在区域布格重力异常处在全国青藏高原环型重力梯级带与大兴安岭-太行山重力梯级带的过渡带上,布格重力异常总体东高西低,西部具一规模较小的北东向梯度带,该梯度带北西和南东均为范围较小圈闭重力异常。矿区位于南北向重力梯级带上,矿区两侧均为重力高值异常。求取矿区周边的剩余重力异常,矿区位于正负剩余重力异常零值线上。周边锰矿点也均位于零值线附近。

矿床所在区域西南部及边部具圈闭弱磁异常,西部异常走向为北西向,中、东部异常为近东西向和等轴状,已知锰矿床点分布在中东部等轴状异常宽缓部位。对磁异常化极后,西部具圈闭弱磁异常,异常走向为北西向,中部、东部异常为近东西向和等轴状,已知锰矿床点分布在中东部等轴状、东西向异常宽缓部位。求取预测工作区航磁ΔT化极垂向一阶导数,预测工作区化极垂向一阶导数异常较零乱,无一定分布规律。

从地表地质构造图及综合推断地质构造来看,矿床所在区域以北东向、北北东向断裂构造分布为主。区内矿床点主要分布于经过贵州省贵阳—遵义一线的北北东向二级断裂F贵-009两侧,遵义地区锰矿主要是由地幔热柱强烈活动引起深大断裂F贵-009(贵阳深断裂)活动、海底喷流出富含硅锰质热液流体演化过程中的产物。此外,区内发育北东向次级断裂构造,锰矿体与古环境关系密切,且古沉积环境经后期构造运动破坏,矿区周边的断裂构造可能会破坏锰矿的沉积环境,从而影响锰矿的分布(图6-2)。

(三)水城徐家寨沉积型锰矿

1. 矿区地质特征

贵州省水城徐家寨位于上扬子地块六盘水裂陷槽中。中二叠世晚期,由于海底喷流作用,大量的富硅、富锰流体沿断裂等通道被带至水城-纳雍台沟中形成富含锰质的层状硅质岩;同时,早期形成大陆玄武岩经过风化剥蚀、淋滤等地质作用,Si、Mn、Fe等成矿元素被析出并被迁移至台沟后,经过海解作用,形成富含锰质的硅质岩、硅质灰岩;盆地西缘部分地段,玄武岩熔流渗入台沟,在海水的作用下,析出硅质、锰质,沉积或含锰硅质岩、硅质灰岩层。由于成矿物源的不充足或是热能的不充足,当时并未形成一定规模的碳酸锰矿体。在地质改造过程中,富含锰质的层状硅质岩、硅质灰岩上升为陆地,在长期的剥蚀、切割作用下,出露于地表,经适宜的温度、水的作用,最终形成具有沉积特征的风化锰帽型氧化锰矿床。

锰矿产出层位为中二叠统茅口组第二段,茅口组:深灰色至灰白色厚层块状隐晶质细晶灰岩、含白云质灰岩和次生白云岩。

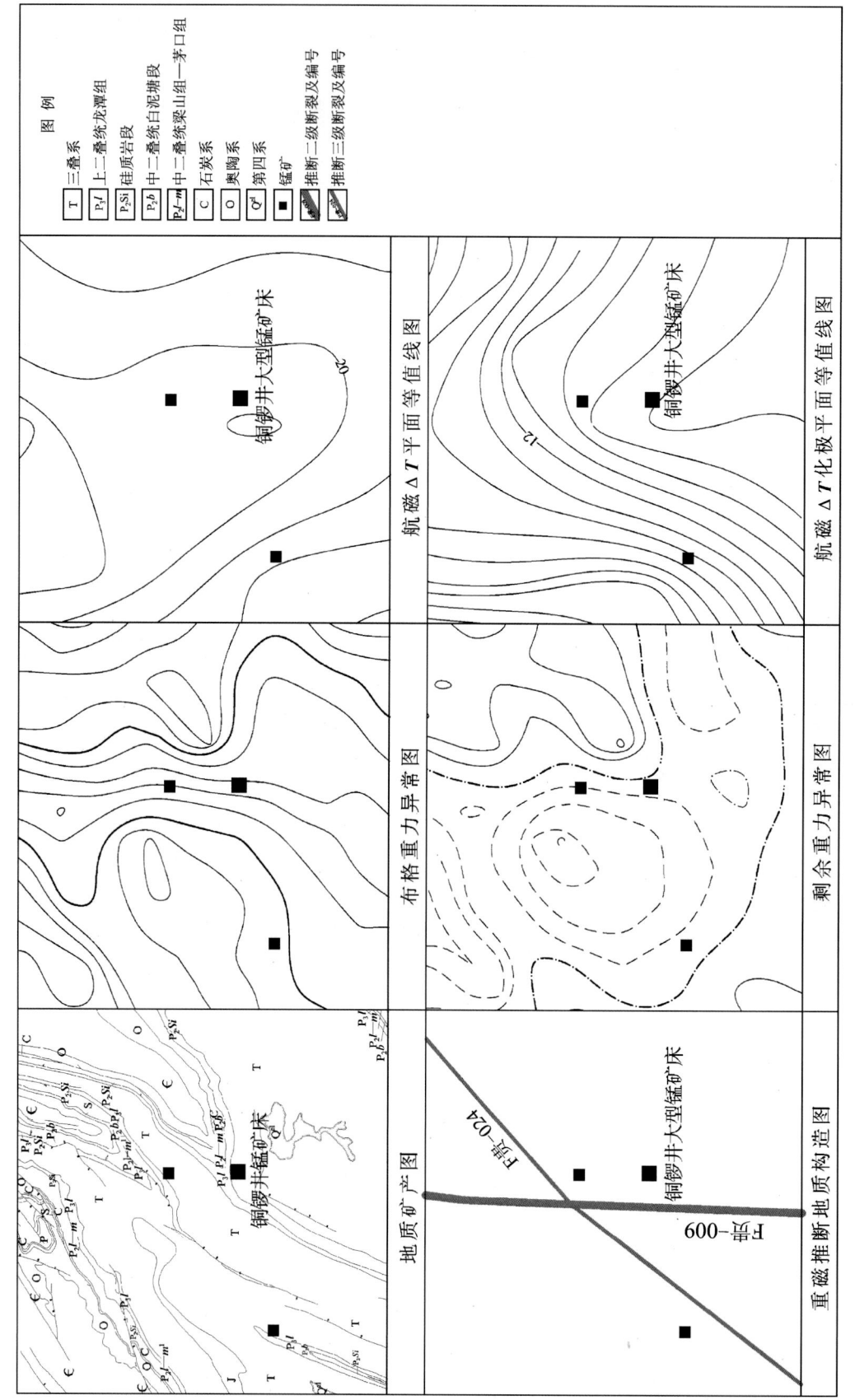

图 6-2 遵义铜锣井锰矿典型矿床所在区域地质矿产及物探剖析图

构造:矿区褶皱构造不发育,根据钻孔揭露矿层和地层而言,尚未发现褶皱构造。区内断裂构造较发育。

矿体特征:矿区锰矿为沉积型氧化锰矿。赋存于中二叠统茅口组灰岩之上、峨眉山玄武岩之下的含锰岩系地层中,严格受层位控制。矿体沿岩层呈层状、似层状产出,产状与围岩基本一致。矿体内有不稳定夹石层,矿石与夹石常互层产出。

2. 矿床所在区域重磁场特征

矿床所在区域布格重力异常处在全国青藏高原环型重力梯级带东南部,布格重力异常总体东高西低,中部存在一个规模较大的南东向凸起带。矿区位于北西向重力梯级带上,求取矿区所在区域剩余重力异常,矿区位于剩余重力异常平缓区及零值线附近。矿区剩余异常东西向以重力低出现,南北呈现重力高排列。

矿床所在区域航磁 ΔT 异常变化较凌乱,无一定规律,是典型的跳跃火山场。已知锰矿床点分布在正负磁异常的过渡带。对磁异常进行化极,航磁 ΔT 化极平面异常呈近南北向串珠状排列,已知锰矿床点分布在正负化极磁异常峰值部位及负磁异常区。求取航磁 ΔT 化极垂向一阶导数,航磁 ΔT 化极垂向一阶导数等值线呈串珠状近南北向排列,已知锰矿床点分布在化极垂向一阶导数磁异常鞍部、零值线附近。

从地表地质构造图及综合推断地质构造来看,矿床所在区域以北西向断裂构造分布为主,同时推断存在隐伏酸性、基性岩体。区内矿床点主要分布于经过贵州省西部近南北向一级断裂 F 贵-002、北西向二级断裂 F 贵-008 所夹持区域,周围次级断裂不发育,水城地区锰矿主要是由地幔热柱强烈活动引起深大断裂 F 贵-008(紫云-水城深断裂)活动、海底喷流出富含硅锰质热液流体演化过程中的产物,锰矿床点与推断断裂及玄武岩关系密切,隐伏岩体可能为锰矿成矿带来了矿源及热源,断裂构造为其提供了通道,可为成矿环境提供基础研究。

二、区域找矿意义

从锰矿成因及赋存状态来看,锰矿沉积盆地是锰矿赋存的主要形式,受断裂构造的控制。通过区域重磁工作,解释推断区域内隐伏构造,结合锰矿成矿条件、成矿区域及矿产赋存状态,对锰矿成矿重点区域进行高精度重力工作,推断锰矿沉积盆地,取得了很好的效果,为受盆地、构造控制的矿产潜力评价进行了探索,充分发挥了物探方法在寻找隐伏矿产中的作用。

区域重磁资料由于比例尺的限制,对区域性隐伏构造反映较好,在矿产中的应用,主要利用重磁推断区域性隐伏构造对矿产的影响。通过高精度重力、磁测工作,发挥重磁测量对隐伏构造的精细解释,提高重磁测量在矿产预测、评价中的作用,提高矿产预测、评价效率,是今后矿产预测评价中不可缺少的工作方法之一。

第二节 锑矿典型矿床研究及区域找矿意义

贵州省是全国锑资源丰富的省(区)之一,也是锑矿生产与外贸出口的重要基地。全省锑矿主要分布于晴隆、独山、雷山—榕江等地区,共发现矿床、矿点 80 多处,其中大型矿床 2 处、中型矿床 5 处、小型矿床 16 处。资源储量集中于晴隆大厂与独山半坡,是贵州省最著名的两处锑矿产区,其次在榕江、八蒙等地。贵州省锑矿矿床类型划分为碳酸盐岩中热液型锑矿、碎屑岩中热液型锑多金属矿、火山岩中热液型锑矿等。

火山岩中热液型锑矿主要分布在晴隆大厂一带。锑矿产于上、中二叠统间的火山凝灰质、硅质蚀变岩层(俗称"大厂层")中,主要是顺层充填交代型锑矿。

碎屑岩中热液型锑多金属矿主要分布在独山一带,矿床集中分布在北北东(近南北)向王司箱状背斜(或称独山背斜)轴部,产于泥盆纪碎屑岩中,以断裂充填型交错脉状锑矿体为主,以独山半坡为典型矿床。

浅变质岩中热液型锑矿产于前震旦纪浅变质岩系中,为裂隙充填石英脉型锑矿体。典型矿床有八蒙式脉状-透镜状-囊状热液型锑矿。该类矿床分布于黔东南地区北北东向雷公山复式背斜轴部及其次级背斜轴部,锑矿体沿北北东向和北东向脆-韧性剪切带中的陡劈理密集带及与之相关的脆性断层产出。代表性矿床有八蒙锑矿床。

另外,在三都—丹寨地区以不纯碳酸盐岩为主要容矿岩石的矿床,与金汞矿共伴生,代表性矿床有苗龙锑金矿床(点)。

一、锑矿典型矿床综合研究

(一)晴隆县西舍锑矿

1. 矿区地质特征

晴隆县西舍锑矿位于江南造山带兴义隆起区的晴隆地区。中二叠世古特提斯海水由南西向北东大规模入侵,接受了海相碳酸盐岩沉积,接着由于东吴运动的开始地壳普遍上隆、拉张产生地裂,并伴随地幔热柱活动发生,喷溢的峨眉山玄武岩覆盖,构成规模宏大的大火成岩,原来的海洋沉积环境转向陆地的风化与沉积环境。在这一转化过程中,早先形成的中二叠统茅口组灰岩及早期喷发旋回形成的玄武岩经历了风化作用构成古风化壳,下部茅口组灰岩和上部峨眉山玄武岩的不透水性阻挡了矿液的流失,起到了保护成矿的作用。喷溢活动后期含矿液侵入,由于上覆峨眉山玄武岩和下伏茅口组灰岩岩石致密,其间的古风化壳为构造脆弱地带,是含热液运移流动分异沉积沉淀的通道,角砾间的孔隙为矿液富集成矿提供了良好的空间场所。

锑矿产出层位为二叠系海相沉积火山岩"大厂层",岩性为一套灰色、灰白色硅化、黄铁矿化低温热液蚀变岩,硅化自下而上由强变弱,黄铁矿化自下而上由弱变强。据钻孔资料,厚度为0~47m,平均厚14m。

构造:碧痕营穹隆、花鱼井断层、青山镇断层、雷钵洞断层起着导矿作用控制了矿床的分布,北东向背斜和压扭性断裂旁的"大厂层"起着容矿作用控制矿床、含矿体或矿体。矿区出露地层最老为中二叠统茅口组,向上依次为大厂层、峨眉山玄武岩、上二叠统龙潭煤组。赋矿地层为大厂层,仅在矿区内强烈切割区出露。

矿体特征:西舍锑矿区位于北东向碧痕营背斜的南东翼雷钵硐断层的东南盘。岩层倾角平缓,一般为10°~20°,局部受断层作用影响变为陡立。矿体分布于背斜核部及附近,锑矿脉往往分布于更次级的挠曲构造中——挠曲的核部产出陡角度的锑矿脉,而两翼受层间剥离作用故产出大致顺层的锑矿细脉,并往往密集成富锑矿体。含矿体呈似层状、短轴状、穹隆状产出。

2. 矿床所在区域重磁场特征

矿床所在区域布格重力异常梯度较陡,处在全国青藏高原环型重力梯级带东南段,南部重力异常等值线呈北东向,北部重力异常等值线呈北西向,总体呈东西向凸起,处在重力低异常上。晴隆县西舍锑矿区所处的碧痕营穹隆构造在布格重力异常中呈耳朵状重力梯级带,西边为近南北向梯级带,东边呈弧形梯级带向东凸起,场值由东南角向西北角减小,变化幅度为$10\times10^{-5}\text{m/s}^2$,剩余重力异常为3个变化平缓圈闭重力异常。锑矿分布在3个平缓圈闭重力异常周边。

矿床所在区域东部航磁异常为由玄武岩产生的跳跃磁异常,整体来看磁异常变化较大,正负交织。矿区位于北东向磁异常梯级带上,东北和西北具一规模较小的负磁异常。化极后,磁异常转向近南北向。化极求取垂向一阶导数,矿区垂向一阶导数异常北部为近南北向,南部变化较凌乱,矿床(点)主要位于负磁异常区内。磁场与矿区关系不密切。

从地表地质构造图及综合推断地质构造来看,矿床所在区域以北西向断裂构造分布为主,同时推断存在隐伏酸性岩体。区内矿床(点)主要分布于经过贵州省西部近南北向一级断裂F贵-002、近东西向次级断裂F贵-075所夹持区域,周围北西向浅层断裂发育,且矿床(点)分布于推断酸性岩体上。晴隆地区锑矿成矿模式显示锑矿体展布受不同走向断裂交会控制,北东向主干断裂及其次级裂隙破碎带是锑矿预测的重要构造标志。重磁推断地质断裂构造、侵入岩体分布可为成矿环境提供基础研究(图6-3)。

(二)独山半坡锑矿

1. 矿区地质特征

独山半坡锑矿位于江南造山带黔南坳陷区次级构造单元都匀南北向构造变形区。独山半坡锑矿的成矿机制是沉积加改造,锑矿明显受地层岩性及断裂控制,矿体呈脉状产于断层破碎带及旁侧影响带、层间破碎带中。

锑矿产出层位为下泥盆统丹林群,层厚大于500m是其特点,岩性为灰白色厚层中粒沉积石英砂岩、石英岩状砂岩。该群中上部夹细粒薄层石英砂岩、含砾砂岩、紫红色粉砂岩。层厚10~100cm;中下部夹泥质、白云质细砂岩,粉砂岩或砂质白云岩,砂质泥岩及页岩,层厚数十厘米至数米。该群自上而下石英屑粒度由粗到细,泥质增加,粉砂岩、泥质岩、页岩夹层常见,与翁项群呈假整合接触。

构造:矿体产于独山箱状背斜核部中的北北西向断裂破碎带中,矿区构造以南北向左旋直扭程式而产生的北北西向张扭性半坡断裂组为主。成矿前断裂构造有两期,其中后期断裂构造(北北西向张扭性断裂)与成矿关系密切。矿区尚未发现破坏矿床的断裂构造。

矿体特征:独山半坡锑矿床为"再造式"层控交错型辉锑矿床。矿床主要产于下泥盆统丹林群陆缘碎屑岩层中,充填于北北西向的半坡张扭性断裂带及影响带内,主矿体呈大脉状产出。矿床明显受地层岩性及断裂控制。

2. 矿床所在区域重磁场特征

矿床所在区域布格重力异常处在全国大兴安岭-太行山重力梯级带南段与地台区宽缓重力异常的过渡带上,西部异常等值线近南北向,南部异常等值线由南北向转北东向,东部异常等值线近北东向及圈闭重力异常,北边圈闭重力异常。矿区布格重力异常变化较缓,总体东高西低,场值由东南角的$-113\times10^{-5}m/s^2$减小到西北角和西边的$-120\times10^{-5}m/s^2$,矿区西边圈闭重力低,东边具半圈闭重力异常。

矿床所在区域航磁异常为由沉积岩产生的均缓负磁异常,总体来说,南边和西北角变化相对较陡,中部及西边变化较缓。矿区磁异常变化较缓,场值由西向东增大,变化范围较小,异常近等轴状。化极后,磁异常走向近南北向。化极求取垂向一阶导数,矿区垂向一阶导数异常较凌乱,矿床(点)主要位于正磁异常区内。

从地表地质构造图及综合推断地质构造图来看,矿床所在区域以北东向、近南北向断裂构造分布为主,同时推断存在隐伏酸性岩体。区内矿床(点)主要分布于经过贵州省北东东向二级断裂F贵-007、北东向次级断裂F贵-055,F贵-050所夹持区域,周围浅层断裂较为发育,且矿床(点)周边推断存在酸性岩体。独山半坡锑矿成矿受断裂控制明显,常产于断层破碎带及旁侧影响带、层间破碎带中。重磁推断地质断裂构造分布可为成矿环境提供基础研究(图6-4)。

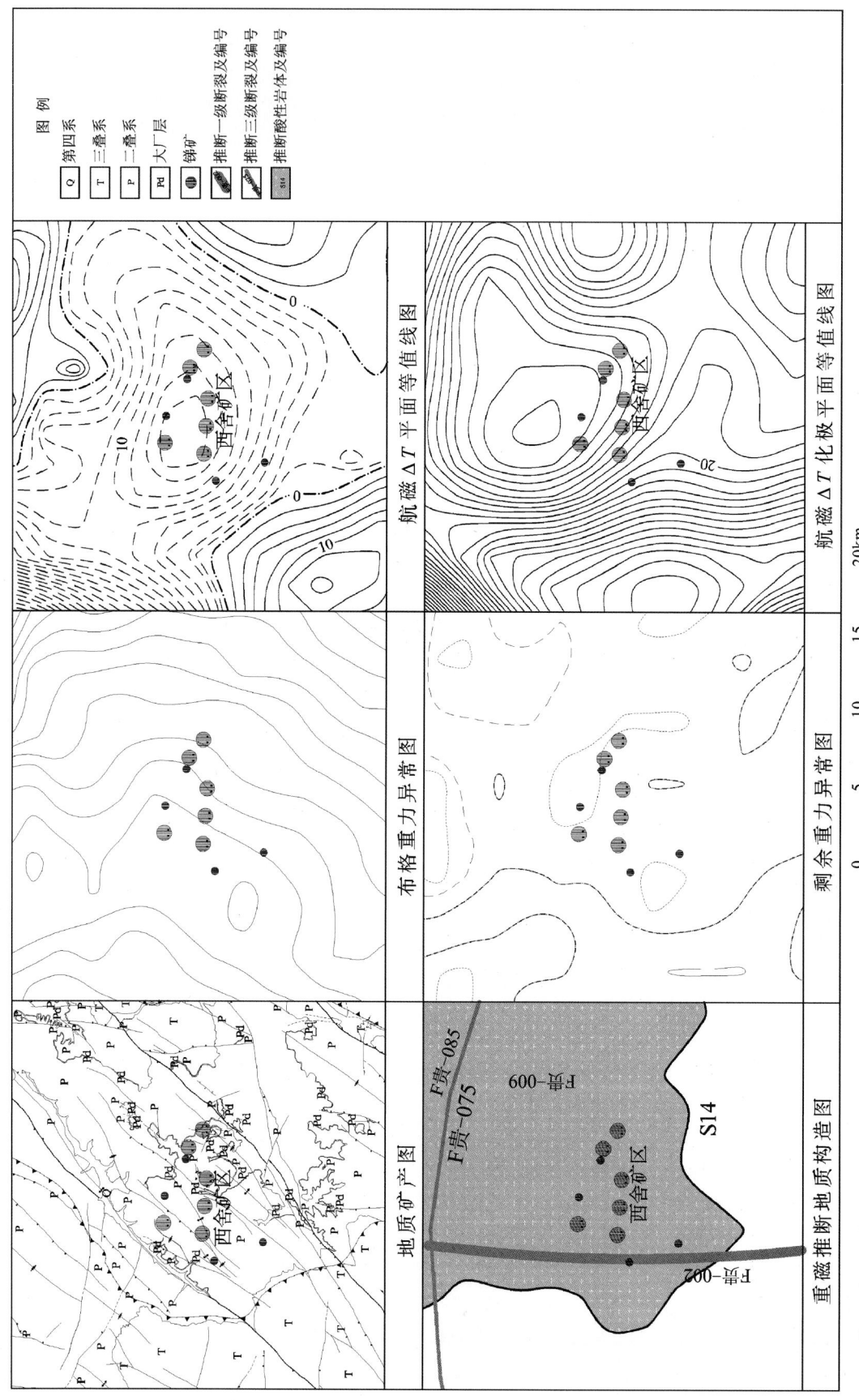

图 6-3 晴隆县西舍锑矿典型矿床所在区域地质矿产及物探剖析图

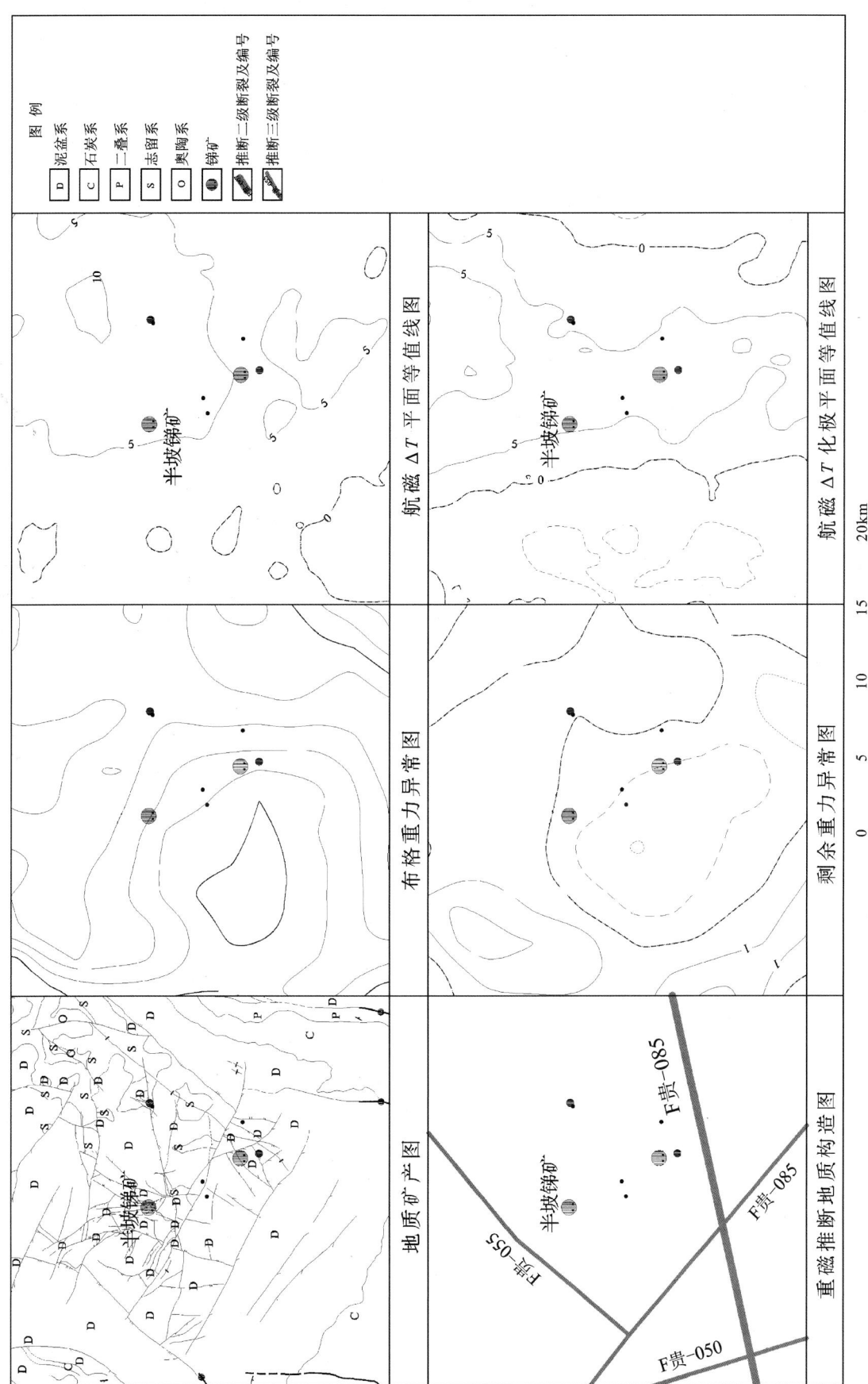

图 6-4 独山半坡锑矿典型矿床所在区域地质矿产及物探剖析图

(三)从江县八蒙锑矿

1. 矿区地质特征

从江县八蒙锑矿位于江南造山带榕江加里东褶皱区的榕江开阔复式褶皱变形区。从江县八蒙锑矿成因为成矿热液的沉淀富集,第一阶段成矿热液在断层破碎带中与构造岩相互作用,从破碎带中心向两侧依次形成一套分布有序的蚀变岩石,第二阶段成矿物质的沉淀与第一阶段成矿作用的产物是叠加关系,成矿热液与第一阶段生成的硅化岩石相互作用,使硅化岩石受到强烈溶蚀,造矿组分沉淀在硅化岩石溶蚀后产生的自由空洞内,形成以辉锑矿为主的矿石,同时还残存在硅化岩石中的杂质被淋滤出去,使硅化岩石重结晶。第三阶段成矿作用的范围更窄,主要叠加在锑矿石和脉石英上,很少量地涉及到硅化岩石和绢云母化岩石带,其产物主要是由辉锑矿、细粒石英和碳酸盐岩矿物组成的细脉,在细微裂隙中则形成毛发状辉锑矿集合体。

锑矿产出层位为上元古宇下江群平略组中上部,岩性为薄层厚层及层纹状含变余石英粉砂绢云母绿泥石板岩。

构造:矿床位于雷公山复式背斜的南倾末端,次级古腊背斜的南东翼,兴华向斜的北西翼,小范围内基本为一单斜构造。矿床内断裂构造发育,以走向北东 30°~60°一组为主,次为南北向组。北东向组断裂规模较大,破碎带宽;硅化蚀变强,是矿床内主要控矿容矿断裂;而南北向组规模小,未见矿化显示。

矿体特征:八蒙锑矿床是断裂充填的石英脉型锑矿床。锑矿体产于断裂破碎带或其上、下盘节理,裂隙中,矿体产状基本与断裂产状一致,矿体形态以大小不等的透镜状、不规则脉状为主。

2. 矿床所在区域重磁场特征

矿床所在区域布格重力异常处在全国大兴安岭-太行山重力梯级带南段边部的较强区域负及东边变化较缓的区域内,以及地台区变化较缓重力异常与重力梯级带过渡带上,呈北东向重力梯级带,场值由东南角的 $-111\times10^{-5}\mathrm{m/s^2}$ 减小到西北角的 $-131\times10^{-5}\mathrm{m/s^2}$。矿区所处雷公山复式背斜在布格重力异常平面等值线图上对应一个半圈闭的重力低值异常区,矿床(点)分布在重力低值异常区南东侧。

矿床所在区域航磁异常表现为均缓正磁异常,与地表出露变质岩区对应,变质岩中弱磁性地层、矿物会导致平缓弱磁异常,推断由变质岩引起。中部磁异常等值线梯度变化较陡,单个异常走向为北东向、北西向、南北向等,总体呈一弧状磁异常,东部单个异常较小,异常走向为北东向、南北向的串珠状或"雁"形排列。矿区磁异常变化较大,东南部和北部为正磁异常,其余地区为负磁异常。化极后,矿区除东南部和西部为负磁异常外其余均为正磁异常。化极求取垂向一阶导数,垂向一阶导数异常走向为南北向,矿床(点)主要位于正磁异常区内。

从地表地质构造图及综合推断地质构造图来看,矿床所在区域以北东向断裂构造分布为主,同时推断存在隐伏酸性岩体。区内矿床(点)主要分布于经过贵州省北东东向二级断裂 F 贵-007、北东向次级断裂 F 贵-063、F 贵-088 所夹持的三角区域,周围浅层断裂较为发育,且矿床(点)位于推断酸性岩体边部。从江县八蒙锑矿产出受"褶皱+断层"控制,预测区内矿床(点)分布于构造控制区域,断裂为成矿热液上升运移提供通道,重磁推断地质断裂构造分布可为成矿环境提供基础研究(图 6-5)。

二、区域找矿意义

已知锑矿床(点)分布的背斜构造轴部、断裂构造内,集中分布在重磁推断隐伏断裂构造圈闭区域。重磁异常反映出区域内具一定规模的背斜、向斜构造,隐伏、半隐伏断裂构造及隐伏岩体。在布格重力

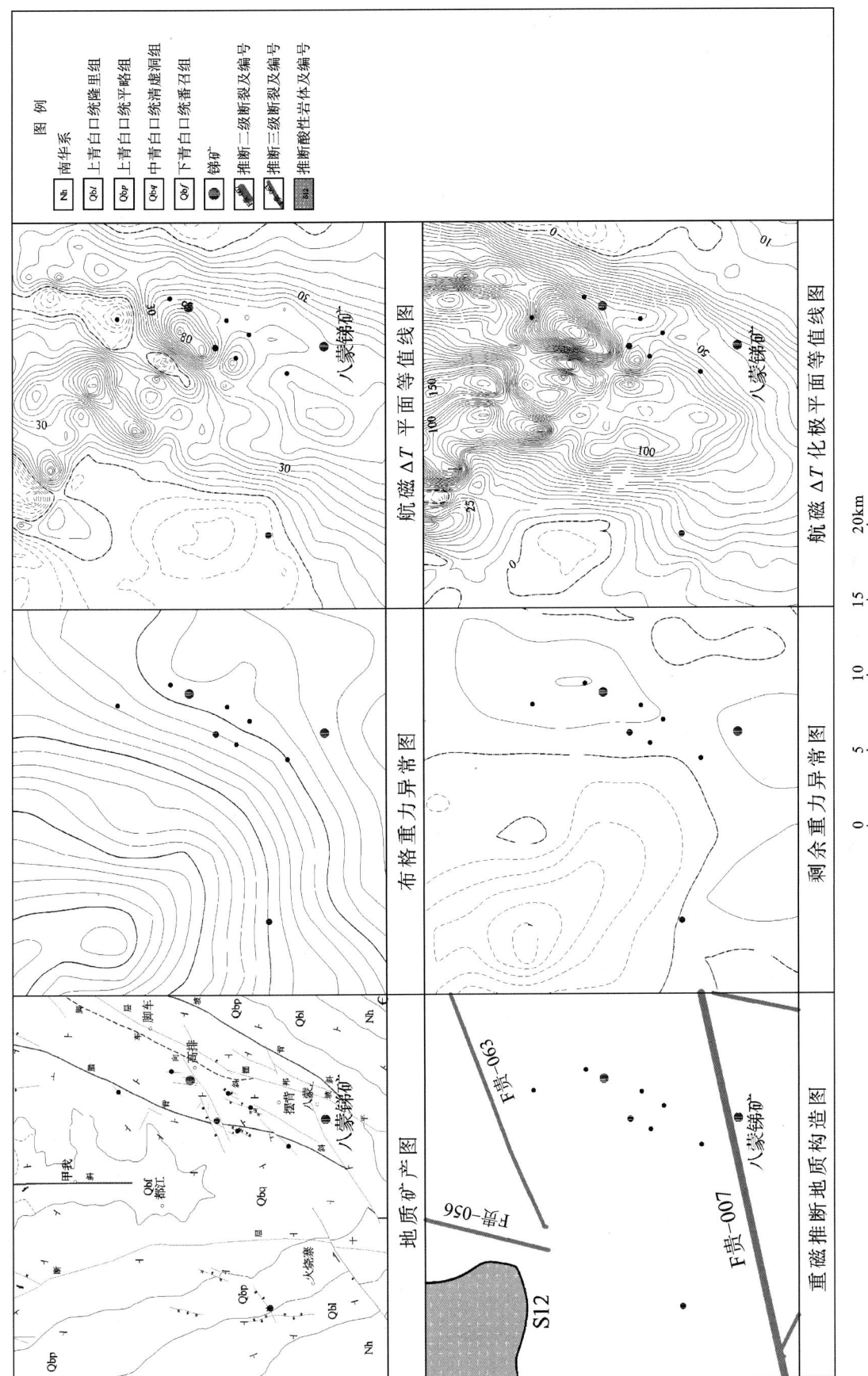

图 6-5 从江县八蒙锑矿典型矿床所在区域地质矿产及物探剖析图

异常平面等值线图上,背斜构造呈圈闭、半圈闭等值线,或梯级带变缓地带,断裂构造则呈现为梯级带或布格重力异常等值线突变带等特征;磁场对该区背斜构造反映不明显,但在峨眉山玄武岩地区则表现强烈,原因是由于峨眉山玄武岩磁异常梯级带、突变带往往是断裂构造的反映。就现有资料来看,重磁异常能寻找与矿相关的区域构造,并通过对重磁异常推断解释,解析区域构造变化趋势及隐伏断裂、岩体,具高效、低成本特点,是追索深部矿体不可缺少的方法之一。

第三节 铜钨锡典型矿床研究及区域找矿意义

贵州省铜钨锡矿床(点)有热液型和沉积型两种,热液型矿床(点)主要分布在威宁、水城、梵净山、从江地区,主要受玄武岩、断层等控制,代表性矿床有威宁县铜厂河铜矿、从江县地虎铜矿;沉积型铜矿主要产于三叠系、侏罗系砂岩中,矿体规模小,变化较大,目前没有发现能开发的矿床(点)。

一、铜矿典型矿床综合研究

(一)铜厂河铜矿

1. 矿区地质特征

铜厂河铜矿位于上扬子地块威宁隆起区。铜厂河铜矿属沉积-热液型(玄武岩型)铜矿床,规模为小型矿床或矿点,峨眉山地幔柱上涌形成区域拉张,导致攀西大陆边缘裂谷发育,形成川滇黔区域大面积玄武岩喷溢及同源辉绿岩的侵位,岩浆从地幔及地壳携带大量铜、铅、锌、金等成矿物质喷出地表,形成矿区内第一喷发旋回的火山角砾岩,并成为矿区的最初始矿源层,随后岩浆持续喷溢,继续带来大量铜等成矿物质,局部形成矿化体,在岩浆活动后期,强烈喷发减弱为间歇性喷发,除继续带来大量成矿物质外,同时产生大量火山气液,在陆相水体环境下,成矿气液得以保存,成矿物质沉淀下来形成工业矿体。由于岩浆持续喷发所带来的巨大热能,使得天水(地表水体)持续沿断裂(岩石孔隙)下渗,被加热并不断淋滤出玄武岩中铜等成矿物质,并在具储矿空间的杏仁状玄武岩层位中形成更富集的工业矿体。

铜厂河铜矿矿化地层为二叠系峨眉山玄武岩组,矿区出露地层主要为上二叠统峨眉山玄武岩组。

构造:矿区褶皱较简单。主要褶皱有铜厂河背斜和老厂向斜,轴向均为南北向,属垮都向斜北翼的次级褶皱。矿区断裂构造十分发育,主要有近南北向、北西向、北东向和近东西向 4 组。

矿体特征:在矿区内矿化层位较多,矿物组合简单,主要矿化富集产在 1、2、3 喷发旋回的中上部,有 4 个喷发层含矿较好,这 4 个喷发层是 P_3em^{6-7}、P_3em^8、P_3em^{10}、P_3em^{11},其中以第三喷发旋回中上部的(P_3em^8)杏仁状安山玄武岩矿化较富集,规模较大,层位稳定,为矿区工业矿体的主要赋存层位。

2. 矿床所在区域重磁场特征

矿区所在区域布格重力异常处在青藏高原环型重力梯级带的东南过渡带上,布格重力异常图呈北西向重力梯级带,场值由东南部至西北部逐渐减小,西南部具半圈闭异常,矿区位于重力梯级带上、剩余重力高值异常区边部。

矿床所在区域主要为玄武岩分布区,航磁异常为跳跃火山场,铜矿床(点)主要分布于预测工作区西北部、西南部,零星分布于南部、中偏东部。矿区位于南北向磁异常上,场值中间低,两边高。化极后,磁异常转向近南北向。化极和化极求取垂向一阶导数,异常与航磁 ΔT 异常特征相似。结合地质资料分析,磁异常是由玄武岩引起。玄武岩地区航磁 ΔT 磁性强且杂乱,为密集的正负磁异常。掩盖相对弱、小的地质构造特征,比例尺小的航磁在该区对矿产的反映较弱(图6-6)。

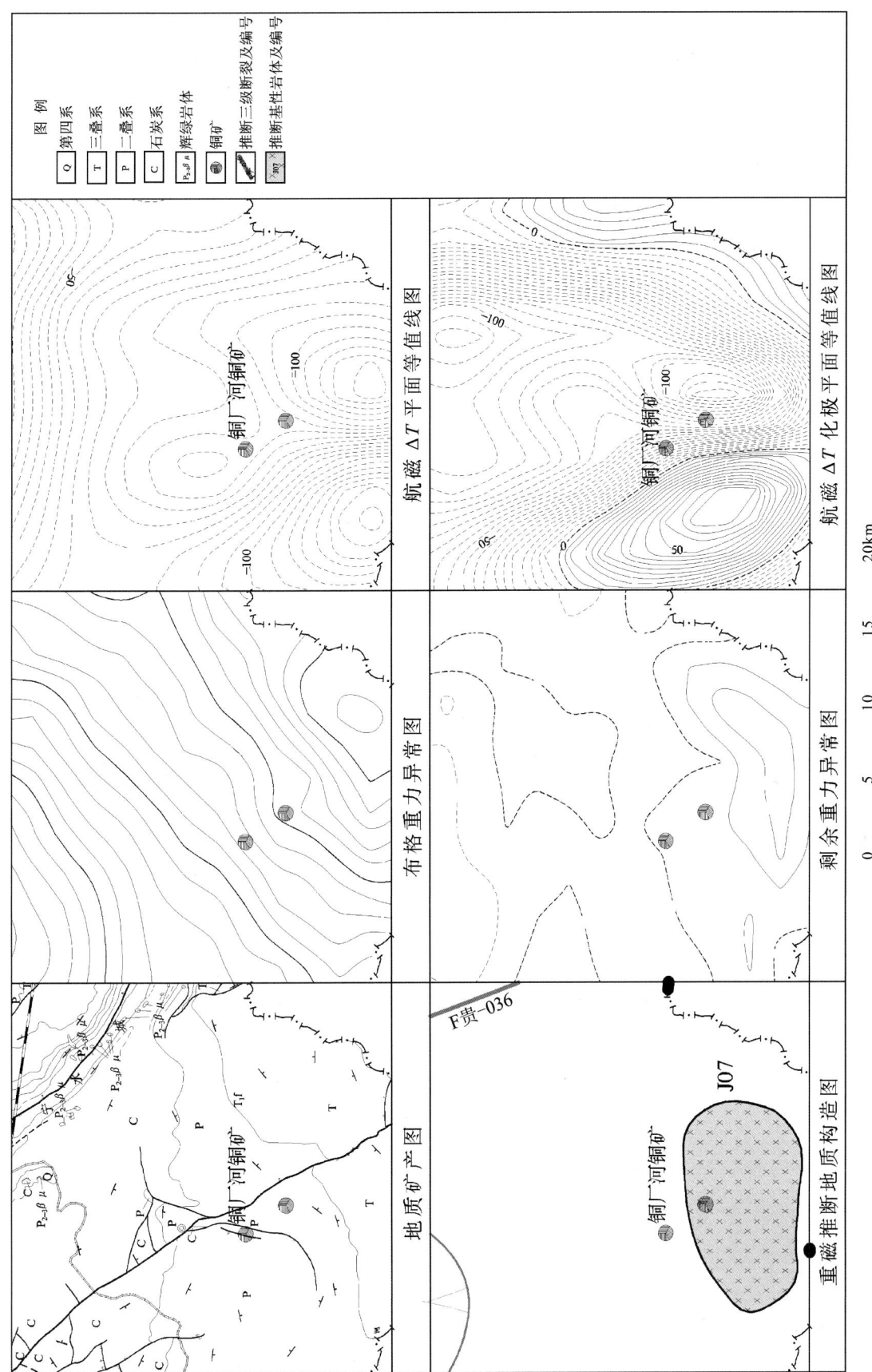

图 6-6 威宁铜厂河典型矿床所在区域地质矿产及物探剖析图

从地表地质构造图及综合推断地质构造图来看,铜厂河矿床所在地区重磁资料比例尺较小,因此在该矿床上的分析研究受到限制,但在邻近该矿床东部地区,推断断裂构造以北西向为主,近南北向断裂次之,同时推断存在隐伏酸性、基性岩体。铜矿成矿受火山机构、断层和层间裂隙共同控制。断层和层间裂隙是矿体赋存的主要空间,燕山期构造运动形成的玄武岩中的层间断裂带、破碎带、虚脱空间等是控矿和容矿的有利空间,与矿源层有较大接触面的容矿构造,即具有较大范围的水-岩反应萃取矿质沉淀富集的空间也是有利的控矿构造。东部推断断裂构造可为该矿床外围东部寻找隐伏铜矿提供一定的参考价值。

(二)地虎铜多金属矿

1. 矿区地质特征

地虎铜多金属矿位于江南造山带榕江加里东褶皱区。属岩浆期后热液型铜多金属矿床,规模为小型矿床,隐伏花岗岩体侵位导致盖层与基底之间不整合面产生侧向滑动,形成区内大规模发育的控矿滑脱构造带。由于滑脱构造带的作用,带内产生层间滑动、破碎带等地质作用,使得岩石变形。同时由于滑动产生的巨大热能,使得成矿热液从基底及上覆岩层中不断萃取 Cu、Au、Ag 等成矿元素,并在滑脱构造带内软弱部位富集成矿。

铜厂河铜矿矿化地层为甲路组一段与二段之间滑脱构造带。

构造:矿区位于吉羊穹隆西侧加车鼻状背斜的加磨背斜轴部,是多级褶曲复合部位。矿区内断裂不发育,主要为一些层间小断裂。矿区内主要发育的构造是在区内大规模发育的滑脱构造带。

矿体特征:矿体产于 Sia 硅化-绿泥石化蚀变体中,少量的矿体向 Sib 延伸,为区内主要含矿带,矿体规模较大,连续性较好,埋藏浅。

2. 矿床所在区域重磁场特征

矿区所在区域布格重力异常处在大兴安岭-太行山重力梯级带南段,布格重力异常为南北向宽缓梯级带,从西向东幅值逐渐增大。矿区位于重力梯级带上、剩余重力异常零值线边部。

矿床所在区域航磁 ΔT 异常总体呈环状圈闭异常分布,异常走向西部以近南北向为主,东部以北东向为主。矿区周边的洪州-水口、从江-宰便、达地-雷山航磁异常总体呈环状分布。铜矿床(点)分布在从江-宰便强磁异常区内。矿区位于北东向磁异常上,场值变化较大,异常总体呈北东向。化极后,北东向异常带更加明显。化极求取垂向一阶导数,一阶导数异常变化较大,矿床(点)主要位于负磁异常区内,磁异常较周边变化平缓。结合地质资料分析,磁异常可能是由侵入岩引起。

从地表地质构造图及综合推断地质构造图来看,推断断裂构造为北西向断裂,出露酸性岩体,同时推断存在酸性岩体规模较大,且在周边亦存在隐伏酸性岩体。铜钨锡矿床(点)分布于花岗岩体上或边部、推断在隐伏酸性岩体边部。从江地区岩浆变质热液型铜多金属矿的产出受隐伏花岗岩体、基底之间不整合面、滑脱构造控制,花岗岩体可为成矿物源和赋矿围岩,推断在圈定花岗岩体分布范围内及岩体边部有寻找铜钨锡矿的可能(图 6-7)。

二、区域找矿意义

贵州省现有铜矿成因据研究直接受岩浆岩的影响,成矿物质来源、赋矿围岩均为花岗岩,矿体产于不同阶段岩浆活动强烈地区。如从江铜矿区岩浆活动分别为武陵期有基性—超基性岩侵位,雪峰期有小型的基性岩浆活动,加里东期有碰撞型花岗岩和后造山钾镁煌斑岩侵位,燕山期有后造山钙碱性煌斑岩侵位。

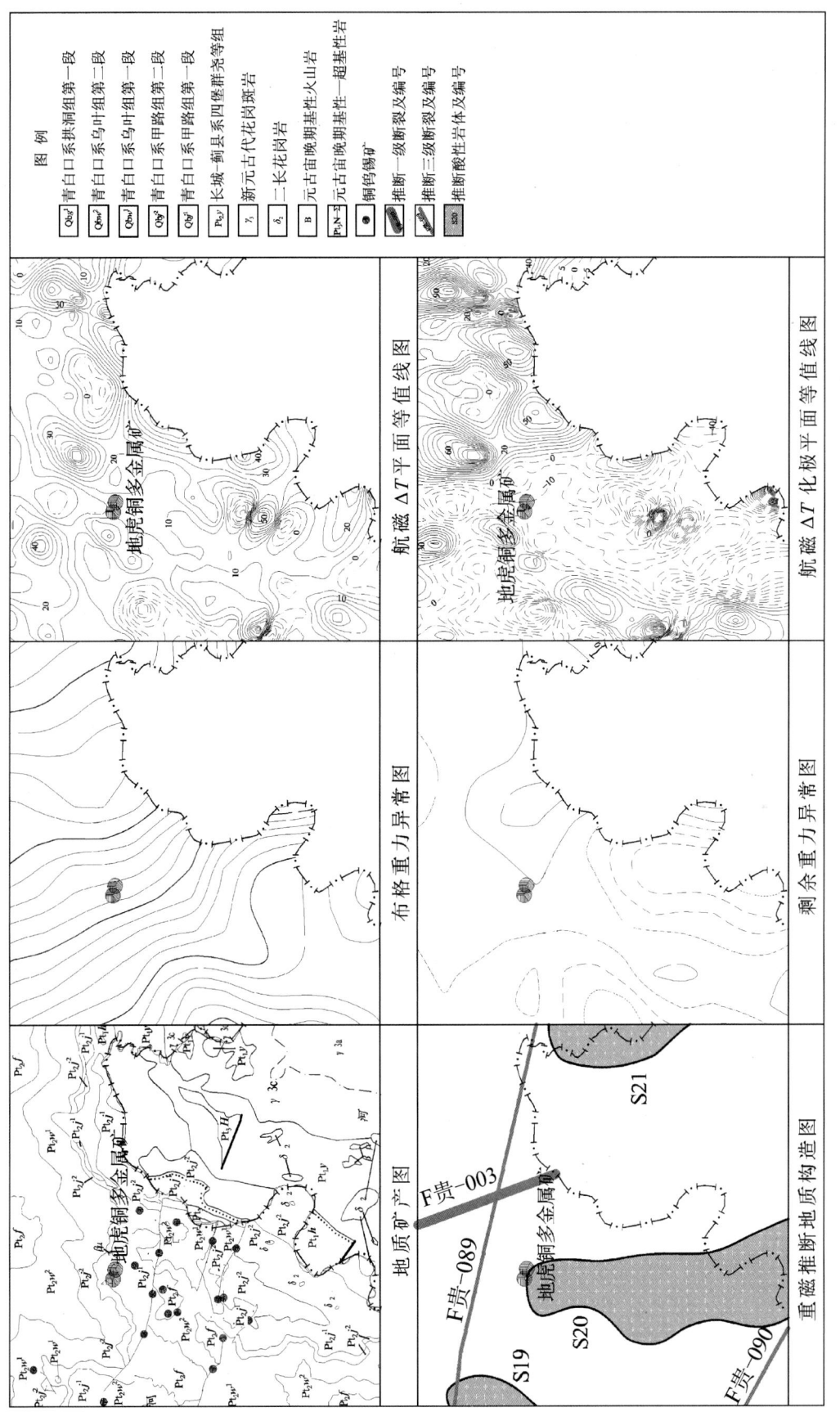

图 6-7 地虎铜多金属矿典型矿床所在区域地质矿产及物探剖析图

在重磁场上看,铜矿区重磁异常变化强烈,布格重力异常位于贯穿全国的重力梯级带上,航磁异常位于岩浆岩地区,磁异常强烈。地虎地区重磁推断隐伏酸性岩体是铜多金属矿聚集区,同时可为成矿物源和赋矿围岩,重磁推断酸性岩体边界及隐伏酸性岩体分布区域是矿产成矿的有利区域,对铜多金属分布有一定的控制作用。

利用重磁资料推断解释工作区隐伏岩体,隐伏、半隐伏断裂构造对铜矿区域找矿具有一定的指导意义。

第四节 铅锌矿典型矿床研究及区域找矿意义

铅锌矿是贵州省内主要有色金属矿产之一,分布普遍,但集中分布在紫云-水城和万山-三都-荔波两大深断裂带附近,其余地方仅零星分布。

紫云-水城断裂带控制了贵州省西部铅锌矿的产出,在该断层以西和以东铅锌矿产出有差异,断层以西构造变形以北西向为主,铅锌矿主要集中在六盘水断陷中,铅锌矿床(点)集中分布于北西向断裂带以及北北东向断裂带等构造蚀变带中。断层以东构造变形主要为北东向,次为近东西向。矿体受北东向断层和褶皱控制明显,集中分布在五指山背斜、张维穹状背斜、吉场背斜近轴部,产出层位主要为震旦系灯影组、寒武系清虚洞组,少数零星产于娄山关组中。

万山-三都-荔波断裂带控制贵州省东部铅锌矿的产出,断裂带的北西侧和南东侧的成因类型有别。北西侧矿体产出受层位、岩性控制明显,含矿层位主要为寒武系清虚洞组,主要容矿岩性为鲕状白云岩、含藻泥晶灰岩。矿体除了受岩性控制外,还受构造控制,控矿断层往往是该深大断裂或与该断层平行的深大断裂。南东侧矿床产于古隆起边缘坳陷带中,赋矿地层为一套浅海相碎屑-黏土岩相浅变质岩系,主要是碳质板岩、碳质千枚岩、石英岩和黑云母石英片岩等组成的互层带,受断裂构造控制明显,主要呈脉状产出。铅锌矿床(点)主要沿万山-三都-荔波深大断裂带旁侧附近,分布有镇远县盘山-牛塘田、台江县南省、丹寨县脚皋、三都县柳树坪等铅锌矿床。

根据成因类型,贵州省的铅锌矿划分 3 种类型,即与热(卤)水活动有关的铅锌矿床(分为两个亚类:碳酸盐岩型铅锌矿床和细碎屑岩型铅锌矿床)、与岩浆侵入活动有关的热液型脉状铅锌矿床、与表生作用有关的铅锌砂矿床。与表生作用有关的铅锌砂矿一般分布在表浅部,工作程度比较高,一般都达到详查或勘探程度;与岩浆侵入活动有关的热液型脉状铅锌矿床仅分布在从江县的地虎、九星等地,一般都为多金属矿。故本次铅锌矿仅对与热(卤)水活动有关铅锌矿床进行研究。

一、铅锌矿典型矿床综合研究

(一)贵州省水城杉树林铅锌矿

1. 矿区地质特征

贵州省水城杉树林铅锌矿位于上扬子地块六盘水裂陷槽。属于沉积改造中低温热液型矿床,物源以地层来源为主,由大气降水在深部特定的物化条件下萃取地层中的成矿物质而形成的热(卤)水。改造可能发生于燕山运动,增加了热液的活力及含矿的浓度(可能与峨眉山玄武岩的喷发及同期的辉绿岩侵入有关),并驱动含矿热(卤)水运移,热(卤)水沿着一定的通道上升,成矿流体在复杂的物理化学作用下,在断裂破碎带和背斜的一定的岩石组合的层间剥离带内富集成矿。

水城杉树林铅锌矿赋矿层位为中上石炭统摆佐组—黄龙组。摆佐组岩性为深灰色、灰黑色致密至粗粒结晶厚层状白云岩,局部有燧石透镜体分布,多受白云石化、硅化及褐铁矿化等蚀变,粗粒白云石化灰岩与铅锌矿关系密切,铅锌矿矿体多赋存于中上部,为本矿床主含矿层。黄龙组岩性:上部为深灰色、灰黑色致密中厚层状灰岩，含较多燧石透镜体及条带，底部有一层厚0.8～2m的不稳定泥灰岩；下部为灰色、灰黑色致密至中粒结晶中厚层状灰岩，局部夹泥质灰岩及泥灰岩。本层下部多受白云石化、矽卡岩化及褐铁矿化等蚀变，并有铅锌矿体赋存其中，厚50～110m。

构造：矿区位于威水背斜南东倾没部位，全长约7km，宽达1km。轴部岩层由下石炭统大塘组组成，两翼为中上石炭统、二叠系。背斜轴部紧密，岩层倾角甚陡；北东翼较缓，背斜受断层破坏。区内断裂发育，主要分为纵断层，横断层等，纵断层多沿层间滑动，倾向南西，倾角一般大于50°，延长数十米至480m，为铅锌矿容矿构造。

矿体特征：矿体规模小，形态不规则，呈透镜状及脉状，矿体长度为40～460m，一般为80～150m，延深为15～190m，一般为50～80m。少数矿体向南东倾伏。矿体厚度、品位变化均大，具膨胀、尖灭、分支、复合现象。

2. 矿床所在区域重磁场特征

矿区所在区域布格重力异常梯度较陡，处在全国青藏高原环型重力梯级带东南段，预测工作区内中北部等值线为北西向，南部为北东东向，场值由东南部的-189×10^{-5} m/s^{2}减小到西北部的-209×10^{-5} m/s^2。矿区位于重力梯级带向东南转折地带，矿点沿该转折方向呈北西向展布。

矿床所在区域航磁异常为由玄武岩产生的跳跃磁异常，预测工作区磁异常变化较大，正负交织，总体来说，航磁变化较杂乱。矿区位于东西向带状强磁异常带上，总体两边低中间高。化极后，磁异常走向有所改变，总体仍为两边低中间高。化极求取垂向一阶导数，垂向一阶导数异常零星，矿床(点)主要位于正磁异常区内。

从地表地质构造图及综合推断地质构造图来看，推断断裂构造以北西向为主，近南北向断裂次之，推断侵入岩体主要沿区内深大断裂分布，形态受断裂控制，平面形态呈北西向延伸。矿床分布于推断二级断裂构造F贵-008边部、隐伏酸性岩体上，该矿床位于六盘水断陷盘底内，区域性深大断裂为成矿流体的聚集、运移及存储提供通道以及容矿空间，重磁推断断裂构造为寻找该预测工作区隐伏铅锌矿具有指导意义(图6-8)。

(二)贵州省都匀市牛角塘铅锌矿

1. 矿区地质特征

贵州省都匀市牛角塘铅锌矿位于江南造山带黔南坳陷区的都匀南北向构造变形区。属于与地下热卤水作用相关的"热液交代、充填型层控矿床"类型，规模达中型，在成矿的过程中，由于受构造作用，深部热源、物源、水源参与，在物化条件发生改变时对寒武系下统乌训组、杷榔组地层进行改造，溶解其中Zn、Pb、Fe等组分，由于孔隙流体、构造等因素引起成矿体系压力差，使组分运移到寒武系下统清虚洞组二段中。受盖层寒武系下统清虚洞组二段第一亚段、寒武系下统清虚洞组二段第三亚段、寒武系中统高台组的隔挡，进入寒武系下统清虚洞组二段第二亚段、寒武系下统清虚洞组二段第四亚段中交代、充填成矿。

都匀市牛角塘铅锌矿赋矿层位为寒武系清虚洞组。

构造：牛角塘铅锌矿床位于狮子洞背斜北西翼，该背斜北西侧轴部主要出露清虚洞组，南东侧主要出露九门冲组、乌训组、清虚洞组。根据现有工程揭露，矿体在背斜轴部及次级皱曲轴部附近富集，而两翼及向斜构造则逐渐变贫，甚至尖灭。区内断裂发育，同一条断层具有多期复活特点，且后期断裂活动掩盖了早期构造形迹；断裂类型多样，如逆冲、断陷、走滑；作用有别，如控相、控矿、破坏等。形成了矿床复杂交织的构造格架。

矿体特征：矿床内分布有两个矿带，含矿层位分别为寒武系下统清虚洞组二段第二亚段、寒武系下统清虚洞组二段第四亚段。每个矿化带由若干个矿体组成。

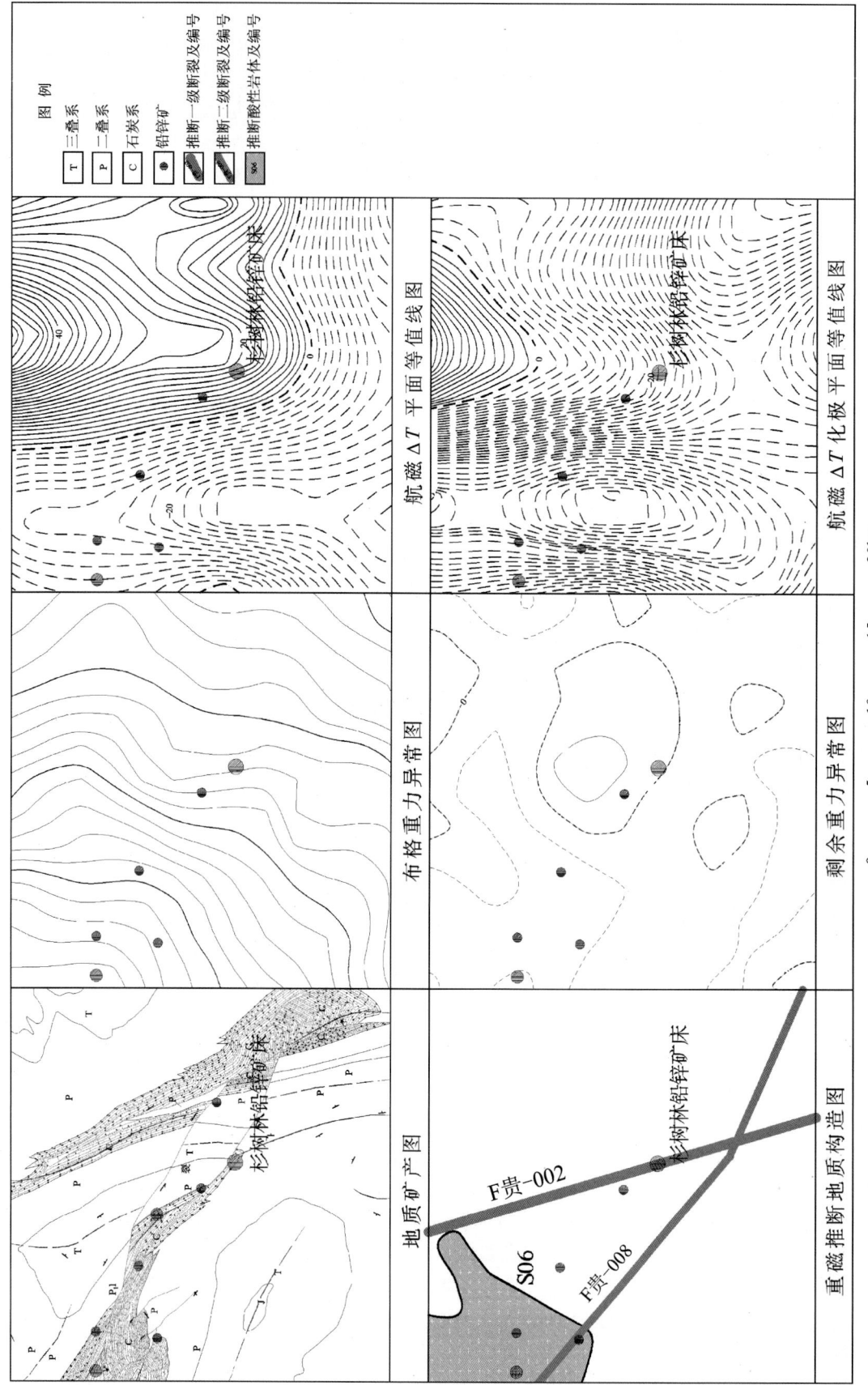

图 6-8 水城杉树林铅锌矿典型矿床所在区域地质矿产及物探剖析图

2. 矿床所在区域重磁场特征

矿区所在区域布格重力异常在全国大兴安岭-太行山重力梯级带南段与地台区宽缓重力异常的过渡带上，主要为圈闭正负异常带。矿区处于两个半圈闭重力低与重力高交界边部，剩余重力异常显示为东西并列的重力高、重力低异常，矿点多数位于圈闭的重力高值异常区与重力低值异常区交界边部。

矿床所在区域航磁异常为由沉积岩产生的均缓负磁异常，总体来说，南边和西北角变化相对较陡，中部及西边变化较缓。矿区位于半圈闭正磁异常区内，场值由南向北减小。化极后，磁异常方向相反。化极求取垂向一阶导数，矿区为正异常，矿床（点）主要位于正磁异常区内。结合地质资料分析，磁异常可能是由地层中的磁性物质引起。

从地表地质构造图及综合推断地质构造图来看，推断断裂构造以北东向、近南北向为主，推断酸性、基性侵入岩体均有，分别沿区内一级、二级断裂构造分布，形态受断裂构造控制。北北东向二级断裂F贵-010、F贵-011经过矿床两侧，推断隐伏酸性岩体位于矿床北部，铅锌矿的产出明显受地层岩性与构造的联合控制，其中一些区域性的大断层深切地壳，成为深源热液和矿质运移的通道，重磁推断断裂构造、隐伏酸性岩体对寻找该预测工作区隐伏铅锌矿具有实际指导意义。同时，从矿体分布来看，寒武系为主要赋矿地层，地层密度相对周边奥陶系、震旦系高，对有一定密度差、一定规模的背斜、向斜构造，重力异常表现为圈闭重力高、重力低异常，通过对区内重磁异常的解释推断，对含矿地层、断裂的追索可起到一定的参考作用（图6-9）。

（三）贵州省织金县杜家桥铅锌矿

1. 矿区地质特征

贵州省织金县杜家桥铅锌矿位于上扬子地块黔北隆起区的织金穹隆构造变形区。织金县杜家桥铅锌矿经历了沉积、强改造两个重要阶段，并具有多源、多次、多因的多元素成矿特征，矿床的成因属与地下热（卤）水作用相关的"热液交代、充填型层控矿床"类型，矿床规模为小型矿床。

织金县杜家桥铅锌矿赋矿层位为寒武系清虚洞组、灯影组，清虚洞组为瘤状细晶白云岩；灯影组为含燧石条带细晶白云岩、细晶白云岩。

构造：矿区位于五指山背斜北东段，该背斜为一不对称背斜，轴向北东，轴面近直立或微向北西倾，核部出露震旦系和寒武系，北东翼主要由石炭系—二叠系组成，南东翼被北东向五指山断层破坏，形态不完整，北西翼较缓，南东翼较陡，背斜的核部是该区铅锌矿的储存场所。区内断裂构造十分发育，主要发育北东向、北西向两组构造，北东向主要表现为正断层，该组断层旁侧常可见闪锌矿（化）体，是区内控矿和导矿构造。部分断层可见铅锌矿（化）体。

矿体特征：矿带呈似层状、透镜状产出。

2. 矿床所在区域重磁场特征

矿区所在区域布格重力异常处在全国青藏高原环型重力梯级带与大兴安岭-太行山重力梯级带的过渡带上，呈北东向重力梯级带，场值由东北部的$-162\times10^{-5}\,\mathrm{m/s^2}$减小到西南部的$-178\times10^{-5}\,\mathrm{m/s^2}$，矿区位于重力梯级带上，局部具规模较小的圈闭异常，矿区位于重力梯级带上。

矿床所在区域航磁异常为由玄武岩产生的跳跃磁异常，总体来说，航磁变化较杂乱。矿区磁异常变化强烈，矿区位于正负磁异常的过渡带上，磁异常呈近等轴状。化极后，磁异常近南北向。化极求取垂向一阶导数，矿区垂向一阶导数异常值总体为四周正、中间负，矿床（点）主要位于垂向一阶导数负异常区内。

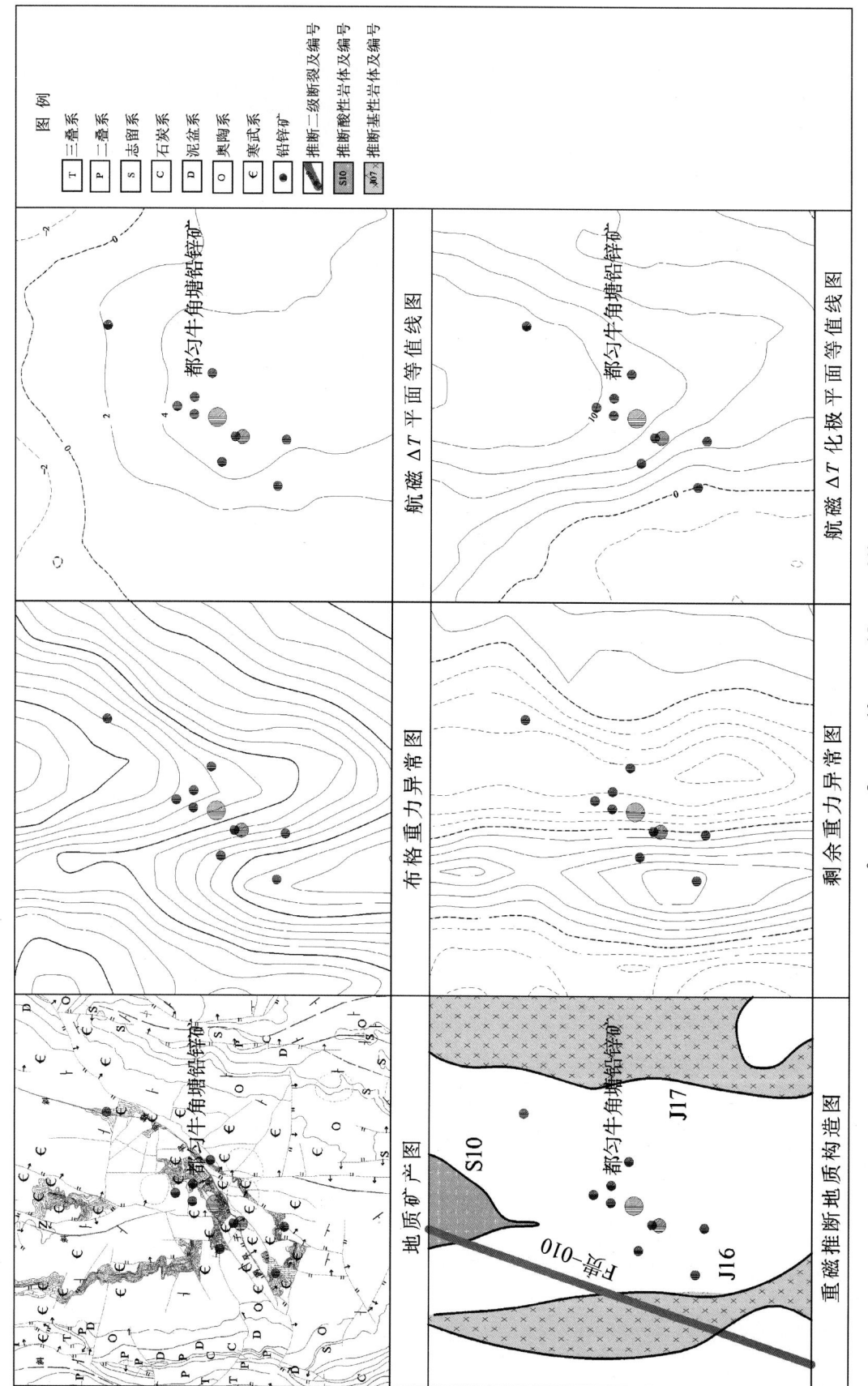

图 6-9 都匀牛角塘铅锌矿典型矿床所在区域地质矿产及物探剖析图

从地表地质构造图及综合推断地质构造来看,推断断裂构造以北东向为主,矿床位于推断北东向二级断裂构造F贵-006在织金地区的转折部位,杜家桥铅锌矿成矿过程中断层为热液提供通道,背斜轴部为矿液提供储存场所,铅锌矿除了严格受岩性控制外,同时受构造控制。重磁推断断裂构造对寻找该预测工作区隐伏铅锌矿具有实际指导意义。同时,矿区位于圈闭重力异常边部,剩余重力异常零值线周边,正负磁异常交界区,这与含矿地层的重磁场特征相关,反映矿体受层控制的特点,同时重磁异常反映区内隐伏断裂构造及隐伏岩体的分布,对含矿地层、断裂的延展具有一定的指导作用(图6-10)。

(四)贵州省威宁县银厂坡会泽式铅锌矿

1. 矿区地质特征

贵州省威宁县银厂坡会泽式铅锌矿位于上扬子地块威宁隆起区。为碳酸盐岩型铅锌矿床,规模达中型,银厂坡铅锌矿成矿物源是多源的,以地层来源为主。改造可能发生于峨眉山玄武岩的喷发物质。矿床明显受构造控制,地层岩性控矿明显,矿体主要赋存于石炭系摆佐组、黄龙组、融县组。在特定的环境中,有大气降水在深部特定的物理化学条件下萃取地层中的成矿物质而形成的热(卤)水,热(卤)水沿着一定的通道上升,成矿流体在复杂的物理化学作用下,在背斜中一定岩石组合的层间剥离带内富集成矿。

会泽式铅锌矿赋矿层位为石炭系摆佐组—黄龙组、中上泥盆统,震旦系灯影组少量。

构造:矿区自西向东发育背、向斜,背斜多被平行于轴向的断层破坏而不完整。主要发育北东向石门断层带(即区域翻身村断层带)和北北东向银厂坡(迤那)断层带,石门断层带是矿区北段主要控矿构造。

矿体特征:银厂坡以硫化矿为主,大部为盲矿体,中上部有一定的混合矿。银厂坡矿床位于银厂坡逆断层上盘,所见矿体和矿化体均赋存于石炭系上统黄龙组中部的蚀变白云岩中。含矿围岩以褐色粗晶白云岩与黄色中晶疏松白云岩为主。矿体形态复杂、连续性差,矿化不均匀,变化大,主要呈透镜状、串珠状、沿层产生,产状与围岩基本一致,一般走向15°~25°,倾向110°,倾角40°~55°。

2. 矿床所在区域重磁场特征

矿床所在区域布格重力异常梯度较缓,处在全国青藏高原环型重力梯级带东南段的局部异常上。矿区处于布格重力异常图弧形重力梯级带上,西边为半圈闭布格重力异常,场值由东南角的$-241\times10^{-5}\mathrm{m/s^2}$减小到西边的$-247\times10^{-5}\mathrm{m/s^2}$,矿区位于半圈闭布格重力异常上、剩余重力异常宽缓地带。

矿床所在区域航磁异常为由玄武岩产生的跳跃磁异常,磁异常变化较大,正负交织,总体来说,航磁变化较杂乱。矿区位于南北向磁异常上,场值中间高两边低。化极后,磁异常转向近南北向。化极和化极后求取垂向一阶导数,异常与ΔT异常特征相似,矿床(点)主要位于西边负磁异常区内。

由于矿区临近省界,重力资料反映不完整,矿区范围重力资料对矿区的研究受到了限制,航磁资料为1959年工作的1:100万长江中游平原及周围山区航空磁测7069数据区域,比例尺较大,因此,重磁资料应用效果不理想。

二、区域找矿意义

贵州省铅锌矿矿点、小型矿床多,中、大型矿床少,但集中分布在紫云-水城和万山-三都-荔波两大深断裂带附近,受地层、断裂构造控制,断裂构造不仅是控矿构造,还是导矿构造。表明地质构造活动剧烈区域是铅锌矿成矿的条件之一,深部隐伏构造对推断潜在矿产资源具有较大意义。同时只要含矿地

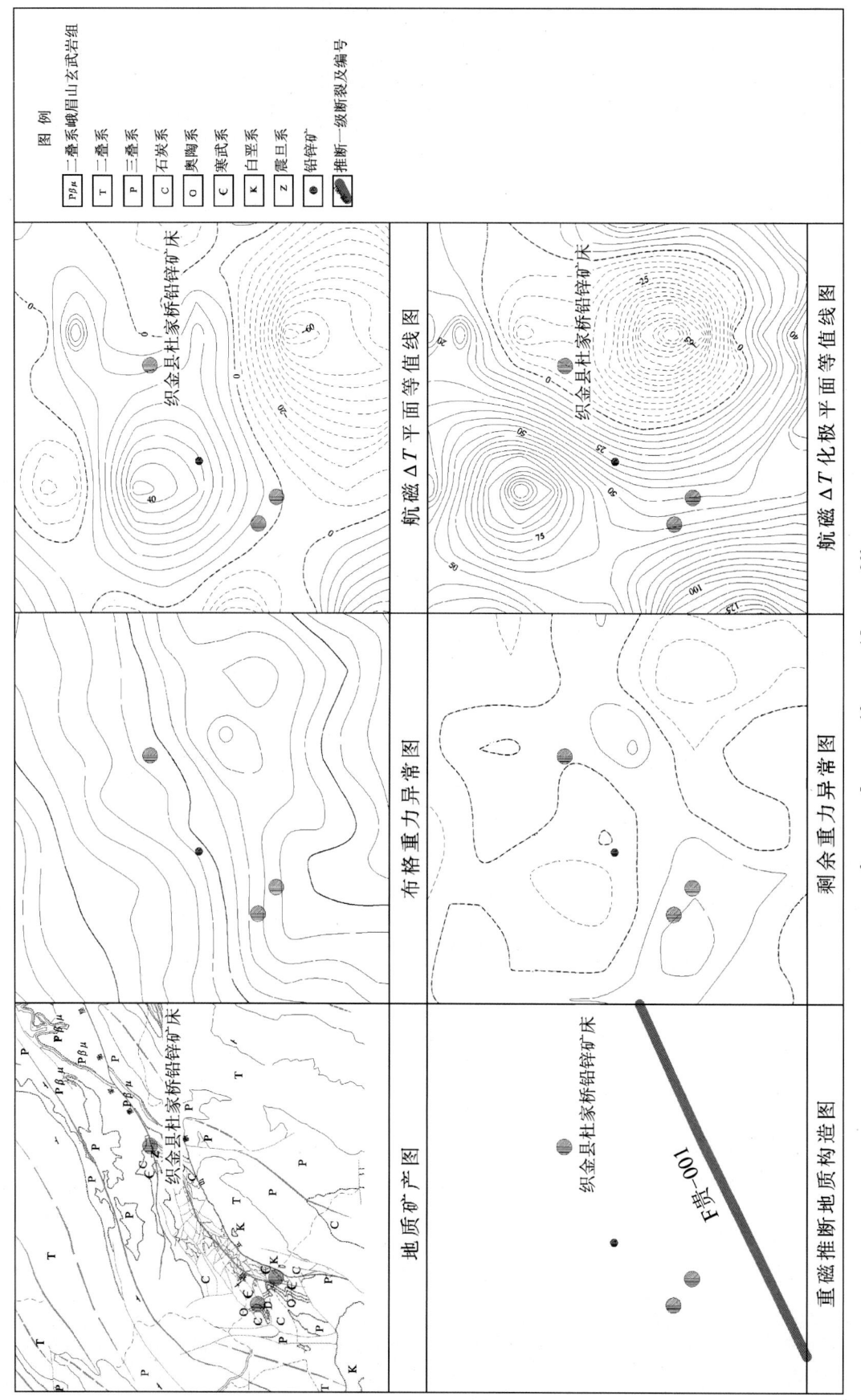

图6-10 织金县杜家桥铅锌矿典型矿床所在区域地质矿产及物探剖析图

层具一定规模与密度差,通过高精度重力测量,对隐伏地层的推断解释,能解决隐伏地层、矿体的延伸方向。重磁联合解释对区域构造、岩体的解释,摸清深部隐伏构造、岩体,对潜在矿产资源的评价具有指导意义。

第五节　金矿典型矿床研究及区域找矿意义

贵州省金矿主要分布在黔东南、黔西南地区,目前已探明6个大型矿床、10个中型矿床、11个小型矿床。金矿类型主要有微细粒浸染型金矿,其次有石英脉型、蚀变岩型金矿,红土型金矿、砂金矿。微细粒浸染型金矿为贵州省主要金矿类型,集中分布在黔西南贞丰、兴仁、安龙、册亨、晴隆、普安、盘县等地,其次分布于黔东南的三都、丹寨两县。变质碎屑岩中脉型金矿为贵州省重要金矿类型,多分布于黔东南的天柱、锦屏、黎平三县,矿体主要受北东向断层控制,已发现铜鼓、金井、八克、磨山、主山冲、平秋、辣子坪等数十处金矿床(点)。另外,在梵净山有少量产于浅变质碎屑岩中的金矿点,见有金盏坪、猴子洞、金厂、罗家湾等金矿床(点),总体规模很小。在从江县南部下江群甲路组沉积变质岩建造中有金(银)矿床(点)产出。关于黔西南的俗称"红土型"金矿,近年来人们逐步认识到它并非真正意义的红土型金矿,而是遭受过更多风化作用的、产于岩溶洼地中的微细粒浸染型金矿,它与产于基岩中的微细粒浸染型金矿有着密切的成生联系。已发现的矿床(点)有老万场、砂锅厂、芹菜坪、豹子洞等。

以锦屏县铜鼓金矿区、三都县苗龙微细粒浸染型金矿、贞丰县水银洞微细粒浸染型金矿床、贞丰县烂泥沟微细粒浸染型金矿床4个典型矿床的地质矿产,对布格重力异常,航磁ΔT平面等值线,航磁ΔT化极垂向一阶导数平面等值线,重磁推断地质构造,剩余重力异常,航磁ΔT化极平面等值线地质、物探资料进行对比、分析。

一、金矿典型矿床综合研究

(一)贵州省贞丰县烂泥沟微细粒浸染型金矿

1. 矿区地质特征

贵州省贞丰县烂泥沟微细粒浸染型金矿位于江南造山带右江裂谷-前陆盆地区。烂泥沟微细粒浸染型金矿规模达特大型,成矿作用大致可划分为3个阶段:初始富集层的形成,物源、水源及热源,热液成矿作用。时间跨度为中三叠世—晚白垩世,长达200Ma左右。成矿过程伴随着盆地沉积、关闭褶皱造山的演化过程。

贞丰县烂泥沟微细粒浸染型金矿赋矿层位以中三叠统边阳组为主,其次为下三叠统尼罗组,许满组二段、四段等。

构造:矿区成矿褶皱以明显的北西向为主,叠加有北东向褶皱,北西向褶皱常形成大型的复式背、向斜,构成矿区的主要构造格局,北东向褶皱规模小,常对北西向褶皱进行改造,矿区北部还存在南北向的褶皱,且被北西向和北东向褶皱所改造。矿区内成矿断层的分组十分明显,总体上可划分为3组,即南北向、北西向、北东向,其中近南北向的断层,为同生断层或与同生断层相伴的断层。北西向断层与北西向褶皱相伴而生,规模大,延伸稳定,主要表现为逆冲挤压性质,北东向断层则表现为切割前两组断层,规模小,延伸短,且常在走向上尖灭于褶皱,主要表现为走滑性质。

矿体特征:烂泥沟微细粒浸染型金矿区矿石类型为碎屑岩类的砂岩、粉砂岩、黏土岩及其过渡类型。矿石的自然类型可分为原生(硫化)矿石与氧化(表生)矿石。以原生矿石为主,占矿床的95%以上,氧化矿石仅分布于浅表风化带,所占比例较小。其矿石工艺类型为含砷贫硫化物金矿石,金矿物以微粒金和次显微金为主,属于难选冶的金矿石类型。

2. 矿床所在区域重磁场特征

矿床所在区域布格重力异常等值线走向呈北东向,场值总体东高西低,由东南角的-130×10^{-5} m/s²减小到西部的-140×10^{-5} m/s²,矿区位于布格重力异常梯级带上,两侧及北部为半圈闭布格重力异常。金矿床(点)位于剩余重力异常零值线区域。

矿床所在区域为航磁异常平缓地带,以北东向梯级带异常为主,局部存在轴向东西、北东圈闭磁异常。矿区磁异常平缓,位于东西向磁异常平缓梯级带上,场值由南向北增大,中南部具一向南凸起带。化极后,磁异常转向近南北向。化极求取垂向一阶导数,矿区北部磁异常为近南北向,西北角异常为北东向,矿床(点)主要位于磁异常走向变换的过渡带内(图6-11)。

从地表地质构造图及综合推断地质构造来看,推断断裂构造以北东向为主,断裂构造十分发育,金矿床(点)主要沿北西向断裂分布。烂泥沟金矿床为典型的断层控矿。金矿体主要分布在断裂破碎带及背斜组合构造地带,受同生断裂及逆冲断裂破碎带控制,矿体呈高角度陡立状产于断裂破碎带中,或赋存于不同方向断裂的交会处,呈大透镜状或脉状产出,在主断裂旁侧的分支断裂亦有小矿体分布,周围分布的断裂构造可能为导矿构造,因此,推断断裂构造分布为金矿成矿及寻找该区隐伏矿产提供了一定的指导作用。同时,重磁异常反映深部构造与地表构造线方向不完全一致,南北向重磁异常发生转折且向矿区北部延伸,重力推断是由区域构造引起的,与矿区北部地表北西向构造方向不同,重磁推断矿区周边隐伏、半隐伏断裂构造能为金矿深部构造研究提供基础资料。

(二)贵州省贞丰县水银洞微细粒浸染型金矿

1. 矿区地质特征

贵州省贞丰县水银洞微细粒浸染型金矿位于江南造山带右江裂谷-前陆盆地。贞丰县水银洞微细粒浸染型金矿,规模达中型,以层控型为主、断裂型为辅的复合型隐伏矿床,水银洞微细粒浸染型金矿床的成矿年龄为145~135Ma(早白垩世)。

贞丰县水银洞微细粒浸染型金矿赋矿层位为上二叠统峨眉山玄武岩组和龙潭组。

构造:区内构造较发育,主要有东西向、南北向和北东向3组褶皱断裂构造。其中近东西向的灰家堡背斜轴部及附近轴向断裂构造是区内金矿的主要控矿构造。金矿体主要沿灰家堡背斜核部向两翼,中、上二叠统间的区域性滑脱构造,主断层旁侧的次生断裂及层间破碎带产出。

矿体特征:层控型矿体呈层状—似层状产于灰家堡背斜近轴部南翼,赋存于龙潭组第二段中部的层状生物碎屑灰岩中;断裂型矿体呈透镜状产出于断层破碎带中,矿体具膨大收缩特点,断层切错碳酸盐岩地段,其破碎带变宽,矿体厚大,而切错黏土岩地段,则破碎带变窄,矿体薄甚至局部不可采。

2. 矿床所在区域重磁场特征

矿床所在区域布格重力异常南北向重力梯级带,场值总体东高西低,由东部的-152×10^{-5} m/s²减小到西部的-168×10^{-5} m/s²,南西部具一南西向凸起带,对应矿区所处的北西向转东西向断裂构造带。

矿床所在区域为航磁异常平缓地带,以北东向梯级带异常为主,局部存在轴向东西、北东圈闭磁异常。矿区航磁异常正负磁异常方向不同,中部正磁异常走向为近东西向,负磁异常以北西向为主。化极后,负磁异常走向仍为北西向,正磁异常为南北向。化极求取垂向一阶导数,矿区除北西向较大的磁异常带仍为北向外,其余异常为南北向,矿床(点)主要位于北西向磁异常带内。结合地质资料分析,磁异常可能由断裂带中磁性物质引起。

从地表地质构造图及综合推断地质构造图来看,推断断裂构造以北东向为主,矿床位于推断一级断

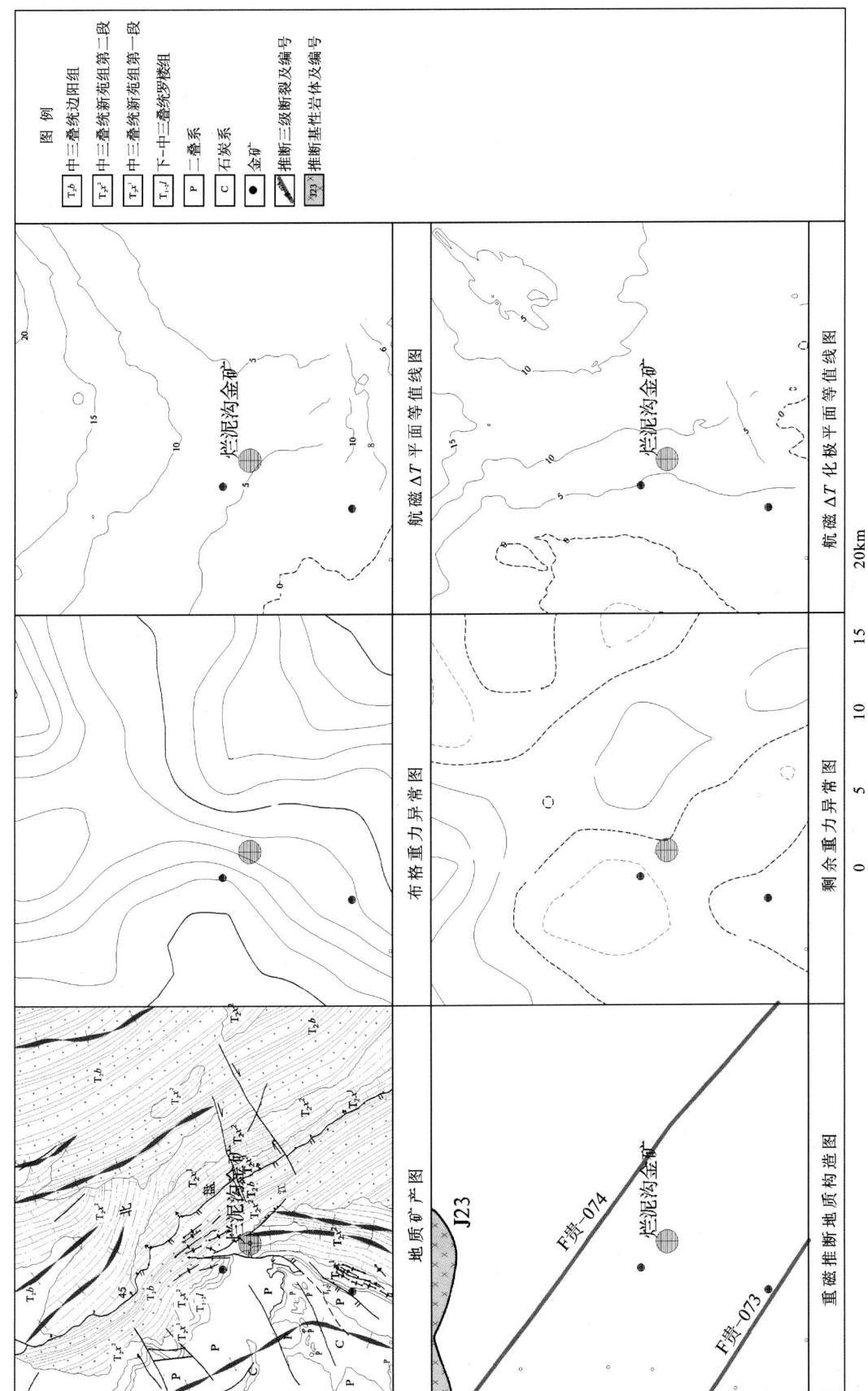

图 6-11 贞丰县烂泥沟金矿典型矿床所在区域地质矿产及物探剖析图

裂 F 贵-002、北西向二级断裂 F 贵-008 所夹持区域,次级断裂构造十分发育,推断侵入酸性、基性岩体主要分布于断裂构造处或周围,且岩体平面走向与所处断裂构造走向基本一致,金矿床(点)主要沿北西向断裂分布,且多分布在推断的酸性侵入岩体周边。该区金矿床的成矿与挤压断裂破碎带、褶皱劈理化带、层间张性破碎带关系密切,隐伏深大断裂、侵入碱性岩体等与金矿的形成关系非常密切,因此,推断断裂构造及侵入岩体分布为金矿成矿及寻找该区隐伏矿产起到一定指导作用。同时,从矿区重磁异常特征结合地质资料解释推断,重磁异常对矿区所处的北西转向东西的断裂构造均有所表现,在重力场上表现为重力梯级转折带,磁异常平面等值线图上为同方向的串珠状磁异常带。以现有重磁资料,可对矿区内隐伏区域构造进行推断解释,提供深部地质构造延伸、展布方向(图 6-12)。

(三)贵州省三都县苗龙微细粒浸染型金矿

1. 矿区地质特征

贵州省三都苗龙金矿床位于江南造山带黔南坳陷区。三都苗龙金矿床为微细粒浸染型金矿,规模达中型,本区金矿成矿过程可能包括 Au、Hg、Ti 等成矿元素的初始富集期和金、汞、锑矿床最终形成与定位的富集成矿期。而该区近南北向大型"贯通性"断裂构造的活动所形成的构造-热液循环体系,可能是由 Au、Hg、Ti 等成矿元素由初始富集到金、汞、锑矿床最终形成与定位的关键所在。金矿成矿时代一般认为主要是加里东期和燕山时期。

三都县苗龙微细粒浸染型金矿赋矿层位为上寒武统三都组。

构造:成矿褶皱构造为排降向斜、苗龙背斜、瓦寨向斜;该区断裂构造发育,近南北向组、近东西向组、北东向组、北西向组均有发育,且与金矿体关系均较密切。

矿体特征:苗龙微细粒浸染型金矿区分布着大小不等的数十个金矿体,各自依附着规模不等、产状各异、性质不同的断裂破碎带产出。

2. 矿床所在区域重磁场特征

矿床所在区域位于布格重力异常南北向重力梯级带,场值由东边的 $-131\times10^{-5}\mathrm{m/s^2}$ 减小到西北角的 $-113\times10^{-5}\mathrm{m/s^2}$,矿区位于重力梯级带上、剩余重力异常零值线附近。

矿床所在区域为航磁异常平缓地带。矿区西边磁异常较缓,东部变化较陡,总体呈近南北向,场值由东向西增大,西部有一范围小、梯度大的半圈闭异常。化极后,磁异常轴向为近南北向。化极求取垂向一阶导数,矿区大多为正磁异常,矿床(点)主要位于平缓正磁异常区内,异常走向为近南北向和等轴状。

从地表地质构造图及综合推断地质构造图来看,推断断裂构造以北东向、近南北向为主,北东向次级断裂构造十分发育,推断侵入酸性、基性岩体,主要分布于断裂构造处或周围,且岩体平面走向与所处断裂构造走向基本一致,金矿床(点)主要沿二级断裂 F 贵-011 分布,且多分布在推断的酸性侵入岩体周边。苗龙微细粒浸染型金矿区已经查明的金矿化域无一例外地受挤压断裂破碎带、褶皱劈理化带、层间张性破碎带的控制,其含金品位的高低与断裂带本身的构造应变及蚀变强弱存在着明显的正相关关系,断裂破碎带的宽窄变化往往控制了金矿化域的膨大狭缩。因此,推断断裂构造分布为金矿成矿及寻找该区隐伏矿产提供了一定指导作用(图 6-13)。

(四)贵州省锦屏县铜鼓变质碎屑岩中脉型金矿

锦屏县铜鼓变质碎屑岩中脉型金矿位于江南造山带黔南坳陷区。金矿产于浅变质含碳碎屑岩,主要以石英脉为载体,尤其是含金石英脉顺层产出的特征,属变质碎屑岩热液型金矿,属于复合"内生"型矿床,规模为小型矿床,产于加里东期山洞背斜带上,矿体受山洞背斜层间虚脱空间和伴生断裂控制。

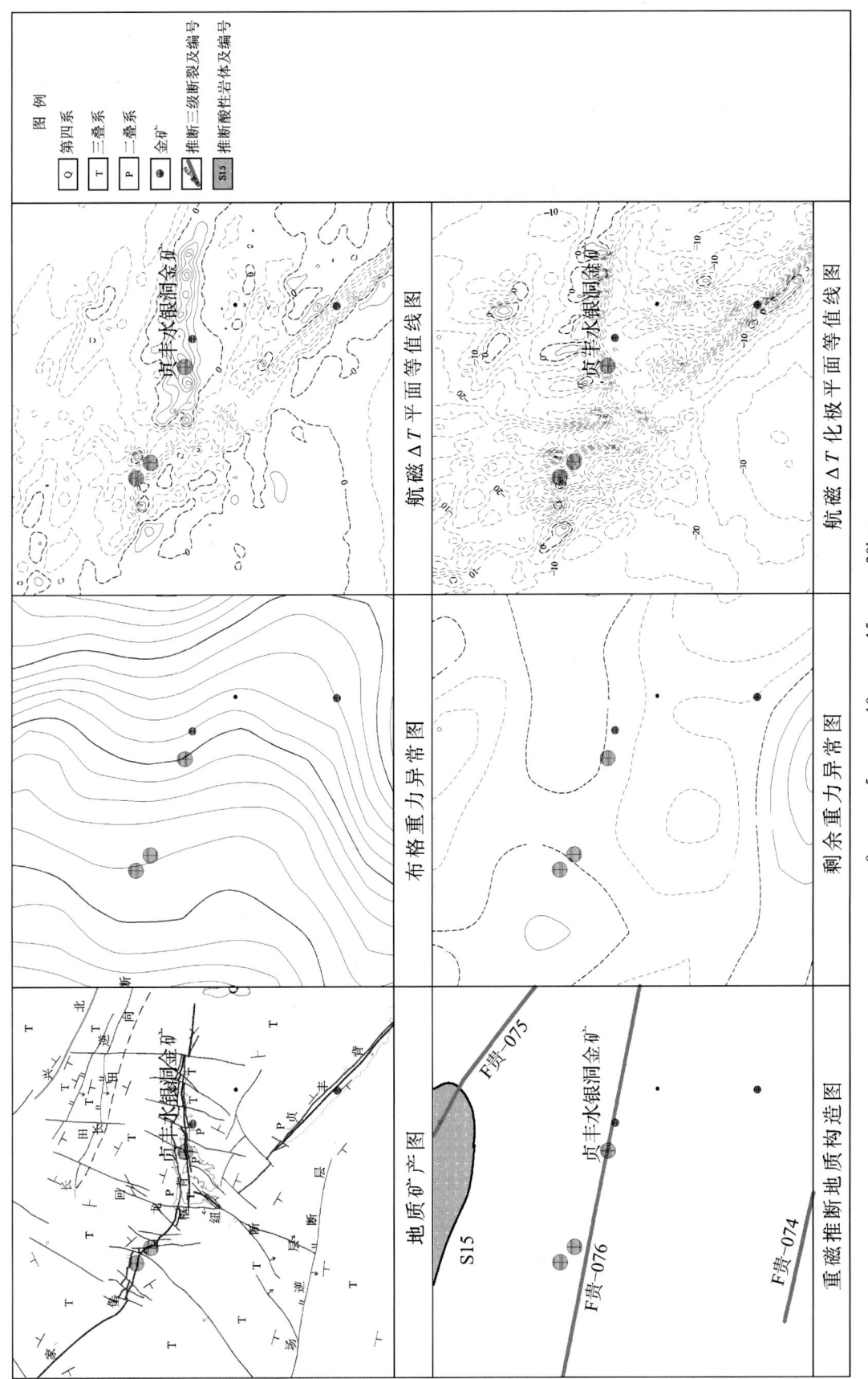

图 6-12 贞丰县水银洞金矿典型矿床所在区域地质矿产及物探剖析图

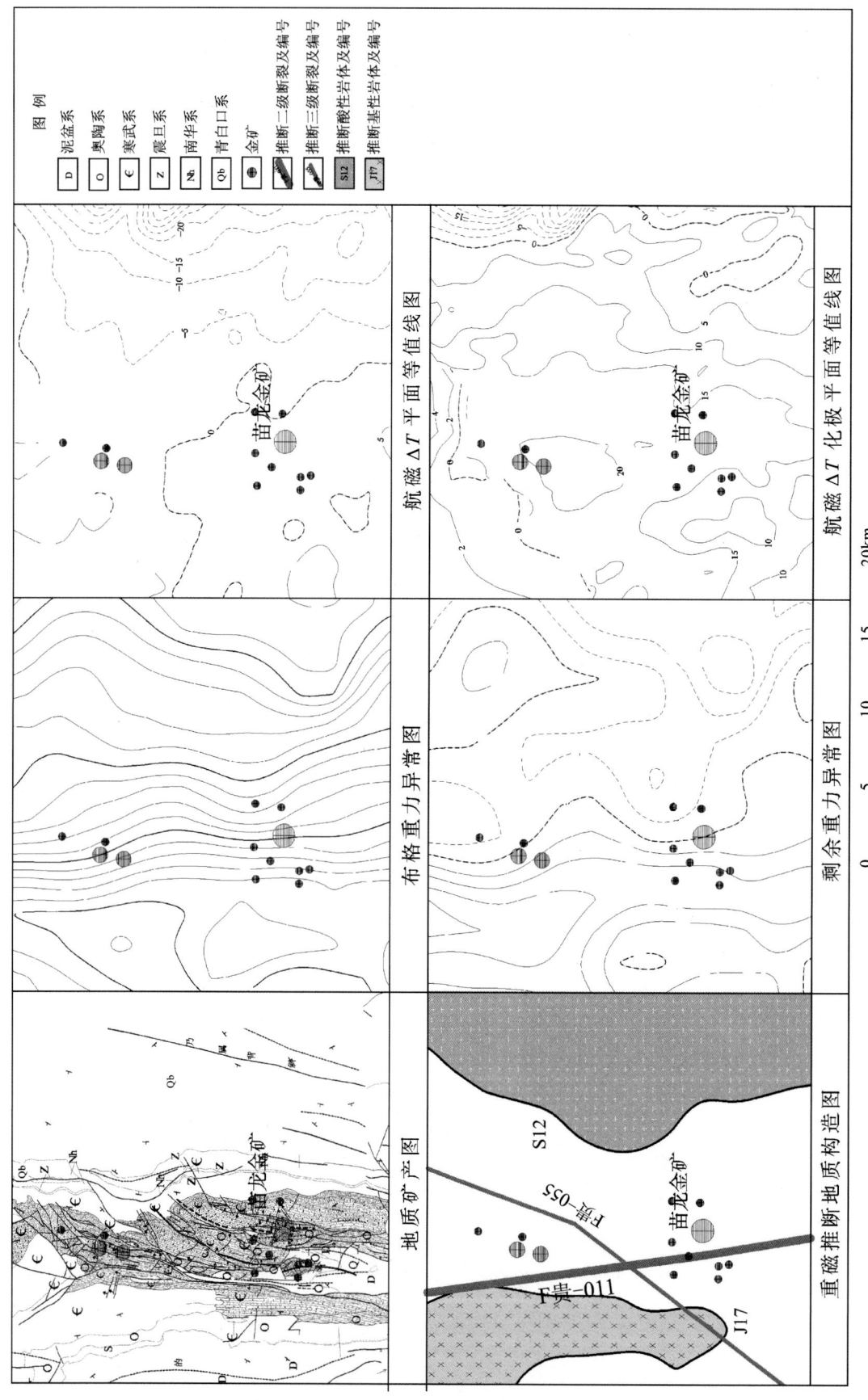

图 6-13 苗龙微细粒金矿典型矿床所在区域地质矿产及物探剖析图

锦屏县铜鼓变质碎屑岩中脉型金矿赋矿层位为青白口系下江群隆里组。

矿区所在区域布格重力异常呈北西向重力梯级带,场值由东北角的-69×10^{-5}m/s^{2}减小到西南角的-75×10^{-5}m/s^2,矿区位于重力梯级带上。在航磁ΔT平面等值线图上,矿区位于较弱的磁异常区,磁异常低缓,异常走向为东西向和近等轴状。由于矿体位于贵州省东部边界,现有重磁资料反映不完整,对矿区研究受到限制,现有重磁资料对矿区研究意义不大。

二、区域找矿意义

从现有金矿成矿区域、控矿构造来看,与断裂构造、背斜构造关系密切。金矿床(点)主要分布在重力布格异常梯级带上,剩余重力高异常与剩余重力低值异常之间和零值线附近,集中分布在重磁推断断裂构造线附近,表明断裂构造对金矿成矿有一定控制作用。从航磁ΔT等值线来看,金矿床(点)分布主要在磁异常相对平缓区域,航磁推断北东向近南北向断裂与重力推断相应区域断裂有一定吻合,表明预测工作区内北东向近南北向断裂为深大断裂,金矿床(点)的分布受这些断裂控制,即断裂控矿,同时这些隐伏断裂也为寻找深部矿产起到了指导作用。

第六节　磷矿典型矿床研究及区域找矿意义

贵州省磷矿主要为海相沉积磷块岩,发育于当时贵州省的上升流,裹携富磷酸盐水团带到有利古地理环境沉淀析出磷灰石而构成。成矿时代为早震旦世陡山沱期和早寒武世梅树期,由于两个成磷期时间间隔太短,因而磷矿在空间分布上具大体一致、形影相随的特点。其基本类型有颗粒状结构磷块岩、凝胶状结构磷块岩及生物磷块。

磷矿主要沿黔东大断裂(北东向)、黔中大断裂(北东东向)及毕节-金沙-遵义断裂带(北东向)正向构造出露:①毕节—金沙—遵义连线以北仁怀—习水—金沙一带,零星出露于背斜构造的核部;②黔中大断裂北侧织金—清镇—开阳—瓮安—铜仁一带;③黔东大断裂两侧上升区,三都—凯里—三穗、松桃一带。

一、磷矿典型矿床综合研究

1. 地质特征

贵州省磷块岩主要分布于织金、开阳、瓮安—福泉地区。

织金地区:指贵州省中西部织金县、清镇市、修文县、纳雍县、平坝县一带,该区主要为低品位的含重稀土磷块岩矿床,大地构造单元位于上扬子地块黔北隆起区。该区磷(稀土)矿主要为海相沉积型磷块岩矿床,矿床模式为织金新华式。含矿岩系为下寒武统牛蹄塘组底部的一套沉积岩(织金地区称戈仲伍组),该组岩石下部为灰色、灰白色细至中粒含磷白云岩与灰黑色、黑色细粒到致密块状磷块岩互层,具水平、波状、交错层理;上部为灰色、灰白色细至中粒含磷白云岩夹层状硅质磷块岩,具水平纹层理,层位稳定,磷(稀土)矿赋存于该组,矿层底板为灯影组一段,顶板为牛蹄塘组二段。

开阳地区:指的息烽县、开阳县一带,该区为品位较高的磷块岩矿床,大地构造单元位于上扬子地块黔北隆起区。该区磷矿形成于晚震旦世早期(陡山沱期),主要为海相沉积型磷块岩矿床,矿床模式为开阳式。

瓮安—福泉地区:瓮安—福泉地区指的是瓮安县玉华乡—福泉市道坪镇一带,大地构造单元位于上扬子地块黔北隆起区。该区矿床类型属海相沉积磷块岩矿床,矿床模式为开阳式,赋存下震旦统陡山沱组中,底板为上南华统南沱组,顶板为灯影组,矿石主要为磷块岩。

2. 重磁场特征

贵州省磷矿床(点)集中分布在织金—贵阳—清镇以北地区,东南部仅在雷山一带,该线以南其余地区无磷矿床(点)。该线从布格重力异常平面等值线图上看,为向东同向弯曲的宽缓重力梯级带。重磁推断存在一条横贯全省东西的隐伏断裂构造,磷矿分布明显受该断裂控制。

磷矿除在仁怀、习水、金沙地区部分出露于背斜核部外,主要沿断裂构造线分布。从布格重力异常平面等值图上看,断裂构造表现为重力梯级带、重力异常梯级带转折处、重力异常突变带等,磷矿的分布集中在梯级带附近。

从布格重力异常平面等值线图、剩余重力异常平面等值线图上看,织金地区磷矿:磷矿床(点)主要分布在布格重力异常梯级带向东凸起相对宽缓地带,剩余重力异常图上大部分分布在剩余异常零值线附近;开阳地区:磷矿床(点)分布在重力梯级带上,集中分布于一个圈闭小面积布格重力异常区;瓮安—福泉地区磷矿:磷矿床(点)在重力布格异常图等值线转折处。另有少量矿点分布在布格重力异常相对平缓区域;瓮安—福泉地区:磷矿点分布在黔中地区织金—清镇附近近东西向重力梯级带,是重磁推断的横贯贵州省东西向的深大断裂;金沙—遵义磷矿床(点)的分布主要沿着布格重力异常等值线有一梯度变化的区域分布;丹寨磷矿处在雷山-山都一个巨大的封闭的重力低异常带的西侧,麻江-下司-三都的一个重力低异常带上,幅值达 $4 \times 10^{-5} \text{m/s}^2$,磷矿床(点)分布在低值异常区南部;铜仁磷矿区矿床主要分布在布格重力异常梯级带上。由此可见,磷矿床分布多集中在重力梯级带附近,重力异常梯级带多为断裂构造的反映,与现有研究磷矿受断裂构造控制相符。重力资料能对区域内隐伏断裂构造的延伸、走向做进一步的解释,对隐伏部分矿体潜能进行评估。

磷矿床(点)分布区域无论磁场强、弱的地区均有。部分磷矿床(点)分布在磁异常平面等值线梯级带、串珠状磁异常周边,磁异常平面等值线梯级带、串珠状磁异常往往是断裂构造的反映。磷矿分布受断裂构造控制,重磁解释推断隐伏断裂构造可为磷矿资源提供参考。

从地表地质构造图及综合推断地质构造来看,磷矿分布于推断一级断裂 F 贵-001 北部,此外,近南北向次级断裂发育,一级断裂 F 贵-001 控制贵州省南、北区域的地层及古环境构造,而磷矿成矿严格受古环境构造的控制,因此,对于推断次级断裂构造对磷矿成矿环境的影响有待进一步研究。

二、区域找矿意义

磷矿分布区域在大地构造单元中位于上扬子地块黔北隆起区,集中分布在贵州省北部,重要矿床位于横贯贵州省中部的一级断裂 F 贵-001 以北区域及丹寨一带,该断裂由于物性特征不同,重磁异常反映不全一致,但在贵州省中部重磁异常反映断裂构造均存在,从地质上看,该断裂带也是划分不同区域的重要断裂构造。通过重磁异常的研究,对该断裂的隐伏地段进行了推断解释。

磷矿的分布受地层、古构造环境控制,地层与古构造环境的隐伏构造是寻找隐伏矿产的目标,现有重磁资料由于比例尺较小,工作年代较早,对磷矿成矿区域构造的研究受到限制。今后对成矿有意义的地区进行高精度重磁测量,加强对地层及古构造环境的研究来找寻隐伏、深部矿产具有意义。

第七节 重晶石矿典型矿床研究及区域找矿意义

贵州省重晶石矿资源丰富,分布广泛,已在全省 30 多个县(市、区)发现超大型矿床 1 个、大型矿床 1 个、小型矿床 76 个、矿点 19 个,累计查明资源储量 $14\,123.42 \times 10^4$ t(截至 2009 年)。查明资源储量占全国资源总量的 1/3,居全国首位,是贵州省主要优势矿产之一。

重晶石矿主要分布在大河边、乐纪、务川—沿河、施秉顶罐坡、石阡柿坪 5 个地区,其中大河边、乐纪地区为沉积型重晶石矿床,务川—沿河、施秉顶罐坡、石阡柿坪地区为热液型重晶石矿床。为预测贵州省重晶石矿的资源量,对 3 种重晶石矿床预测类型各选一个典型矿床进行研究:天柱大河边重晶石矿、镇宁乐纪重晶石矿、施秉顶罐坡重晶石矿,对 3 种比较典型的重晶石矿类型进行典型矿床磁异常特征、地质构造特征及矿床特征等方面的研究,为重晶石矿资源量估算与预测提供所需依据。

一、重晶石矿典型矿床综合研究

1. 地质特征

大河边重晶石矿位于江南造山带黔南坳陷区的铜仁复式褶皱变形区,主要赋存于上震旦统—下寒武统老堡组,矿层底板为陡山沱组,顶板为牛蹄塘组;乐纪重晶石矿位于江南造山带右江裂谷-前陆盆地,主要赋存于上泥盆统榴江组,矿层底板为火烘组,顶板为五指山组;施秉顶罐坡重晶石矿位于江南造山带榕江加里东褶皱区的榕江开阔复式褶皱变形区,主要赋存于下奥陶统桐梓组,底板为上寒武统娄山关群,顶板为下奥陶统红花园组。

2. 重磁场特征

重晶石矿成因不同,其分布特点也不同。

大河边重晶石矿区周边布格重力异常场值由东北向西南方向减小,由东北角的 -70×10^{-5} m/s^2 减小到西南角的 -87×10^{-5} m/s^2,重力场展布方向与地表地质构造方向不同,矿点分布在布格重力异常等值线梯级带上;乐纪地区重晶石矿所在区域区落在轴向北西"V"形转折的弧型重力异常带西侧,场值由南向北,幅值范围在 $(-147 \sim -140) \times 10^{-5}$ m/s^2 之间。矿点位于圈闭布格重力异常高北部边缘;施策顶罐坡重晶石矿分布在布格重力异常有一定陡度变化但相对宽缓处,矿区落在北东向重力梯级带变宽缓区域。

重晶石矿床(点)均分布在磁异常平缓区域。从航磁 ΔT 平面等值线图来看,大河边地区矿床(点)处于弱负磁异常区;乐纪地区矿床(点)位于圈闭正磁异常边部,平缓磁异常区;施秉顶罐坡矿床(点)重晶石矿点均分布在弱的负磁异常区。

从地表地质构造图及综合推断地质构造图来看,大河边重晶石矿所在区域推断发育北东向断裂,北东向二级断裂构造 F 贵-010,F 贵-011 经过矿区周围,推断存在隐伏酸性、基性岩体;乐纪重晶石矿所在区域推断发育北西向断裂,北西向二级断裂 F 贵-008 经过矿区的东部区域,推断存在隐伏酸性、基性岩体;顶罐坡重晶石矿所在区域推断主要发育北东向断裂,推断存在隐伏酸性岩体。重晶石赋矿地层、构造在重磁场上的体现主要通过间接的区域构造反映。由于含矿地层密度大,与周边地层有一定密度差,对重力异常进行解释,推断矿产周边的隐伏岩体、隐伏断裂,为分析其热源、矿体运行通道及矿体储存条件提供条件。

二、区域找矿意义

贵州省已经发现的各种重晶石矿床(点)遍布全省,但成规模矿床主要集中在黔东南地区、黔西南地区和黔东北地区。根据成矿地质特征而划分本省重晶石矿有沉积型、热液型两种。沉积型重晶石矿在空间上严格与地层相关。热液型重晶石矿与燕山期断裂构造热液活动紧密相关,是受断裂裂隙控制的中低温热液充填型。

通过重磁资料研究区域构造、地层,特别是隐伏构造、地层起伏的形态,提供有物性差异地层变化、寻找隐伏矿产存在的有利地段。对受断裂构造探制的矿产,大多数有一定规模的断裂构造均会存在密度和磁性差异,通过重磁异常反映隐伏断裂的变化趋势对研究隐伏矿产具有重要的意义。

第八节 汞矿典型矿床研究及区域找矿意义

贵州省汞矿分布几乎遍布全省各地。这些矿床(点)大致呈北东向,以带状集中分布于务川—遵义—盘县一线的南东侧、新晃—台江—荔波一线的北西侧,北东与湘、鄂、川汞矿,南西与滇、桂汞矿相连,构成一个连绵千余千米的汞矿成矿区。在贵州省内根据控制汞矿的构造、地层、沉积相、矿化特征以及地理位置等因素,划分为5个汞矿成矿区:黔东汞矿成矿区包括铜仁-凤凰、三都-丹寨2个成矿区,赋矿以石灰岩、泥灰岩、白云岩为主的碳酸盐岩建造,围岩蚀变主要为硅化及碳酸盐化,成矿与有机质密切相关;黔东北汞矿成矿区自东而西有松桃-江口成矿带、秀木-印江成矿带、德江成矿带、务川成矿带,大多受北北东向背斜、复背斜控制,少数受北东向、北北东向大断裂控制;黔中汞矿成矿区位于贵州省中部,区内有开阳、纸房2个成矿带,区内汞矿多分布在纳雍-玉屏深断裂的两侧,少数分布在北东向大断裂的两侧;黔南汞矿成矿区位于贵州省南部的独山与紫云之间,区内有独山红岩成矿带,呈南北向展布;黔西南汞矿成矿区位于贵州省西南部,区内有兴仁滥木厂成矿带以及关岭花江成矿带2个成矿带,呈北西向分布。

贵州省汞矿类型按矿体产状可分为层状整合型(以务川木油厂为代表)、断裂脉型(以三都交梨矿床为代表)及复合型(以丹寨宏发厂矿床为代表);按矿种共生组合可分为单汞型、汞硒型、汞铊型和汞钼铀型。以容矿岩石建造划分为3类,即主要以白云岩容矿的万山式低温热液型矿床、以石灰岩容矿的丹寨式低温热液型汞矿以及主要产于含煤建造中的低温热液型汞矿。

一、汞矿典型矿床综合研究

1. 地质特征

万山杉木董汞矿:位于江南造山带黔南坳陷区铜仁复式褶皱变形区,包括黔东北的松桃、江口、石阡,黔中的开阳和黔北的务川等地。赋矿地层为上震旦统灯影组至下奥陶统桐梓组,主要为中下寒武统白云岩容矿。

丹寨宏发汞矿:位于江南造山带黔南坳陷区都匀南北向构造变形区,容矿岩石为晚寒武世及早奥陶世斜坡向深水相沉积的石灰岩。

务川木油厂汞矿:位于上扬子地块黔北隆起区凤岗南北向构造变形区,赋矿地层为下寒武统清虚洞组,矿床处于木油厂背斜(金鸡岭大背斜的中段)的近北端、银钱沟断层上盘。矿田内地质构造复杂,褶皱发育,形态多样,断裂纵横交错,主要的褶皱、断裂呈北北东向与区域构造线方向近于一致。

2. 重磁场特征

万山复合内生型汞矿同处于全国较大的重力梯级带大兴安岭-太行山-武陵山重力梯级带的南段,汞矿点分东、西两部分分布,东边汞矿点沿北东向重力梯级带分布,西边汞矿点分布在预测工作区西北角梯级带相对宽缓的部位,也呈北东向分布;三都-丹寨复合内生型汞矿分布在全国较大的重力梯级带大兴安岭-太行山-武陵山重力梯级带的南西侧,一个巨大的、轴向南北的封闭重力低值异常区西南部边缘,该异常重磁推断由隐伏酸性岩体产生;务川复合内生型汞矿点分布在布格重力异常梯级带之间的宽缓区域。

万山地区汞矿床(点)沿磁异常平面等值线梯级带呈现转折处分布,呈南北向、北东向展布;三都-丹寨汞矿床(点)分布区东部为变化巨烈的磁异常区,磁异常呈正负交错的近南北向大小不同的串珠状,汞矿床(点)位于这些变化强烈的磁异常的西侧,封闭磁异常的边缘,磁异常相对平缓地区,该区域不仅是汞矿成矿区,还是铅锌、锑、金等多金属成矿富集的地带,矿床(点)分布在航磁异常相对宽缓的部位;务川地区汞矿床(点)分布在大坪一带磁异常转折、弱磁异常地带,周边磁异常强烈。从汞矿在航磁异常平面等值线图上的分布来看,矿床周边磁异常强烈,汞矿聚集区磁异常相对平缓。

从汞矿床(点)分布区域来看,大兴安岭-太行山-武陵山重力梯级带周边汞矿点分布集中,是寻找汞矿的有利地段;汞矿为低温热液型矿产,磁异常强烈地区多为地质活动强烈区域,能为汞成矿提供矿源或热源。从地表地质构造图及综合推断地质构造图来看,矿床所在区域断裂构造发育,以北东向断裂构造为主,在三都—丹寨、万山地区推断存在隐伏酸性岩体,在寻找汞矿有利区域对隐伏构造的研究具有指导意义。

二、区域找矿意义

贵州省汞矿总体分布主要在黔北、黔东地区,次为黔西南、黔中地区,从已知汞矿床(点)在布格重力异常及剩余异常及航磁异常上的分布来看,三都—丹寨地区汞矿点位于该重力低西南侧的重力梯级带上,航磁异常上已知矿床(点)均分布在变化相对较缓的弱磁异常上;万山汞矿矿点分东、西两部分分布,东、西两部分汞矿点均分布在重力梯级带相对较缓的部位;航磁异常上汞矿点沿正负圈闭磁异常边部、磁异常弱的地区分布;务川已知汞矿点在重力场上分布规律不太明显,在航磁异常上已知汞矿大多分布在两负异常之间相对高的区域。纵观重磁异常在汞矿区的分布特征,在各个矿点分布区域特征各异,但周边重磁异常变化强烈,重磁推断有隐伏断裂与岩体,对低温热液型矿产成矿富集有利,在寻找汞矿有利区域对隐伏构造的研究具有指导意义。

第九节 萤石矿典型矿床研究及区域找矿意义

贵州省已发现的萤石矿有两种矿床类型,即沉积改造型和热液充填型。沉积改造型萤石矿主要分布于晴隆—望谟一带,热液充填型萤石矿分布于正安—沿河地区。为预测贵州省萤石矿的资源量,对两种萤石矿床预测类型各选一个典型矿床进行研究:晴隆式热液型萤石矿为层控内生型(晴隆碧康萤石矿)、丰水岭式热液充填型萤石矿为复合内生型(沿河丰水岭萤石矿),对这两个比较典型的萤石矿类型,进行典型矿床磁异常特征、地质构造特征及矿床特征等方面研究,为萤石矿资源量估算与预测提供所需依据。

一、萤石矿典型矿床综合研究

1. 地质特征

贵州省晴隆碧康萤石矿位于江南造山带兴义隆起区,预测类型为晴隆式沉积改造型萤石矿,为层控内生型,矿体呈层状、透镜状分布在茅口组与龙潭组接触带上或碳酸盐岩的节理裂隙中;贵州省沿河丰水岭萤石矿位于上扬子地块黔北隆起区凤岗南北向构造变形区,预测类型为武义式热液充填型萤石矿,为复合内生型,矿体主要受节理裂隙控制。

2. 重磁场特征

晴隆大厂地区萤石矿区处于青藏高原环形重力梯级带东南段，布格重力异常变化相对较缓，布格重力异常场值总体东高西低，从东南向西北，异常值范围在$(-189\sim-171)\times10^{-5}\mathrm{m/s^2}$之间，布格重力异常等值线呈北东向重力梯级带展布，在碧痕一带向东凸起，中间局部具弱的圈闭布格重力异常，萤石矿点分布在碧痕南部重力梯级带相对较缓区域。萤石矿点受重力推断隐伏东西向、南北向、北东向断裂带控制。

务川-沿河萤石矿区，布格重力异常处在全国大兴安岭-太行山-武陵山重力梯级带南沿部分，沿北东向的重力梯级带展布。萤石矿分布在重力异常变化较弱区域，多位于重力梯级带旁。

晴隆大厂萤石矿区的西北部磁异常变化相对剧烈，根据地表出露有峨眉山玄武岩，磁异常应该由玄武岩引起。萤石矿主要分布在预测工作区中部，磁异常相对平缓地区，周边磁异常变化相对较大；务川-沿河萤石矿区北部负磁异常呈的变化剧烈的圈闭磁异常分布，预测工作区中南部地区磁异常呈一正一负沿北西向排列，磁异常分布与地表地质构造线方向不一致，据磁测资料推断有北西向隐伏断裂构造存在。萤石矿点在正、负磁异常区均有分布，表明萤石矿及含矿地层与磁异常无关。

部分矿点分布在磁异常等值线呈梯级带变化区，从磁异常结合地质资料推断，这些磁异常梯级带往往是断裂构造带的表现。部分萤石矿点分布可能受断裂构造影响；从现有萤石矿分布来看，断裂构造节理对其富集成矿有控制作用，重力梯级带是断裂构造表现形式之一，矿点多分布在推断隐伏断裂构造周边。

二、区域找矿意义

萤石矿主要分布于节理裂隙构造中，断裂构造的控制作用明显。通过现有重磁资料对区域性隐伏断裂构造进行推断解释，结合大比例尺物探资料，对预测区进行进一步工作，为萤石矿潜力评价提供一定指导。

第七章 结 语

第一节 主要成果

本书在贵州省矿产资源潜力评价项目研究基础上，综合重磁、化探、地质、矿产等综合资料解释成果，以重磁资料为主，结合最新相关重力、磁测研究成果，如1：5万高精度重力测量在锰矿沉积盆地中的应用、贵州省侵入岩体三维空间形态研究等，对贵州省重磁场特征进行异常分区、解析及研究；以重力场、磁场特征结合地质构造，推断全省断裂、侵入岩体、地质构造等；基于重磁异常特征及推断地质构造，分析重要矿种预测工作区及典型矿床与前者的关系，总结提炼了全省重力、磁测资料成果，为贵州省的矿产资源潜力评价、资源量预测提供科学依据，取得了较好的成果。

（1）在收集到的贵州省地层、岩（矿）石的密度、磁性资料的基础上，通过对上述资料整理统计，总结贵州省地层物性界面分布、岩（矿）石密度、磁性分布规律，为重磁异常解释、推断提供了物性依据；结合物性研究、地质等资料，综合分析贵州省重磁异常场特征，并进行分区特征描述，分析引起异常的地质因素。

（2）根据重磁资料综合推断断裂构造91条，其中一级断裂3条、二级断裂8条、三级断裂80条，分析贵州省断裂构造格架特征，并对主要断裂的重磁、地质、矿产特征进行进一步详细研究；共推断隐伏、半隐伏侵入岩体51个，1个火山口，其中酸性隐伏、半隐伏岩体25个，基性岩体26个，贵州省西部小海火山口1个，对15个酸性岩体、3个基性岩体进行了三维反演，对34个岩体进行了定性解释，分析岩体平面展布形态、三维空间形态，初步探讨其与成矿及深部找矿的关系。

（3）总结了贵州省Ⅲ级成矿带及部分Ⅳ级成矿带重力、磁异常特征，并结合地质等资料，对成矿带内地质构造与矿产分布关系进行分析研究，同时分析了贵州省金、锑、铜钨锡、磷（稀土）、重晶石、汞、萤石、铅锌银、锰等矿种（组）分布区域的重磁场特征及地质构造分布特征。

（4）开展贵州省重要矿种预测工作区的重磁异常场特征分析，并结合推断地质构造，分析预测区内成矿环境与地质构造之间的直接或间接关系，为预测区矿产资源潜力评价提供依据。

（5）利用重力、航磁资料完成贵州省金、锑、铜钨锡、磷（稀土）、重晶石、汞、萤石、铅锌银、锰9种重要矿种（组）重力、磁测研究，对各矿种（组）与重力异常、磁测异常反映的构造关系进行了初步分析，为应用物探方法寻找各种矿产资源评价提供了参考，对利用现有重力、航磁资料间接寻找金、锑、铜钨锡、磷（稀土）、重晶石、汞、萤石、铅锌银、锰9个矿种矿产资源确定找矿靶区进行了探索，获得了一些初步的认识。对由于重磁资料比例尺关系及矿产的成矿条件、沉积环境、物性差异等原因，仅能对矿产所处的成矿环境进行初步研究。

第二节 存在问题

（1）除在锰矿区进行过1：5万高精度重力测量试验外，无大比例尺重力、磁测资料可用，只能从区域重力、磁测资料推断隐伏构造、隐伏岩体来研究矿产与隐伏构造、隐伏岩体的关系，对矿产的研究受到限制。

(2)贵州省重要沉积矿产,除受断裂构造控矿等因素外,多数无磁性,对含矿地层薄,与周边岩石密度差异常小的矿产应用区域重力、磁测资料对矿产的沉积环境进行隐伏构造、隐伏岩体研究,从而研究其矿产的来源通道、控矿断裂能起到一定作用,但仅能对有一定规模的有重力、磁性差异常的构造、岩体才能发挥作用,对矿产的研究受到限制。

主要参考文献

陈毓川,程裕淇,赵一鸣,等.再论矿床的成矿系列问题[J].中国地质科学院学报,1983,5(6):1-64.
陈毓川.中国主要成矿区带矿产资源远景评价[M].北京:地质出版社,1999.
陈毓川,李兆鼐,毋瑞身,等.中国金矿床及其成矿规律[M].北京:地质出版社,2001.
陈毓川,裴荣富,宋天锐,等.中国矿床成矿系列初论[M].北京:地质出版社,1998.
曾华霖.重力场与重力勘探[M].北京:地质出版社,2005.
程裕淇.中国区域地质概论[M].北京:地址出版社,1994.
车自成,刘良,罗金海.中国及邻区区域大地构造学[M].北京:科学出版社,2002.
曹鸿水,沈志达.1∶50万贵州省地质图及《贵州地质概述》(带说明书)[R].贵阳:内部资料.1982.
邓晋福,莫宣学,赵海玲,等.中国东部燕山期岩石圈-软流圈系统大灾变和成矿环境[J].矿床地质,1999,18(4):308-314.
戴传固,李硕,张慧.试论江南造山带西南段构造演化[J].贵州地质,2005.22(2):98-102.
戴传固,王雪华,陈建书,等.《中国区域地质志·贵州志》[M].北京:地质出版社,2017.
戴传固,张慧,王敏.试论黔东及邻区大地构造相特征[J].贵州地质,2006.23(3):217-222.
地质部航空物探大队.湘黔桂地区航空磁测结果报告[R].北京:中国国土资源航空物探遥感中心(内部资料),1965.
地质部航空物探大队九〇四队.四川盆地(根据航空磁测结果对四川盆地今后同油气普查勘探工作的意见)[R].北京:中国国土资源航空物探遥感中心(内部资料),1966.
地质部航空物探大队九〇四队.黔西南地区航空物探结果报告[R].北京:中国国土资源航空物探遥感中心(内部资料),1979.
地矿部航空物探总队.上杨子弱磁场区航磁测量技术方法及其应用研究[R].北京:中国国土资源航空物探遥感中心(内部资料),1986.
地矿部航空物探遥感中心调查部九〇二队.贵州兴仁-罗甸地区航空物探(磁)勘查成果报告[R].北京:中国国土资源航空物探遥感中心(内部资料),1992.
地矿部航空物探遥感中心.云南广南—广西隆林地区航空物探(磁)勘查成果报告[R].北京:中国国土资源航空物探遥感中心(内部资料),1998.
地矿部航空物探遥感中心物探部.云南罗平—文山地区航空物探(磁)勘查成果报告[R].北京:中国国土资源航空物探遥感中心(内部资料),1998.
地矿部矿床地研所.华南构造与内生金属成矿规律的卫星遥感研究[R].北京:地矿部矿床地研所(内部资料),1989.
冯学仕,罗孝桓,邓小万,等.贵州主要矿床成矿系列[J].贵州地质,2002,19(3):141-147.
冯学仕,王尚彦,等.贵州省区域矿床成矿系列与成矿规律[M].北京:地质出版社,2004.
范正国,黄旭钊,熊盛青,等.磁测资料应用技术要求[S].北京:地质出版社,2010.
范祥发,王亮,朱大友.黔中—黔东南地区深部地质构造和"黔中隆起"重力异常初步解释[J].贵州地质,1998,15(3):229-233.

范祥发.从1∶50万重力异常探讨贵州省区域地质构造格架[J].贵州地质,1999,16(3):195-198.

范祥发.贵州东南部岩(矿)石物性参数概况[J].贵州地质,2003,20(2):83-87.

范永香,阳正熙.成矿规律与成矿预测[M].徐州:中国矿业大学出版社,2003.

广西第二水文地质工程地质队.桂西北黔西南部分地区高精度航空磁力测量成果报告[R].北京:中国国土资源航空物探遥感中心(内部资料),1988.

贵州省地质矿产局.贵州省区域地质志[M].北京:地质出版社,1987.

贵州省地质矿产局.贵州省区域矿产志[M].北京:地质出版社,1988.

贵州省地质矿产局地球物理地球化学勘查院.贵州省西南部1∶20万重力测量报告[R].贵阳:贵州省地质调查院(内部资料),1989.

贵州省地矿局物化探大队.贵州G-48-(12)瓮安幅区域重力图及说明书[R].贵阳:贵州省地质调查院(内部资料),1998.

贵州省地矿局物化探大队.贵州G-48-(05)遵义幅区域重力图编图技术说明书[R].贵阳:贵州省地质调查院(内部资料),1997.

贵州省地矿局物化探大队.贵州G-49-(07)镇远幅区域重力图技术说明书[R].贵阳:贵州省地质调查院(内部资料),1994.

贵州省地矿局物化探大队.贵州G-49-(13)剑河幅区域重力图技术说明书[R].贵阳:贵州省地质调查院(内部资料),1995.

贵州省地质调查院.贵州黎平、会同地区1∶20万区域重力调查技术说明书[R].贵阳:贵州省地质调查院(内部资料),2003.

贵州省地质调查院.贵州榕江、三江地区1∶20万区域重力调查技术说明书[R].贵阳:贵州省地质调查院(内部资料),2001.

贵州省地矿局物化勘院.贵州H-49-(31)沿河幅区域重力图及说明书[R].贵阳:贵州省地质调查院(内部资料),1999.

贵州省地质矿产局地球物理地球化学勘查院.贵州H-49-(32)吉首幅区域重力图及说明书[R].贵阳:贵州省地质调查院(内部资料),1999.

贵州省地质调查院.贵州正安地区1∶20万区域重力图技术说明书[R].贵阳:贵州省地质调查院(内部资料),2003.

贵州省地矿局物化勘院.贵州G-48-(10)毕节幅区重编图技术说明书[R].贵阳:贵州省地质调查院(内部资料),1997.

贵州省地矿局物化探大队.贵州G-48-(22)兴仁幅区重编图技术说明书[R].贵阳:贵州省地质调查院(内部资料),1992.

贵州省地矿局物化探大队.贵州G-48-(11)息烽幅区重编图及说明书[R].贵阳:贵州省地质调查院(内部资料),1992.

贵州省地矿局物化勘院.贵州G-48-(21)盘县幅区重编图技术说明书[R].贵阳:贵州省地质调查院(内部资料),1998.

贵州省地矿局物化勘院.贵州G-49-(1)江口幅区重编图技术说明书[R].贵阳:贵州省地质调查院(内部资料),1998.

贵州省地矿局物化勘院.贵州G-48-(27)罗平幅区重编图技术说明书[R].贵阳:贵州省地质调查院(内部资料),1998.

贵州省地质调查院.贵州水城地区1∶20万区域重力调查技术说明书[R].贵阳:贵州省地质调查院(内部资料),2006.

贵州省地质调查院.贵州威宁地区1∶20万区域重力调查技术说明书[R].贵阳:贵州省地质调查院(内部资料),2003.

贵州省地矿局物化勘院.贵州 G-48-(16)安顺幅区重编图说明书[R].贵阳:贵州省地质调查院(内部资料),1995.

贵州省地矿局物化勘院.贵州 G-48-(06)湄潭幅区域重力图编图说明书[R].贵阳:贵州省地质调查院(内部资料),1996.

贵州省地矿局物化勘院.贵州 G-48-(24)独山幅区域重力图编图说明书[R].贵阳:贵州省地质调查院(内部资料),1997.

贵州省地矿局物化探大队.贵州 G-48-(18)都匀幅区域重力图编图说明书[R].贵阳:贵省地质调查院(内部资料),1992.

贵州省地矿局物化探大队.贵州 G-48-(17)贵阳幅区域重力图及说明书[R].贵阳:贵省地质调查院(内部资料),1992.

贵州省地质矿产局地球物理地球化学勘查院.贵州 G-48-(23)罗甸幅区域重力图及说明书[R].贵阳:贵省地质调查院(内部资料),1998.

贵州省地质调查院.中国西部地区固体矿产大型、超大型矿床多元信息预测报告(贵州部份:1:50万)[R].贵阳:贵省地质调查院(内部资料),2004.

贵州省地质矿产勘查开发局.贵州区域重力场基本特征和初步解释[R].贵阳:贵省地质调查院(内部资料),1980.

贵州省地质矿产勘查开发局.1:200 万贵州省地质图及其说明书[R].贵阳:贵省地质调查院(内部资料),1978.

贵州省地质矿产勘查开发局.1:200 万贵州莫霍面深度图[R].贵阳:贵省地质调查院(内部资料),1980.

国家计委地质局航空物探大队九〇三队.贵州梵净山及周围地区航空物探结果报告[R].北京:中国国土资源航空物探遥感中心(内部资料),1972.

高振敏,李红阳,等.滇黔地区主要类型金矿的成矿及找矿[M].北京:地质出版社,2002.

郭令智,等.华南大地构造轮廓和地壳演化.国际交流地质学术论文集(一)[C].北京:地质出版社,1980.

韩至钧,夏延钧,刘裕周.贵州省志·地质矿产志[M].贵阳:贵州人民出版社,1992.

韩至钧,王砚耕,冯济舟.黔西南金矿地质与勘查[M].贵阳:贵州科技出版社,1999.

何熙琦,肖加飞,王尚彦,等.黔中隆起研究[J].贵州区域地质科技情报,2005,2:83-89.

胡克昌,韦天蛟.中国矿床发现史·贵州卷[M].北京:地质出版社,1996.

黄瑞华.中国莫霍面形态与岩金矿分布关系[J].大地构造与成矿学,1994,18(3):191-198.

卢定彪,戴传固,谯文浪,等贵州省活动构造特征及地壳稳定性评价[M].北京:地质出版社,2011.

孟令顺,杜晓娟.勘探重力学与地磁学[M].北京:地质出版社,2008.

王砚耕.贵州构造基本格架及其特征[M].贵阳:贵州科技出版社,1991.

王砚耕.贵州区域变质岩及其区域变质作用的概述[J].贵州区域地质科技情报,1996,2:99-104.

王亮,龙秀洪,张应文,等.贵州1:20万重力异常分布特征与透露的区域地质构造新信息[J].贵州地质,2007,24(1):64-69.

王亮.贵州东南部深部构造与区域矿产的关系[J].贵州地质,2003,20(2):75-79.

王亮.黔东南地区 Au,Sb,Pb,Zn 矿床分布与重力场关系的初步分析[J].贵州地质,2004,21(2):76-80.

徐志刚,陈毓川,王登红,等.中国成矿区带划分方案[M].北京:地质出版社,2008.

云南二队.黔桂滇毗邻区地质图(1:50万)编图说明[R].文山:云南二队(内部资料),1991.

袁学诚,李廷栋.中国岩石圈三维结构雏型[J].中国地质,2009,36(1):29-52.

中华人民共和国地质部地球物理探矿局航测大队九〇四航空磁测队.长江中游平原及周围山区航

空磁测结果报告[R].北京:中国国土资源航空物探遥感中心(内部资料),1959.

中华人民共和国地质部地球物理探矿局航测大队九〇四航空磁测队.滇黔桂及周围地区航空磁测结果总结报告[R].北京:中国国土资源航空物探遥感中心(内部资料),1959.

张明华,乔计花,刘宽厚,等.重力资料解释应用技术要求[S].北京:地质出版社,2010.

朱裕生.成矿预测方法[M].北京:地质出版社,1997.

张书元.贵州区域构造研究的新进展[J].贵州地质,1992,9(4):326-330.

张胜业,潘玉玲.应用地球物理学原理[M].武汉:中国地质大学出版社,2008.

赵鹏大,陈建平,陈建国.成矿多样性与矿床谱系[J].地球科学—中国地质大学学报,2001,26(2):111-117.

赵鹏大,池顺都.当今勘探问题的思考[J].地球科学,1998,23(1):70-74.

赵震海,况顺达,王成相.黔东南地区遥感构造研究与金矿的关系[J].中国矿业,2006,15(5):80-83,88.

朱大友,姚炼,等.华南岩体形态研究(贵州省部分)[R].贵阳:贵州省地质调查院(内部资料),2014.